KB182422

OUTSIDER ART AND ART THERAPY

아웃사이더 아트와 미술치료

1판 1쇄 인쇄 | 2021년 12월 20일
1판 1쇄 발행 | 2021년 12월 30일

지 은 이   레이첼 코헨(Rachel Cohen)
옮 긴 이   이현지, 조희정, 이은혜
발 행 인   장주연
출 판 기 획   임경수
책 임 편 집   김수진
편집디자인   최정미
표지디자인   김재욱
제 작 담 당   이순호
발 행 처   군자출판사(주)
          등록 제 4-139호(1991. 6. 24)
          본사 (10881) 파주출판단지 경기도 파주시 서패동 474-1(회동길 338)
          Tel. (031) 943-1888   Fax. (031) 955-9545
          홈페이지 | www.koonja.co.kr

Copyright ⓒ Rachel Cohen, 2017
All rights reserved.
This translation of 'Outsider Art and Art Therapy: Shared Histories, Current Issues, and Future Identities'
is published by arrangement with Jessica Kingsley Publisher Ltd
www.jkp.com

ⓒ 2021년, 아웃사이더 아트와 미술치료 / 군자출판사(주)
본서는 저자와의 계약에 의해 군자출판사에서 발행합니다.
본서의 내용 일부 혹은 전부를 무단으로 복제하는 것은 법으로 금지되어 있습니다.

* 파본은 교환하여 드립니다.
* 검인은 저자와의 합의 하에 생략합니다.

ISBN 979-11-5955-805-4
정가 15,000원

OUTSIDER ART AND ART THERAPY

아웃사이더 아트와 아트와 미술치료

공유된 과거,
현재의 쟁점 사안들,
그리고 미래의 정체성

RACHEL COHEN

옮긴이 **이현지 조희정 이은혜**

군자출판사

| 역자 소개 |

이현지

차의과학대학교 일반대학원 의학과 임상미술치료학 박사
숙명여대 일반대학원 미술사학과 인문학 석사
숙명여대 회화과 서양화 미술학사
현) 치유의 아뜰리에 소장
역서『핵심 미술치료 실습-불안, 우울, PTSD 조절을 위한 효과적인 기법』(군자출판사)
출간 예정

조희정

차의과학대학교 일반대학원 의학과 임상미술치료학 박사
차의과학대학교 통합의학대학원 임상미술치료학 석사
홍익대학교 일반대학원 예술학 석사수료
서울대학교 미술대학 시각디자인전공 미술학사
현) 국제뇌교육종합대학원대학교 상담심리학과 객원교수
    평온 미술심리치료연구소 대표
전) LG화학 디자인연구소 선임연구원

이은혜

차의과학대학교 일반대학원 의학과 임상미술치료학 박사
차의과학대학교 통합의학대학원 임상미술치료학 석사
Midwest College Of Oriental Medicine, Science in Oriental Medicine 석사
University Of IL at Chicago, Studio Art 학사
현) 중원대학교 강사
    보나 미술치료연구소 소장
전) 차의과학대학교 강사
역서『지체장애인 미술치료』(군자출판사) 출간 예정

내 용

그림 목록

소개

정신건강에서 공유된 역사

미술에서 공유된 역사

컬러 도판

1 〈메뉴(*Menu*)〉, 케냐 핸리, 2016년. 소장: 예술가와 LAND 갤러리.

2 〈평화로운 크리스티(양면)(*Paix Christi (double-sided)*)〉, 알로이즈 코르바즈, 20세기 중반. 크레용, 색연필, 제라늄꽃 주스와 기계로 짠 종이. 소장: 미국 민속미술관/아트 리소스(Art Resource), 뉴욕.

3 〈심문 II(*Výslech II*)〉. 프리들 디커-브랜다이스. 소장: 프라하 유대인 박물관 컬렉션: 프라하 유대인 박물관 사진 아카이브.

4 〈추상적인 색 구성(*Abstraktní Barevná Kompozice*)〉. 종이에 수채화, 테레친(Terezín) 에서 작업, 1943-1944년. 소장: 프라하 유대인 박물관 컬렉션: 프라하 유대인 박물 관 사진 아카이브.

5 〈무제(*Untitled*)〉. 말론 뮬렌, 2014년. 캔버스에 아크릴, 30x24″. 소장: 작가, JTT, 뉴욕, NY와 NIAD 아트센터, 리치몬드, 캘리포니아.

6 〈E! 엔터테인먼트 플래터(*E! Entertainment Platter*)〉, 마이클 펠류 주니어, 2016년. 소 장: 예술가와 LAND 갤러리.

7 〈빨강 버스(*Red Bus*)〉, 에릭 넬슨, 2013년. 소장: 예술가와 피라미드 주식회사(Pyramid Inc.).

8 〈아트포럼(*Artforum*)〉, 카렌 메이, 2016년. 소장; NIAD 아트센터.

9 〈무제(*Untitled*)〉, 데이비드 알베르센, 2012년. 소장: 크리에이티브 그로스 아트센터, 오클랜드, 캘리포니아.

10 〈무제(*Untitled*)〉, 도널드 미첼, 2015년. 소장: 크리에이티브 그로스 아트센터, 오클랜 드, 캘리포니아.

11 〈릴 조(*Lil Joe*)〉, 도리 리드, 2016년. 소장: NIAD 아트센터.

12 〈풍경(*Landscape*)〉, 매리 "미미" 비엘라츠, 2016년. 소장: 예술가와 피라미드 주식회 사(Pyramid Inc.).

13 〈미로, 피카소와 달리(*Miro, Picasso, and Dali*)〉, 니콜 아펠, 2016년. 소장: 예술가와 LAND 갤러리.

14 〈무제(*Untitled*)〉, 윌리엄 타일러, 2015년. 소장: 크리에이티브 그로스 아트센터, 오클 랜드, 캘리포니아.

15 〈로렐과 하디(*Laurel and Hardy*)〉, 게롤 게이든, 2012년. 소장: 예술가와 랜드 갤러리.

16 〈여인의 흉상(*Bust of a Woman*)〉, 린다 하스켈, 2016년. 소장: 예술가와 피라미드 주 식회사(Pyramid Inc.).

17 〈자화상과 친구(*Self Portrait and Friend*)〉, 레인즈 E. 버크벡, 2016년. 소장: 예술가.

18 〈점심 도시락(*Lunch Box*)〉, 카를로 달레오, 2016년. 소장: 예술가와 LAND 갤러리.

19 〈끝(*The End*)〉, 게롤 게이든, 2016년. 소장: 예술가와 LAND 갤러리.

서문

대학원에서 공부하는 동안 내가 스튜디오에서 했던 업무와 진행 중이던 연구를 연결할 방안을 찾던 중 미술치료와 동시대 미술에 관한 일련의 연구를 하기 시작했다. 아웃사이더 아트는 치료적 맥락에서 창작된 미술을 동시대적인 담화로 되돌아오게 하는 필연적인 첫걸음으로 보였기에, 아웃사이더 아트를 골치 아프게 하는 정의와 용어에 관한 모든 문제가 동시대 미술치료의 개념에도 적용 가능하다는 것을 자세히 알게 되었다.

이 책은 미술 제작과 미술 감상, 그리고 이러한 개념들이 역사적이고 동시대적인 맥락에서 의미하는 바가 무엇인가로 귀결된다. 궁극적으로, 미술의 개념에 영향을 미치는 것은 문화적인 정상 상태(normalcy)와 병들고 건강한 것이 의미하는 것, 그리고 이러한 라벨들이 개인들에게 적용되면 어떤 영향을 미칠 수 있는지에 관한 것이다.

아웃사이더라는 용어를 사용하기로 한 나의 결정에 대해서는 많은 것들을 이야기하겠다. 하지만 이런 맥락에서의 언급이 불충분하다고 해서 그것이 "아웃사이더"가 인정받을 자격이 없고 내부에 속할 자격이 없다는 것을 의미하는 것이 아니다. Susan Hogan(2001), Cathy Moon(2002) 그리고 Linney Wix(2000, 2009, 2010)에서 출발한 질문 선상에 있는, 동시대 미술로부터 미술치료를 계층화하는 문제 중 일부가 풀리기 시작하고, 그 간극을 좁히고 더 많은 이들이 의미 있는 방식으로 제작과 관람에서 미술과 연결되는 것이 내가 바라는 바다.

이 책에 수록된 대부분의 미술작품은 스튜디오 프로그램에서 활동하는 현존 예술가들에게서 나온 것으로, 이들은 동시대 미술과 미술치료를 조화롭게 하는 것을 우선으로 한다. 뉴욕 브루클린의 랜드(LAND) 갤러리, 뉴욕 브루클린의 하우징 웍스(Housing Works), 캘리포니아 주 리치몬드의 NIAD 아트센터, 플로리다 탬파의 피라미드 주식회사(Pyramid Inc.), 캘리포니아 오클랜드의 크리에이티브 그로스(Creative Growth) 아트센터, 그리고 그들의 놀라운 작품을 세상에 선뜻 내어 준 특별한 예술가 모두에게 큰 감사를 드린다.

소개

이 책의 한 절은 이국적인 문화와 언어를 가진 이국적인 장소인 부다페스트를 홀로 여행하면서 쓰여졌다. 우리는 독특한 시각적 언어로 만들어진 예술가의 작품을 경험하고 그 안으로 초대되었다. 우리가 예술을 볼 때 발현되는 것을 나는 구체화하고는 했고, 그 경험은 하나의 은유가 되어갔다. 은유를 확장하기 위한 여행과 같이, 예술적 언어에 더 친근해질수록 작품을 보고 우리가 생각하는 바를 의견으로 표명하는 것의 위험부담은 더 줄어든다. 오늘날 널리 알려진 모나리자(Mona Lisa)는 여성을 명확하게 재현하고 있는 대표적 양식으로, 거의 모든 전 세계인들은 이 작품을 "좋은 미술(good art)"로 규정하는 데 편안함을 느낀다.

그러나 완전히 이국적인 경우라면 어떨까? 우리는 무시나 회피할 것인가 아니면 즉시 작품 속에 파고들어 이해할 방안을 찾을 것인가? 라는 두 갈래 길에 직면하게 된다. 만약 미술의 기본적인 수준이라는 것이 색다른 시각 언어 형태로 자신을 표현하는 것이라면, 그 미술적 언어가 이질적이면 이질적일수록 관람자는 그것을 이해하거나 수용하기가 어려우리라는 것은 두말할 필요도 없다. 이러한 이유로 학자, 교수, 평론가, 딜러 그리고 미술계를 구성하는 모든 이웃과 주변적인 인물들은 고상한 계층의 사람들이 된다. 왜냐하면 그들은 그 작품의 "의미"를 읽어내야 하고 대중이 그 작품에 대해서 어떻게 느껴야 하는지를 해석할 수 있기 때문이다. 즉, 관람자들이 미술 언어를 보고 말하고 이해하는 것을 더 편안하게 해 준다. 가령, 전통 미술에서 서자 취급을 받던 입체파(Cubism)는 100년 이내에 널리 알려지고 인정받는 형태의 미술사조가 되었다.

그러나 그 미술 언어가 아웃사이더 아트로 오게 되면, 우리는 이 용어가 내포한 것처럼 일반인들이 미술이라고 알고 있는 것의 외부(outside)에 있는 언어와 마주하게 된다. 그 언어가 우리의 언어와 비슷할수록, 말하자면 그랜

마 모제스(Grandma Moses)의 작품과 같은 형식들은 우리의 주류 의식으로 들어와 더 빨리 수용된다. 그림이 이국적이고 **빽빽하게** 채워져 있을수록 우리가 작품을 보고 이해하는 것은 덜 편안해진다. 따라서 우리는 이국적이고 불편한 것을 좀 더 편안하게 보려고 번역가, 즉 미술계 인사이더를 찾는 것이다.

아웃사이더 아트가 미술계 작가군 안에서 성장하는 분야가 되어가면서, 이제는 미술관 큐레이터, 전문경매사 등이 이러한 제작물의 언어를 이해하도록 돕게 되었다. 그렇지만 미술치료사들의 경우는 어떤가? 미술 감상과 여행의 유사점에 대해 생각하던 중, 나는 예술가만의 언어를 해석하고 반영해서 다른 이들의 미술 감상을 돕는 역할과 미술치료사들의 역할이 매우 비슷하다는 것을 알게 되었다. 심리치료에서 이 역할은 치료사의 해석과 심화로 이어질 수 있는 반면, 스튜디오에서는 예술가가 자신만의 독특한 스타일을 공고히 하도록 돕는 것일 수 있다.

이것은 문헌과 교육 대부분에서 간과하고 넘어가는 미술치료의 매우 중요한 요소로, 많은 측면에서 미술치료를 주변의 다른 학문과 차별화하는데, 이 차별화라는 것은 사람들이 알게끔 돕는 것을 말한다. 미술치료가 본질적으로 시각 언어에 의존한다는 사실에도 불구하고, 종종 미술의 영역은 두드러지지 않는다. 미술치료와 동시대 미술계 사이에는 교차점이 거의 없으나, 전통적 미술계의 맥락을 벗어난 아웃사이더 아트는 인기가 급증하고 있다. 그러나 미술치료 교육은 심리적인 것, 진단적인 것에만 초점을 맞추고 있어, 작품을 만든 이의 배경과 무관하게 미술이 자아의 표현이 될 수 있다는 개념, 그리고 잊혔던 목소리에 점점 더 귀를 기울이는 미술의 오랜 역사와 동시대 미술계를 때로는 간과하고 있다.

정의의 문제

아웃사이더 아트에 관한 대다수 문헌은 이 분야의 정의에 대한 쟁점 사안을 언급하고 있으며, 이는 대개 미술계 인사이더들이 만든 미술과 미술이 아닌 것으로 정의된다. 그러나 누군가를 인사이더로 만드는 것은 무엇인가? 아웃사이더의 포괄적 사용은 이에 따라 정신질환을 앓는 모든 개인에서부터 남부의 민속 예술과 미술계 주류에서 인정받지 못한 채 자기 맥락에 따라 작업하는 개인 창작자들에 이르는 모든 이들을 가리키게 되었다. 그러므로 아웃사이더 아트는 전통적인 미술사의 "사조", 미술학교 심지어는 양식으로 정의 가능한 것이 아니라(Cardinal 1994), 그보다는 오히려 아웃사이더의 지위를 얻기 위해 그들의 전기(biography)를 수용할 것을 전제로 두는 분야이며, 그들의 창작품에 예술이라는 명칭을 붙일만한 가치가 있어야 한다.

이것은 미술치료를 정의하는 문제와 비슷하다. 본래 아웃사이더 아트와 미술치료는 그 영역을 둘러싼 사람들 때문에 중복되는 것으로 여겨졌으며 이들은 주간훈련 프로그램을 이용하는 내담자에서부터, 개인 미술치료를 받는 내담자와 학교의 어린이들에 이르기까지 다양하다. 동시대 미술치료 실무의 관점에서 "미술"과 "치료"를 모두 정의하는 것은 아웃사이더 아트를 정의하기만큼이나 어렵다. 가령 "미술"이라는 용어의 사용은 주관성, 미학, 문화적 영향력을 내포한다. 따라서, 우리가 미술치료에서 미술이라는 부분을 조합하려고 할 때, 그것은 비단 제작만이 아니라 그 제작물을 예술로 인식하는 데 있다. 게다가 미술치료를 받는 광범위한 대상의 사람들을 고려할 때, 모든 미술치료의 과정과 실습이 치료만을 염두에 둔다고 볼 수는 없으므로, 치료라는 용어조차도 더 넓은 맥락에서 사용되는 것이다.

아웃사이더 아트와 미술치료를 분명하게 명명하고 정의하는 데 혼란을 주는 또 하나의 요소는, 두 분야가 서로 다른 용어형태를 사용하여 정의를 모호하게 한다는 점이다. 아웃사이더 아트는 이전에 사용하던 구식 용어들에 더해, 독학 미술, 환영 미술(visionary art), 아르 브뤼(art brut), 민속 예술로도 불린다. 이 각각의 명칭은 광범위하면서도 각양각색의 의미를 담고 있기에 "아웃사이더"가 무엇인지 콕 짚어서 말하는 것이 거의 불가능하다. 미술치료도 마찬가지로 각양각색의 이름들로 통한다. 가령 뉴욕에서 자격증을 가진 미술치료사들은 무용 치료사나 음악 치료사를 아우르는 창의적 예술 치료사(Creative Art Therapist)로 활동하는데, 이는 미술치료사라는 용어와는 엄연히 다른 의미를 지닌다. 영국에서 일하는 미술치료사들은 미술치료사로 활동할 것인지 미술심리치료사라는 직함으로 활동할지를 선택할 수 있다. 특히 미국의 박사과정 수준에서 표현예술치료(Expressive Art Therapy)의 활용도가 증가함에 따라 우리는 미술치료에서 "미술"이라는 용어에 또 다른 층을 올린 셈이다.

따라서 아웃사이더 아트와 미술치료 둘 다 주변 영역과 관계에 따라, 그리고 가장 빈번하게는 상황 대 상황의 어법으로 정의되는 가상의 중간지대(pseudo-limbo)에 존재하는 것이다. 아웃사이더 아트의 입장에서 이것은 대개 불편을 초래한다. 앞으로도 논의하겠으나, 식별이 가능한 적절한 용어를 사용하면서 아웃사이더 아트에 관한 글을 쓴다는 것은 원래 불가능하지만, "아웃사이더"라는 용어의 불완전성은 이 개념이 실제로 표현하는 모든 것, 즉 인정받은 "순수미술"의 문화적 전통으로 정의될 수 없는 모든 것 또한 나타내게 되었다.

미국과 영국에서 미술치료 분야를 확립하는 과정에서 생겨난 문제는 더 깊게 들어가야 한다. 미술치료가 정신건강 분야와 결합하게 되면서, 전문적 분야로서 미술치료의 제도화 추구와 일관된 용어 및 정의가 필요하게 되었다. 그러나 오늘날의 미술과 치료는 많은 미술치료사의 업무 배경을 설명하지 못하는 지점에 와 있으며, 창의력이나 표현력이 아닌 미술의 구성 요소는 교육 현장이나 동시대적 담화에서 뭔가 은근슬쩍 넘어가고 있는 것으로 보인다.

스튜디오 프로그램: 아웃사이더 아트, 미술치료와 미술교육의 단면

랜드(LAND) 갤러리는 브루클린의 덤보(DUMBO) 지구에 있는 스튜디오로, 15명의 예술가를 위한 주간훈련 프로그램을 운영하고 있다. 이 갤러리는 각 예술가가 추구하는 독창적이고 예술적인 상상력이 발휘될 수 있도록 공동 스튜디오 공간, 미술 재료와 직원을 지원한다. 프로그램 시간대에는 해당 공간에 들어갈 수 있도록 일반인에게 공간을 개방함으로써 예술가들은 그들의 잠재 구매자들과 함께 작품을 논의할 기회를 얻게 된다.

LAND 갤러리는 작품이 한 점 판매될 때마다 예술가에게 이윤의 50%

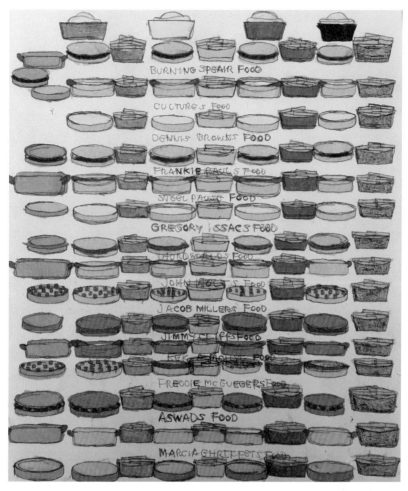

그림 I.1 〈메뉴(Menu)〉, 케냐 헨리, 2016. 소장: 예술가와 LAND 갤러리
(컬러 도판 1을 볼 것)

가 돌아가게 함으로써, 재정적으로나 살아가면서 필요한 부분을 사회복지에 의존하는 수많은 예술가에게 경제적 도움을 준다. 나는 스튜디오에서의 내 역할을 고민하면서 아웃사이더 아트와 내가 어떤 관련성이 있는지를 생각하며 많은 시간을 보냈다. 그리고 (미술치료에서의 경험처럼) 아웃사이더 아트가 용어와 정의의 문제로 무르익었다는 걸 알기 시작하면서 이 용어를 사용하는 것이 부담스러워졌다.

정신건강의 맥락에서 개인을 지칭하는 용어로 아웃사이더를 사용한 것은 적절했을까? 다른 미술치료사들은 이 문제를 어떻게 다루었을까? 나의 조사는 그리 오래 걸리지 않았다. 아웃사이더 아트와 미술치료에 관한 각각의 문헌들을 읽을수록 나는 소위 말하는 "전통" 미술이 지닌 특정 가설과 모순들이 계속 발견된다는 점을 알게 되었다. 미술사적으로나 아르 브뤼(art brut) 관점에서 글을 쓰는 저자들은 미술치료를 통해 만들어진 작품을 수준 낮고 부자연스럽고 미술치료사의 영향을 지나치게 많이 받는 것으로 평가절하(devalue)하는 경향이 있는 것 같다(MacGregor 1990; Thévoz 1995 참조).

또한, 심리치료 공간 내에서 미술을 진단이나 임상 도구의 하나로 사용함으로써 미술치료의 모든 영역을 격하시키는 경향이 통용되는, 틀에 박힌 기준이 존재한다.

미술치료사가 쓴 아웃사이더 아트나 동시대 미술계와 관련한 문헌에는 한계가 있으며, 이러한 글을 쓴 저자들 역시 스튜디오에 기반한 모델을 활용하는 개인들인 경우가 있다. 미술치료의 역사에 관한 문헌은 미술치료계에서 권위 있는 "창시자"의 저술에 기반을 두거나 전형적으로 미국이나 영국을 중심으로 하지만, 치료로서의 스튜디오에 기반을 둔 미술작업의 역사는 기본적인 문헌이 많지 않아 소외되기도 한다(Wix 2000).

내 연구는 미술치료의 역사가 정신건강에만 국한된 것이 *아니며* 적어도 그 뿌리가 지리적인 경계를 넘나들고 있다는 사고방식을 수용하면서 개진했다(Hogan 2001; Wix 2010). 사실, 나는 심리 역학적인 미술치료보다는 덜 유명한 스튜디오에 기반한 미술치료의 역사가 더 훌륭하다고 보는데, 그 이유는 전자가 주목받은 이유가 방대한 문서 작업에 있다고 보기 때문이다.

정신건강에 편향된 미술치료는 문서화 된 임상적 결과물을 더 많이 남기고 미술에 편향된 미술치료는 마치 *미술처럼* 더 많은 시각적 결과물을 남긴다는 것이 이해되지 않는가? 미국 미술치료협회(American Art Therapy Association, 이하 AATA)처럼 미술에 기반을 둔 미술치료와 정신건강 같은 단체들이 없다면, 미술치료에서의 미술은 사라지게 된다.

학술대회나 AATA 행사에서 종종 "창시자"의 작품 전시회가 열리기는 하지만, 미술치료 작품 중 학술지에 견줄만한 작품은 어디 있는가? 미학적이거나 교육적인 맥락에서 미술치료 작품을 일관되게 전시하는 갤러리가 있기는 한가? 분기별 간행물의 표지나 프레젠테이션의 첫 이미지는 어떤 전통적 의미의 미술 개념에는 관심이 없으며, 더 광의적 영역인 동시대 미술계를 넘나드는 경우는 더더욱 없다. 사실 나는 많은 미술치료사와 동시대 미술계는 전혀 관련성이 없다고 본다. 그럼으로써, 미술(대문자 A의 Art)이라는 개념, 창의적 표현의 개념 또는 미술치료에서 "미술"이라는 기준 아래 생겨난 것들 간에는 차별성이 존재한다는 위계질서가 계속해서 강화된다. 주류 미술계에서 일궈 낸 동시대 미술가들의 투쟁과 창작 과정의 사례를 미술치료사들이 놓치고 있다는 점은 말할 것도 없다.

만약 미술의 과정이라는 것이 본질적으로 개인의 더 큰 전체를 경험케 하는 자기 발견의 하나라면, 창의적 작품을 위해 일생을 바치는 예술가와 그 최고의 작품이 만들어지는 과정을 미술치료사들이 어떻게 무시할 수 있겠는가? 이들은 미술사와 동시대 미술을 등한시함으로써 미술치료에서 가장 기본이 되는 것은 놓친 채 최종적으로 누군가의 형성을 돕는 새로운 언어를 보고 경험하는 연습을 하고 있다.

어떤 면에서 LAND 갤러리와 다른 스튜디오의 프로그램들은 아웃사이더 아트와 미술치료 사이에서 완전한 가교역할을 한다. 많은 경우, 이런 장소들에서 미술치료사들의 존재감은 약하다(Vick and Sexton-Radek 2008). 이러한 형태의 업무는 미술치료사나 흔히 치료사를 상징하는 수많은 껍데기를 벗겨낸다. 스튜디오 프로그램에서 이루어지는 일상적 작업의 핵심 요소는 예술가들이 그들 자신만의 창작 과정을 개발하고 유지함으로써 그들만의 고유한 심상과 내용이 보존된다는 것이다.

이런 환경에서 미술치료사는 새로운 창작 기법과 과정을 도와주는 미술교육자, 모든 예술가를 위해 안전한 공공 매장을 지키는 컨테이너, 작품의 판매를 담당하고 수집가와 대중을 연결해 주는 갤러리스트 중 하나의 역할을 맡게 되며, 이런 식의 업무는 미술치료 문헌에서는 제대로 소개된 바가 없다. 더 넓은 미술적 맥락에서 미술사, 동시대 미술 혹은 비대해지는 아웃사이더 아트와 견주어볼 때, 미술치료의 영역은 그 위신을 계속 실추시키는 수많은 구시대적인 고정관념에 시달려 왔다.

그림 I.2 〈헛간(*Barn*)〉, 린다 하스켈, 2016. 소장: 예술가와 피라미드 주식회사
(Pyramid Inc.)

미학의 개념은 미술로서의 미술치료와 정신건강으로서의 미술치료 간의 논쟁에서 결정적인 역할을 한다. 미술치료에서 미학의 역할을 고려하는 것은 어떤 의미에서는 미술치료 내부의 다른 관점을 보여준다. 어떤 미술치료사들은 작품을 치료 과정의 도구로 여기면서 "순수" 미술 기법, 창작 과정과 표본의 역할을 줄이고 치료 상황에서 미학을 완전히 배제하는 것을 선호하기도 한다. 또 어떤 이들은 치료적 상황에 있는 치료로서의 미술과 미술심리치료의 관점에서 미학이 막강한 역할을 한다고 믿는다(Henley 1992).

여러 방면의 실무자들과 예술가들이 미술의 "본질"이 갖는 의미에 대해 다양하게 인식하고 있었기에, 이 본질은 미술치료와 관련하여 논의의 주제가 되고 있다. 그러나, 그 본질에는 미술치료의 나쁜(bad) 결과물을 포함하여 나쁜 *아웃사이더 아트*와 나쁜 순수 미술도 있다는 근원적인 진리가 존재한다. 미술치료사가 미술작품을 어떻게 감상할지 익히기 위해서는 균형 잡힌 관점에서 미학을 이해하는 것이 필수다. 아웃사이더 아트가 어떻게 역사적인 예술운동에 영향을 주었는지에 관한 이해와 인식을 높임으로써, 미술치료사는 비전통적인 순수미술 형식의 반(反)미학을 더 잘 이해하게 되고, 그러한 작업물에서 더 편안함을 느낄 수 있다.

미술치료에서 "미술"의 요소를 경시하거나 없애버리면, 미술치료의 발전과 역사 역시 명확하게 정의될 수 없다. 정신의학과 미술사의 역사와 더불어 미술교육과 미술치료의 상당 부분은 특히 특정인을 대상으로 미술 교육적 개념을 지닌다는 점에서 공통점을 갖는다. 초기 미술치료사들은 미술 교육

그림 I.3 〈미래의 보트하우스(*Future HouseBoat Ship*)〉, 게롤 게이든, 2010년.
소장: 예술가와 LAND 갤러리.

자였고, 현대적 의미로 보자면 미술 스튜디오 프로그램은 미술치료와 미술교육이 결합한 것으로 더 광의적인 동시대 미술계 안에 속한다.

그러나 아웃사이더 아트, 정의, 용어와 미술계와 관련한 모든 복잡한 문제들을 직접적으로 다룬 문헌은 거의 없다. 과거에는 정신과 의사와 마찬가지였던 미술치료사들은 내담자들의 작품 제작과 직접적으로 관계된 사람들이며, 장기적인 관점에서 그 작품을 어떻게 하고 무엇을 해야 하는지 잘 모를 수도 있다. 보관되거나 진열된 작품들은 종종 사례 연구나 특정 이론을 뒷받침하는 데 활용되지만, 그것의 미학적 가치나 진가를 위해 선택되는 경우는 드물다. 미술작품을 만들고 감상하는 것을 습득하듯이 미술교육이 그 간극을 채워 줄 수 있다.

의미의 스펙트럼: 아웃사이더 아트와 미술치료

이 책의 모든 장을 통해, 나는 아웃사이더 아트와 미술치료의 역사적이고 동시대적인 관점에서 일어나는 일련의 양극성을 살펴볼 것이다. 간단하게는, 미술과 미술이 아닌 것, 도구로서의 미술과 미학적 산물로서의 미술은 아픔과 건강, 내부 문화와 외부 문화에서 더 양극적인 영향을 주고받음으로써 계층적인 구조로 인정받는 것에 의지하게 된다. 아웃사이더 아트와 미술치료 둘의 역사와 동시대적인 문제, 미술과 박물관 교육과 같은 다른 분야와의 관계, 그리고 각각의 비판을 통해 이런 주제들을 추적함으로써 미술치료와 아웃사이더 아트 간의 역사적이고 동시대적인 연관성을 설명할 것이다.

이 과정에서 나는 아웃사이더 아트, 미술치료, 미술교육, 그리고 순수미술을 하는 개인들의 개념이 어떻게 이런 양극성에서 형성된 연속적 범주(continuums)에 근거하여 서로 다양한 관계를 유지할 수 있는지, 그럼으로써 이들 간의 담화와 수용을 어떻게 더 장려하는가를 보여줄 것이다. 따라서 아웃사이더 아트는 동시대 미술과 현대미술의 "정의" 안에서, 미술 그 자체로 역사 속에 자리해야 한다. 왜냐하면 미술치료사는 미술작품을 통해 관계를 맺는 사람들이 많으므로 이 위치를 더 잘 이해한다면 미술치료와 더 넓은 미술계를 다시 연결하는 데 도움이 될 것이다. 내담자-예술가들에게 힘을 실어주기 위한 또 하나의 도구로, 그리고 이 분야의 역사적 뿌리와 다시 연결되는 방법으로 미술치료사들이 아웃사이더 아트에 더 관여하게 되는 것이 내 목표라고 할 수 있다.

　독자가 읽기 쉽게끔 나는 이 책 전반에 걸쳐 아웃사이더 아트라는 용어를 사용하기로 했다. 이 용어가 궁극적으로 왜 충분하다고 생각하는지 용어 문제에 있어서 전반적으로 심층적인 논의를 하고 그 이유를 분명히 밝혀 나가겠다. 또한 개인 예술가들의 작품을 심층적으로 탐구하기보다는 이 책의 주제적 맥락에서 예시 설명을 위해 간단하게 소개할 것이다. 아웃사이더 아트와 아르 브뤼(art brut)와 관련한 특정 예술가들에 대해 더 많은 정보를 얻고자 하는 이들에게는 우선 Cardinal(1972), Ferrier(1998), Maizels(2009) 그리고 Peiry(2001)를 추천한다.

Chapter 1

정신건강에서 공유된 역사

정신건강 맥락에서 함께 이룬 역사에도 불구하고 아웃사이더 아트나 미술 치료가 동시대적 의미로 정신건강이나 "치료"에만 연결되지는 않는다. 그러나 두 분야 모두 역사 전반에 걸쳐 발전한 미술교육, 특히 20세기에 발현된 미술 작업과 정신건강의 덕을 보고 있다. 흥미롭게도, 치유와 치료를 창의적으로 활용하는 방안을 개척하는 것뿐 아니라, 일반 대중이 아웃사이더 아트를 감상할 수 있는 길을 닦은 사람은 정신과 의사들이다.

의료계와 사회 공동체가 정신질환자를 하나의 인격체로 보기 전까지 정신질환자의 작품에 가치를 두거나 미술이라는 이름이 합당하다고 여겨지는 것은 불가능했다. 역사적으로도 정신질환은 계속 존재해 왔으나 정신질환자에 대한 사고방식이 수용적으로 바뀐 것은 18세기 말과 19세기 초가 되어서였다.

수 세기 전부터 의사들은 환자의 미술에 관심을 가져왔다. 어떤 이들은 창의적인 표현을 장려했으나 또 다른 이들은 작품에서 병리학적 증거를 찾기도 했다. 그러나 20세기 초, 정신과 의사들이 이런 작품들을 수집하고 전시를 홍보하고 감상하기 시작하면서 의사 수집가가 생겨나기 시작했다. 정신건강 치료 초창기에는 사람들이 환자를 가만히 바라보는 오락거리의 한 형태로 취급했지만(Rosen 1963; Stevenson 2000), 20세기에 이르러 그들의 작품은 보호시설 벽 안팎에서 모두 높이 평가되었다. 물론, 이러한 초창기 의사 수집가 중 많은 이들 역시 임상과 미학적인 면에서 이 미술을 다루기 위한 새로운 개념을 만들었다(Hogan 2001).

이 책을 통해 내가 조사할 연속적 범주의 개념은, 미술과 미술이 아닌 것, 실용적인 미술작품과 미학적인 미술작품, 특히 심리적인 측면에서의 아픔과 건강, 내부 문화와 외부 문화, 그리고 누가 그것을 결정했는가에 대한 것으로, 치료와 정신질환 돌보기의 역사적 변천에서 다시 등장한다. 이 네

가지 연속적 범주는 모두 다양한 방식으로 상호작용하고 어떤 형태로든 미술치료의 발전과 아웃사이더 아트에 대한 올바른 평가에 이바지할 것이다.

정신질환을 위한 유럽의 초창기 대응책들

중세 유럽에서는 정신질환을 크게 사악한 증후군이나 영적 황홀감이라는 두 가지 측면에서 바라보았다. 육체적 질병을 "치유"한다는 개념은 종교의 권한이었고, "광기"는 아직 질병의 형태로 인식되지 않았기에 치료 고려 대상은 아니었다. 버려지지 않은 이들은 대개 그들의 가족이나 종교 기관의 보살핌을 받았다(Rosen 1963; Stevenson 2000). 또한 중세에도 신과 소통하는 사람인 선각자가 등장했다. 이 시기의 수많은 필사본, 신체적 발작과 환각이 신과의 직접적인 소통으로 여겨졌다는 것은 민속 예술과 아웃사이더 아트를 창시한 후손들에게 영감을 주는 대목이다.

역사적으로 볼 때, 사회적 변화는 종종 정신건강 돌봄의 궤도에 영향을 미친다. 15세기에 들어 병원 관리가 교회의 손을 떠나게 되면서 유럽 정부와 지역사회는 병으로 고통받는 지역사회 구성원들에 대한 책임감의 필요성을 깨달았다(Stevenson 2000). 종교와 국가가 분리됨에 따라 "광기"가 이전의 종교적 해석과는 별개라는 인식이 생겨났고, 이를 통해 급성장한 일반 의학계는 광기를 탐구할 수 있게 되었다.

돌봄이라는 용어는 상대적으로 쓰인다. 정신질환을 앓고 있는 사람들에게 보통 "돌봄"이란, 그들이 죽을 때까지 먼 곳에 있도록 하는 것을 의미했다. 이 또한 비용이 많이 드는 구조였으며, 개인을 책임지는 것이 그들에게 평생의 짐이 될 수 있다는 인식이 커지면서, 이러한 부담을 줄일 수 있는 일종의 재활치료를 찾게 되었다. 정신질환자들이 사회에서 어느 정도 "쓸모 있다"는 생각으로 초창기의 사회적 지원 형태가 생겨났다. 영국에서는 베스렘(Bethlem) 병원에서 퇴원한 몇몇 환자들에게 길거리에서 구걸할 수 있다는 "자격증"을 발부하였는데, 이들은 이 표면적인 혜택을 통해 재정적인 지원을 그나마 조금이라도 받을 수 있었으며 구걸이라는 "일자리"에서 안정감을 찾을 수 있었다.

가난한 이들에게 헌금을 한다는 것은 일반인들에게는 회개의 수단이었기에 이는 서로 간에 이득이 되는 것이었다. 그러나 안타깝게도, 뒤이은 많은 사회적 체제와 마찬가지로 이 제도도 1675년까지만 실행되다가 부패하게 되었다. 특히 16세기의 경제적 변화가 유럽에 영향을 끼치면서 정부는 거리의 빈곤자 수를 줄이고자 했고, 대부분은 결국 시설로 돌아갔다(Rosen 1963).

이는 아마도 정신질환자들을 사회에 통합하거나 재통합하려고 한 첫 번째 시도 중 하나로, 이들은 사회로 복귀하는 "다른 사람"으로 인식되었다. 그러나, 구걸이라는 관행 역시 제정신인 사람과 그렇지 않은 사람을 드러내는 기존의 사회문화적인 경계를 강화했으며, 그 문화적 역할은 각자의 영역이 되었다. 이런 점에서 "다른 사람"은 일반인과는 반대로 공리적인 역할을 채우기 위해 잠시 사회에 속하게 되었다.

16세기가 끝나갈 무렵, 사회 전반에 걸친 변화의 바람은 일반인이 정신질환자에게 새로운 관점을 갖도록 이끌었다. 광기는 이제 전염병처럼 퍼지는 현상을 지닌 유행병이라는 사고가 점점 늘어났기 때문에 반드시 어떤 외력과 연결되어야만 했다(Rosen 1963). 그러나 그들을 가두고 고립과 혹독한 규율을 통해 다루는 것만이 가장 쉬운 일이라는 것이 여전한 현실이었다.

17세기에는 정신질환이 신체질환과 유사할 수도 있다는 개념이 처음으로 등장했기에 의사와 의료 전문가들은 치료 가능성과 치료법에 대해 좀 더 직접적으로 접근하기 시작했다. 또한 이 시기는 인간의 상태를 연구하고 이해하는 데 큰 관심을 가졌으므로 인간의 경험 자체만큼이나 다양한 광기의 "유형"을 분류하는 것에 관한 관심도 높아졌다(Rosen 1963).

17세기 유럽에서 이성(reason)은 세상을 이해하고 그 안에서 어떻게 일하는지에 대한 지도원리였다. 하지만, 인간이 이성적일 수 있다는 개념은 인간이 *비이성적(irrational)*일 수 있다는 것과 유사한 개념이 되었으며, 이는 불행히도 당시의 정신질환자들에게도 본보기가 되었다. 따라서 개인을 "이성"으로 되돌리기 위한 표면적인 규율과 교정방안들이 개입되었다. 문화적인 정상 상태에 속하도록 행동을 강제로 변화시킬 수 있다는 이러한 사고방식은 안타깝게도 역사를 거슬러 발견될 것이다.

17세기 동안 다양한 유형의 질병을 감별하기 위한 시도들이 있었으나 의학계에서는 여전히 인간의 신체와 정신질환과의 관계에 대한 이해가 부족했다. 따라서, "미친(insane)"은 많은 행동에 적용되는 포괄적 개념이었다. 사람들은 그들의 증상과는 상관없이 다 함께 무차별 수용되고 같은 방식으로 치료받았다. 더군다나, 비이성을 모두 포괄하는 "부도덕한" 행동이 문화적 규범에 반(反)하는 것으로 인식되던 당대에 "미친"은 개인이 심각한 정신질환을 앓고 있든지 단순히 사회 부적응자든지 간에 같은 치료를 받았음을 의미했다. 이러한 부도덕한 행동과 정신질환과의 관계는 "평판이 안 좋은" 가정주부, 비행 아동들, 심지어는 부모와 다른 사고방식을 지닌 아이들과 정신질환자들을 수년 혹은 평생 기관으로 보내게 하는 공통 요인이 되었다.

18세기와 19세기의 유럽

18세기의 대부분 이러한 사람들을 수용하는 기관들은 본래 감금을 위한 곳이었으며, 그들의 주된 목적은 가능하면 돈이 덜 드는 방법으로 고통받는 이들을 대중의 시선과 사회로부터 제거하는 것이었다(Rosen 1963). 단순히 사람들을 가두는 것은, 수용인원은 붐비고 인력은 부족한 베스렘과 같은 기관들에는 더 수월하고 저렴한 방식이 되었다(Stevenson 2000). 정신질환자들에 대한 대부분의 인식은 그들이 미개하고 동물적인 성향이 있고 인간에 못 미친다는 것이었기에 적절한 관리조차 필요하지 않다고 여겼다.

1760년대에 이르자 대중적이고 의학적인 관심은 증가하는 정신질환자들의 더 많은 부분을 치료할 수 있다는 것에 집중되었으며, 18세기와 19세기에는 모든 계층의 정신질환자들을 돌보기 위해 고안된 전문 보호시설이 성장하게 되었다. 특히 영국의 경우, 늘어나는 정신질환자들을 수용하기 위한 신축 병원들이 급성장하게 되었으며, 이 중 많은 곳은 오늘날 우리가 당연시하는 정신과 치료의 혁신적 장(場)이라 볼 수 있다.

세인트 루크 병원(St. Luke's Hospital)은 영국 시민들이 이용할 수 있는 세 번째 자선병원으로 1751년에 설립되었다. 이 병원은 호기심 많은 일반인이 흥미와 오락거리를 위해 수감자를 방문하는 관행을 허용하지 않고 금지

그림 1.1 런던 크리플게이트(*Cripplegate*)의 세인트 루크 병원(*St Luke's Hospital*):
많은 수감자와 직원들로 구성된 여성 병동 내부. 색 판화, A.C. 푸겐과
T. 롤랜드슨 이후 J.C. 스타들러 작업, 1809년. 소장: 런던 웰컴 도서관.

했으며, 베스렘 병원은 1770년까지 방문객 허용을 금지하지 않았다(Hancock 1810b).

세인트 루크 병원의 병실은 널찍하고 방마다 창문이 달려 있었으며, 침대는 소변이 세지 않게 설계되어 환자들이 자신의 오물 속에서 살아야 했던 오래된 시설과는 거리가 멀었다. 이 병원은 폭력이 발생할 때 감금하는 장치를 제한하였으며 공용 공간, 식당과 벽난로 등의 안락 시설을 제공했다. 야외 공간에서는 오락과 놀이가 제공되었고, 뜨개질 등의 실내 활동은 고용과 여가의 격차를 해소했다. 이 병원이 지닌 또 하나의 진보적인 요소는 남성과 여성을 분리하고 각 부서에 맞는 성별의 직원을 고용한 것이다.

1766년에 맨체스터 왕립병동(Manchester Royal Infirmary)은 영국에서 네 번째로 개원한 공공 기관인 맨체스터 정신병원(Manchester Lunatic Hospital)을 개방했으며, 이 병원은 가난한 환자들을 수용하도록 고안되었다. 이 병동 자체는 1752년에 설립된 이래 정신질환자를 외래환자로 치료해 왔기에, 수용된 입원환자에게 제공 가능한 복지를 늘리는 것이 주요 목적이 었다(Brockbank 1933; Brockbank 1952).

입원환자를 위한 맨체스터의 시설은 기존 병동을 증설한 것으로, 의학 병원과 직접적으로 연계된 최초의 정신과 기관 중 하나가 되었다. 이 병원의 정신과 의사인 존 페리아(John Ferriar) 박사는 엄벌, 해가 되는 징계나 제한 적 방식의 철폐를 주장했고, 치료법을 일반적인 치료 형태를 적용하기보다 는 개별적으로 맞춤 적용했다(Brockbank 1933; Brockbank 1952).

맨체스터 병원은 1846년에 치들(Cheadle)로 옮겨져 환자 치료의 최전선 에 계속 서게 되었다. 의료교육감인 토마스 딕슨(Thomas Dickson) 박사는 환자를 위해 "작업치료"와 같은 프로그램을 시작했고, 그의 후임인 헨리 머 드슬레이(Henry Maudsley)는 1858년에 환자 고용과 오락 활동에 더 많은 재정을 지원하여 이러한 관습을 이어갔다("Cheadle Royal Celebrates its Bicentenary" 1966).

요크 보호시설(The York Asylum)은 영국의 가난한 정신질환자들을 위 한 또 다른 치료 기관으로 1777년에 설립되었으며, 어떤 계급이나 배경에 구 애받지 않고도 들어갈 수 있었고(Digby 1983), 거대한 빅토리아 요양원(Vic-torian asylum)을 괴롭히는 문제들의 한 사례가 되었다.

수년 동안 요크 보호시설은 환자 치료의 표본으로 여겨졌으며, 보호시 설을 극찬하는 자체 보고서가 정확하다고 국민과 정부가 손쉽게 믿게 했는 데, 이는 철저한 감독의 부재에 기인한다. 그러나 환자의 사망, 가혹한 처벌, 과밀, 불결함과 식량 부족 등이 제기되면서 이 보호시설은 1813년까지 영국 에서 최악의 기관 중 하나로 여겨졌다(Digby 1983). 정부 관점에서 이러한 곳들은 보호시설의 존속을 위해 필요했고, 관념적으로는 즐겁고 적극적인 치료로 보였겠지만 거대한 병원을 운영하기 위한 재정적 현실과는 거리가 멀 었다.

따라서 보호시설에서 부자와 빈자의 치료적 차이가 발생한 것은 당연했 다. 본래는 빈곤층을 위한 복지가 고안되었으나, 늘어나는 재정적 어려움으 로 인해 보호시설은 환자의 신분 차에 따른 치료가 제공되기 시작했다. 부유층은 양질의 보살핌, 오락거리와 금액에 따른 넓은 숙소를 누리게 되었다. 그에 반해 빈곤층은 외부로부터 격리된 채 사람이 꽉 찬 작은 방에 남겨져 가혹한 처우를 받았다(Digby 1983). 심지어 치료의 방법도 보호시설 밖에서 보이는 신분 차이는 시설 내의 신분 차이와 같았는데, 이는 더 나아가 문화의 내부와 외부의 상호작용을 의미했다.

영국의 보호시설은 정신과 치료의 변화와 한계라는 적절한 변천사를 제공하였으나, 유사한 발전이 대륙 전역에서도 일어나고 있었다. 1774년에 이탈리아 피렌체에서 유럽의 정신질환자에 관한 최초 법안이 통과되었는데, 이 법안은 적극적 돌봄을 강조하는 정신질환자의 치료와 입원에 관한 조항이었다. 1785년, 피터 레오폴트(Peter Leopold) 2세는 보니파시오(Bonifacio) 병원을 설립한 후 빈첸초 치아루기(Vincenzo Chiarugi)를 운영자로 두었다(Mora 1959). 임명 당시 26세였던 치아루기는, 의료기관에서 인간적인 치료를 시작한 정신과의 역사에서 간과된 인물 중 한 명이다. 그가 1793년에서 1794년에 쓴 저서 『광기에 관하여(On Insanity)』는 환경적 요인들이 인간 발달과 정신질환의 진행에 미치는 영향과 함께 당대에 잘 논의되지 않았던 정신질환을 다양한 관점으로 개괄하였다(Mora 1959).

치아루기는 환자의 삶과 환경을 보다 균형 있게 바라보도록 개별 맞춤형의 치료법을 개발하여 최신식의 정신건강 관리를 위한 다른 방식의 대책들을 세웠다. 그는 남성과 여성의 병동을 별도로 분리하고 폭력 환자에게 필요한 강압복이나 억제대 외에는 어떤 무력 사용도 허용하지 않았다(Mora 1959). 치아루기는 "미친 사람을 하나의 인격체로 존중하는 것은 최고의 도덕적 의무이며 의학적 의무"(Mora 1959, p.431에서 인용된 바와 같이)라는 신념을 지녔으며, 이는 사람들이 안에 갇힌 환자들을 응시하는 것이 용납되었던 초창기 관습과는 전혀 다른 것이었다.

정신질환자들을 인도적으로 대우한 것은 이전에도 있었다. 중세 시대로 거슬러 올라가, 벨기에의 헤일(Gheel) 마을에서는 18세기까지 지역 사회 병원의 환자들과 마을 사람들이 직접 교류하기도 했다. 애초에는 환자가 낮에 마을을 찾는 형태였지만 지역사회 분위기는 저녁 식사나 행사를 위해 가정들이 환자를 "초대하는" 형태로까지 발전했다. 탈시설화는 꿈도 꿀 수 없던 시기에 헤일 마을은 적극적이고 장기적인 치료를 통한 정신질환자들과 사회로의 통합이 지속적인 영향을 미칠 수 있다는 것을 몸소 보여주었으며 (Yanni 2007), 이는 이웃 문화의 안과 밖이라는 경계를 흐리게 하는 것이었다.

19세기에 접어들어 유럽 전역의 의료기관 내부에서는 새로운 치료 기준을 세우라는 압박이 있었다. 이 중, 도덕적 치료나 환자를 참여시킬 수 있는 의미 있는 작업 및 활동 방식을 찾는 것은 직업 및 미술치료 분야의 궁극적인 확립과 더불어 정신질환자들을 적절하게 배려하는데 있어서 지속적인 영향을 미쳤다. 프랑스에서 윤리 치료를 지지하는 것과 관련하여 가장 자주 언급되었을 이름인 필리프 피넬(Philippe Pinel)은 1793년부터 1795년까지는 프랑스 비세트르(Bicetre)에서, 1795년부터 1826년까지는 살페트리에르(Salpetriere)에서 그의 혁신적인 치료를 시작했다. 피넬이 1806년에 쓴 저서는 환자 간에 미치는 영향에서 오락적 활동과 개별 맞춤형 치료의 혜택에 이르는 모든 것을 분석했다.

그림 1.2 (살페트리에르에서)피넬이 미친 사람들의 족쇄를 풀어주는 장면.
토니 로베르 플뢰리, 유화, 약 1876년, 소장: 런던 웰컴 도서관.

피넬의 저서에서 서술된 바와 같이 그의 새로운 방법론의 흥미로운 사례 연구는 미술적 경험의 부재로 인해 "광기" 상태로 전락한 환자에 관한 것이었다. 피넬의 치료 하에 수용되었던 그 환자는 비세트르(Bicêtre)에 입성하자마자 몇 달 동안 격리되었지만, 폭력적인 성향이 잠잠해지면 개방된 영역에서 자유롭게 지낼 수 있었다. 시간이 지남에 따라 그 환자는 그림 재료를 요청하고 초상화를 그리기 시작했다. 병원 운영진은 그의 이러한 시도를 지원하기로 하고 작품의 주제를 선택하는 것은 허용하되 단 자신들을 위해 그림을 그릴 것을 요구했다. 피넬은 "문제 해결을 위해 요구했던"(1806, p.199) 운영진의 기대감이 그 환자를 어떻게 무너뜨렸는지를 기록하면서, 구조화된 경계가 우리의 한계인지도 모른다고 호소했다. 운영진이 그 환자의 요청을 들어주지도 않으면서 마치 선택의 자유를 준 듯이 여기자, 환자는 다시 자신을 낙오자라고 여기고 자신의 모든 예술 작품과 재료를 파괴한 후 절망의 늪에 빠져 결국 질병으로 사망하고 말았다.

윤리 치료에 있어서 또 다른 주요한 발전은, 치료 기준의 붕괴에 대한 대응책으로 1796년 요크 요양원(York Retreat) 부근에 요크 보호시설(York Asylum)이 설립된 것이다. 윌리엄 투크(William Tuke)는 보호시설에서의 치료법에 정면으로 반대하는 케이쿼 교도시설(Quaker institution)로 요크 보호시설(York Asylum)을 만들어 대인관계의 발전을 장려하고 가족적인 지역 사회에 초점을 맞추었다.

이에 따라 요크 요양원은 정기적으로 기관을 주의 깊게 감독하는 위원회와 함께 설립되었다(Hancock 1812). 핸콕(Hancock)이 "감옥의 모습이 아니라 오히려 큰 시골 농장을 닮았다."(p.256)라고 표현한 요크 요양원의 목가적인 환경은 환자들이 쉬고 회복할 수 있는 풍경을 제공했다. 담장 내 시설의 외관도 안락하고 편안했다. 늘 막힌 창문과 거대한 출입문 대신 작은 자물쇠가 설치되었고 창문은 노출되었다. 핸콕은 요양원이 안전 사항을 엄격하게 지키면서도 긍정적인 분위기가 될 수 있다는 것과 개인의 지속적인 참여를 위해 제공되는 활동들에서 특히 깊은 인상을 받았다. 환자들은 정기적으로 정원 가꾸기와 바느질 같은 작업을 하면서도 기분전환이 될 수 있도록 격려되었다.

프랑스와 영국은 정신질환자의 주거와 치료 분야에서 혁신적인 활동의 중심지였으나, 다른 유럽 국가들 역시 새로운 방식으로 정신질환에 접근하고 있었다. 독일의 요한 크리스티안 라일(Johann Christian Reil)의 1803년 작업은 정신질환자를 인도적으로 치료하는 것이 얼마나 그들의 잠재적 치유와 회복에 있어서 가장 좋은 것이었는지를 보여주었다. 그는 정신질환을 의학과 연계해서 바라보았고, 다른 질병과 마찬가지로 적절한 치료를 받으면 치유될 수 있거나 적어도 관리 가능한 것으로 보았다(Hansen 1998). 중요한 것은 라일이 창의성을 활용했다는 점으로, 그는 환자를 진정시키고 환각을 완화하는 방법으로 예술과 음악의 사용을 권했고, 환자들이 자신의 감정과 연결될 수 있도록 상징적 형태를 사용했다. 또한 이런 연구의 가능성을 보인 환자들에게는 대화 요법을 적용했다(Hansen 1998).

새로운 영역: 18세기와 19세기 미국의 정신건강 관리

18세기와 19세기는 미국의 민족주의와 정체성이 확립된 시기였다. 정신질환에 대한 높아진 인식은 미국 역사에서 치유와 치료법에 관한 초창기의 혁신과 실험으로 이어졌으며 1752년 식민지 최초의 병원이 펜실베이니아에 설립되었을 때, 병원 재단은 정신질환자들을 위한 의료복지를 제공하기도 했다(Tomes 1982). 벤자민 러시(Benjamin Rush)는 미국의 윤리 치료 도입과 가장 연관된 인물이다. 러시는 1783년과 1813년 사이에 새로 설립된 펜실베이니아 병원에서 일하면서 그곳의 환자들에게 일과 오락거리를 제공했다(Rush 1812). 그러나 당대의 과도기적 특성을 고려할 때, 그는 여전히 사혈(blood-letting)과 정화(purging)와 같은 물리적인 치료를 지지했지만, 유럽 의료인들은 심리적인 문제에 초점을 맞춰가고 있었다. 일반인들이 환자들을 멍하니 바라보는 것을 허용했던 관례가 유럽에서는 줄어든 반면, 성장하던 미국에서는 여전히 보편적이었다. 18세기 만연했던 이성주의 속에서, 펜실베이니아의 치료 패러다임은 주로 정신이상자 즉 이성과의 접점이 사라졌다고 여겨지는 이들을 "합리적인" 사고와 행동 패턴으로 돌아오게 하고 결국 수용 가능한 문화의 "내부"로 돌아가는 데 도움이 되도록 개발되었다. 그러나 러시는 정신질환이 마음의 병이라는 것에도 흥미를 느끼면서 그의 환자들에게서 관찰된 창의적 충동에 주목했다. 그는 음악, 작문과 공연에서 환자들의 재능을 보았고, 환자들의 "광기가 그림 그리는 재능으로 진화"(1812, p.154)할 수 있다고 믿었다. 러시가 보기에 정신질환자들의 작품은 시각적으로 "훌륭하고" 강한 매력이 있었으며 예술 작품으로서 최초로 주목받고, 심지어 미학적으로 완벽하다는 인정을 받았다.

펜실베이니아 병원(The Pennsylvania Hospital)은 보호시설의 표준을 도입하고 실행하는 관리부와 함께 설립되었으며, 관리부실과 불투명성으로 위기를 겪었던 요크 보호시설과 같은 곳과는 반대로 투명성과 환자 편의에 주력했다. 관리부에는 지역사회에서 중요한 퀘이커교도 사람들도 여럿 있었는데, 이는 병원 환경이 유럽의 보호시설보다는 투크(Tuke)의 요양원을 표방했음을 설명하는 것이다(Tomes 1982).

광적인 퀘이커교도 인물이었던 새뮤얼 코츠(Samuel Coates)는 병원의 이사이자 병원을 움직이는 인물이었는데, 그는 과밀집을 줄일 것을 포함하여 정신질환자들의 주거를 위한 특약 조항을 만들어 치료 기준을 세웠다. 코츠는 병원의 빈번한 방문을 기록으로 남겼으며 그의 일지는 정신질환과 시설 환자들에 대해 변화하는 인식을 분명하게 보여주었다. 러시와 마찬가지로 그는 환자들의 창의적 표현이 지닌 다양한 형태들을 발견하였고, 그들이 자신의 재능을 키우는 활동에 참여하도록 권장했다(Tomes 1982).

1792년에 설립된 뉴욕 병원(New York Hospital)은 1808년에 새로운 건물로 확장하여 뉴욕 정신질환자 보호시설(New York Lunatic Asylum)이 되었다. 1815년 이사회 수여식에서 위원회 회원들과 퀘이커교도인 토마스 에디(Thomas Eddy)는 미국의 정신건강 전문가들에게 해외의 도덕적 치료 패러다임에 더 가까운 새로운 주안점을 소개했다. 특히 투크의 요양원 업무를 참조한 에디의 발표는 정신질환자에 대한 일반적인 대중의 시각이 결국 어떻게 인도적 치료를 수용하는 것으로 변하는가를 엿보게 하였다.

개선된 치료법에 대한 에디의 간청은 제도화가 있어야 하는 개인에게 여전히 "약간의 판단력과 자제력이 남아있다."라는 것과 "세상이 환자들을 적절한 감금의 대상으로 여긴다는 것을 그들도 알고 있다."(1815, p.6)라는 그의 관점에 근거한 것이었다. 에디는 정신질환자라고 해서 인간이 자신을 둘러싼 인간다운 환경을 의식하지 못하는 게 아니란 점을 깨달았기에 더 인도적인 형태의 치료법을 정당화할 수 있었다. 가령 그는 폭력적인 수감자들에게 사슬을 채우고 완력을 사용하는 것이 그들에게 두려움을 유발하고 이런 식으로 접근하는 것은 결국 환자들의 생존본능을 자극하여 더 공격적이고 잠재적 폭력성을 지니게 될 것이라고 보았다. 이에 따라 에디는 힘과 처벌을 사용하는 치료법이 합리적이라는 사고와는 반대로 마음을 진정시키는 치료법이어야 한다고 믿었다. 그는 환자들에게 반복과 훈련을 통해 기본적인 교육을 하는 대신, 가능한 한 자제력과 극기력을 지니도록 교육하는데 주안점을 둔다면 어떤 형태로든 더 멋진 재활의 기회가 될 것이라고 설명했다.

에디의 믿음은 "환자는 항상 그의 마음이 허용할 수 있는 만큼 이성적인 존재로 대우받아야 한다."(1815, p.9)라는 단순한 진리로 요약된다. 이는 개인에 대한 맞춤형 치료를 의미했지만, 그보다는 창의적이든 물리적이든 혹은 다른 것이든 간에 기본적인 인간의 욕구를 충족시키는 것을 의미했다. 에디가 요양원 실습에서 본 것처럼 환자를 인간적으로 대우한다는 것은 환자들이 그들의 내면에서 인간성을 찾도록 동기부여가 된다는 것을 의미했다. 여기에는 어느 정도 환자에 대한 정확한 기록이 포함되었으므로, 생활방식, 질병 이력, 종교 및 고용과 같은 고려 사항은 각 환자가 받을 치료 유형을 결정하는 데 도움이 될 수 있었다.

이 과도기에서 확실히 흥미로운 점은 오늘날 우리가 당연시하는 환자 치료의 특정 기준을 채택한 것이다. 더 나은 치료법을 옹호한 이들은 환자 정보를 담은 사례기록과 같은 것을 우선시했을 뿐만 아니라, 직원들 간의 의사소통과 치료법의 표준화 역시 정립하기 시작했다. Eddy(1815)는 환자의 문제, 교섭 또는 지난주의 치료를 다 같이 공유하는 주간 회의를 제안했다. 여성 환자를 위한 여성 수행원과 남성 환자를 위한 남성 수행원이 있었다는 것은 모든 단계에서 환자의 위험을 줄이고자 한 개별적이고 적절한 보안이 적재적소에 있었다는 것을 의미했다. 보호시설은 19세기 내내 미국 전역에서 계속 생겨났고, 어떤 곳들은 치료와 돌봄에 있어서 다른 곳들보다 더 진보적인 개념을 갖고 있었다. 1817년에 설립된 펜실베이니아의 프리엔즈 보호시설(Friends Asylum)은 해외 퀘이커교도 파인 요크 요양원과 유사하게 안락함과 돌봄이라는 요소를 기반에 두었으며, 뉴저지 중부의 트렌턴(Trenton)에서는 환자들이 자신들의 정서를 완화하기 위해 초기 드라마 치료 형태인 연극 공연에 정기적으로 참여했다(Yanni 2007).

미국에서 있었던 또 하나의 중요한 성장은 1844년에 설립된 감독 위원회로, 미국정신질환자보호소감독관협회(the Association of Superintendents of American Asylums for the Insane)는 별도의 이사회를 명확하게 두고 이러한 병원에게 자금을 제공하기 위해 생겨났다. 결국 이 기구의 명칭은 4년 전에 설립되었던 미국의학협회(American Medical Association)에서 미국정신의학협회(American Psychiatric Association)로 1892년에 바뀌었다(Tomes 1982).

정신과 치료에서의 창작물과 창의성: 이해와 적용

의사들이 목적을 두고 환자들의 미술작업에 관심을 두는 현상이 19세기에 실제로 나타났다. 의사들이 환자들의 미술작품에 주목하고 작품을 보존하고 심지어는 전시하기 시작한 이 시점이 바로 미술치료와 아웃사이더 아트의 초기 단계라 할 수 있다. 보호시설에서의 창작물과 미술작업에 관한 관심이 증가함에 따라, 창의성을 정신건강의 맥락에서 활용하고 심리적 과정으로 해결하고자 하는 문헌도 늘어났다.

1806년에 펜실베이니아 대학의 의대생이 쓴 논문은 음악의 치유 가능성을 "질병의 치료 또는 완화"(Mathews 1806, p.9)의 관점에서 연구했다. 매슈스(Mathews)는 환자에게 좋은 음악을 들려주는 것이 신체 내부를 조화롭게 하고 발작이나 경련성 행동을 줄여준다고 믿었다. 그는 "환자가 자신의 마음을 은연중에 끌어내는데" 목적을 두고 부드러운 소리에서 시작하여 더욱 "생동감 있는"(p.14) 음악으로 넘어갈 것을 제안했다. 사람들이 질병을 관리하는 데 있어서 문화적인 산물과 과정이 도움 될 수 있다는 생각은 20세기에 다시 제기될 수 있었다.

1823년, 독자들은 하슬람(Haslam), 리지(Ridge), 코놀리(Conolly) 덕에

환자들의 삶에 관한 대대적인 연구와 함께 베스렘 병원 내부를 엿볼 수 있었는데, 이 시기에 베스렘 병원에서 실제 예술 활동이 있었다는 것은 주목할 가치가 있다. 웅장하고 산만한 표식을 제작한 종교적 예언자에서부터 모든 형태의 창의적인 시를 실험한 시인에 이르기까지, 논문의 저자들은 오히려 오늘날 활발하게 활동하는 예술가로 여겨지는 많은 환자를 알게 되었다 (Haslam *et al.* 1823, pp.18, 25, 31-32, 88 참조).

의사가 환자의 창작물에 적극적인 관심을 가졌던 첫 번째 기록 중 하나는 스코틀랜드에서 1838년에 설립된 크라이턴 왕립 병원(Crichton Royal Hospital)에 있다. 이곳에서 감독관으로 재직하던 윌리엄 A.F. 브라운 (W.A.F. Browne)은 환자들이 제작한 도록에 그들의 시각 예술, 공연 예술, 심지어 글쓰기를 포함한 창의적인 작업을 싣도록 격려했다(Park 2003).

이러한 활동에 대한 브라운의 관심은 그의 환자들에게 오락 활동을 고무했을 뿐만 아니라, 그들의 작품을 수집한 최초의 인물, 아니 최초가 아니더라도 금세기 후반에 환자들의 작품을 더 많은 대중에게 소개하는 발판을 마련한 의사 수집가 중 한 명으로 만들었다. 그가 수집한 작품들은 1843년에서 약 1867년까지 크라이턴과 다른 병원 환자들이 만든 것으로 약 70명의 다른 예술가를 보여준다. 이 작품들은 다양한 범위의 양식과 매체를 보여준다. 풍경화에서 보이는 부드러운 연필화는 새로운 건축술의 발명과 나란히 했으며, 제도 기술은 어떤 이들에게는 명확한 것이었으나, 어떤 이들에게는 느슨한 날 것의 감정으로 존재했다. 어떤 작품들의 뒷면에는 환자의 진단명이 적혀 있었고, 다른 작품들에는 환자 스스로 표제를 적기도 했다(Park 2003).

브라운의 연구는 미술치료 발전의 선구자적 역할을 했다. 그는 크라이턴에서 환자들의 작품을 존중하고 수집했을 뿐만 아니라, 그들이 여러 형태의 예술을 창작하고 활동에 참여하도록 독려했다. 그가 감독관으로 지내던 1841년에는 환자들이 지역사회의 미술 전시회에 방문하게 해주고, 1842년에는 병원 지하에 "작업실"을 만들었으며 1843년에는 환자들의 창작활동을 격려하고 도와주는 교사 예술가들을 고용했다(Park 2003, p.144).

광기를 지닌 천재

정신의학계에서 정신 이상과 천재 사이의 인식 관계를 연구하고 이 학문을 장려한 것은 낭만주의가 심은 씨앗에서 비롯되었다. 이 핵심에는 오류가 있긴 하나, 전 세계 의사들이 제기한 이 주장은 결국 시설 안팎의 예술이 향후 수년 동안 대중에게 인식되는 방식에 영향을 주었다.

MacGregor(1989)는 광기와 천재 사이의 연결고리를 고대 그리스까지 거슬러 올라가, 시간의 흐름에 따른 사건들을 보여주었다. 그러나 이 연결고리를 "찾아내고" 증명하기 위한 의학계의 헌신적인 노력은 20세기 초에 있었다. 맥그레고르가 지적했듯이 정신질환과 천재의 관련성에 관한 연구는 미친 사람들의 작품에 대중들도 관심을 기울이도록 하였기에, 결국 다음 천재는 그들 가운데 있는지도 모르겠다.

1864년에 체사레 롬브로소(Cesare Lombroso)는 정신 이상, 범죄적 사고와 천재 사이의 연관성에 관해 연구하기 시작했다. 그의 저서인 『천재 인간(The Man of Genius)』은 이 주제를 심도 있게 다룬 최초의 문헌 중 하나로 여겨졌다(Cardinal 1972). 그러나 그가 책에서 다룬 많은 개념, 즉 창작자의 증상과 질환의 표현으로서 창작물에 초점을 맞춘 것은 현대미술, 아웃사이더 아트와 미술치료에 대해 어느 정도 고정관념을 생기게 한지도 모른다. 롬브로소가 그의 환자들이 만든 작품을 수집한 것은 작품의 심미적 가치 때문이 아니라 그의 연구에서 정신질환자 예술로 인식되는 전형적인 특성을 설명하기 위해서였다. 그는 알코올 중독자가 노란색을 쓰는 경향이 있다면서 늘 작업을 진단적인 요소와 결합하고는 했다(2010, p.181). 따라서 롬브로소의 수집품은 사례 연구를 설명하기 위한 것으로 볼 수 있으며, 그가 자신의 주장을 뒷받침하고자 어떤 작품을 선택하고 폐기하였는지는 알려지지 않았다.

롬브로소의 연구가 지닌 가치는 그가 프린츠혼(Prinzhorn)처럼 이 분야에서 가장 영향력 있는 많은 이들에게 환자의 예술 작품을 수집하도록 영감을 준 것이다. 그의 개념들은 광기와 천재를 연결하는 것을 지향했으나, 그는 창의적인 표현과 "창작의 고유성"(2010, p.184)으로 개인을 이끄는 내적 충동과도 같은 반복적인 수사 어구, 그리고 아웃사이더 아트에 관한 글에서 계속 등장하는 기하학적 패턴의 경향, 뒤틀린 원근감, 그리고 전반적으로 "이상한 기운"(2010, p.180)과 같은 특성에 주목했다. 이러한 거의 모든 "경향들"은 아웃사이더 아트와 관련된 향후의 역사적 문헌 속에서 정신의학과 예술 분야 양측으로 다시 언급될 것이다.

반면에, 그가 수집한 환자들의 그림과 "천재"의 그림이 유사성을 띤 까닭에 그의 사고방식은 결국 "'미쳐서' '건강하지 않다'"(Cardinal 1972, p.16)와 같은 정설을 진보적으로 변화시켰으며, 이는 현대미술의 담화에서 중요한 고려 사항이 되었다. 만약 예술적 천재가 창작자도 정신질환자가 될 수 있다는 것을 의미했다면, 누구든지 위대한 예술가에게 병리학적인 것을 부여할 수 있었을 것이다.

롬브로소가 보기에, 환자는 자기 작품을 실용적으로 여기지 않았기 때문에 그 작품은 "쓸데없는 것"이었고 "미술"이라는 명칭을 가질 수 없었다. 안타깝게도 이러한 개념은 미술치료의 역사에서도 볼 수 있는데, 보존되고 전시된 많은 창작물은 종종 사례를 위한 표본으로 기능했으며 이런 맥락에서 "미술"이 아니라는 신념이 생겨났다. 이와 유사하게, 심지어 아웃사이더 예술가들은 그들이 전형적으로 미술작품이라고 여기는 작업은 하지 않는다는 것에서도 알 수 있는데, 이는 모든 창작 과정에서 믿기 힘들 만큼 환원주의적인 견해로 보여질 것이다.

롬브로소가 지닌 사고방식의 출발은 헝가리 태생인 막스 시몽 노르다우(Max Simon Nordau)가 1898년에 쓴 책인 『퇴행(Degeneration)』에서 세기의 전환기에 세계적으로 저명한 예술가와 작가 중 일부가 인식한 "퇴행"을 심도 있게 연구한 것에 있었다. 그러나 정통 유대교 가정에서 자란 노르다우는 불행히도 향후 나치가 현대미술을 탄압하는 토대를 마련한 셈이 되었으며, 그의 연구는 다름 아닌 롬브로소에게 헌정되었다.

노르다우는 "퇴행을 경험하는 이들이 항상 범죄자, 매춘부, 무정부주의자와 정신이상자는 아니며 그들 중에는 종종 작가와 예술가도 있다."(1898, p.vii)라고 처음부터 밝히고 있다. 그가 현대미술가들을 그렇게 좋아하지 않았다는 것이 글을 통해 독자에게 전해졌는데, 그가 미술가들에게 가진 주요 불만은 보이는 것을 재현하지 않고 형태와 구조를 파괴하고 바꾸는 것에 있었다. 노르다우의 비판에서 자유로운 사람은 아무도 없다. 만약 인상파 화가들이 "보는"(p.27) 것을 그림에서 다 보여주려고 하면 그들은 모두 "안구 떨림"으로 고통받을지도 모른다. 노르다우에게 정통 재현회화가 아닌 다른 회화는 창작자의 퇴행을 증명하는 것이다.

그는 또한 심리적인 원리로 미술작품을 분석하기 위해 더 그럴싸한 논거를 세우고자 했다. 그는 색채와 그것들의 의미를 자신만의 견해와 선택된 작가들의 역사 속 구절에 따라 배열하고, "마네(Manet)와 그의 화파에서 보이는 보라색이 실제로 관찰할 수 있는 자연의 모습이 아니라 신경 상태에 따라 주관적인 관점에서 생겨난 것"(p.29)이라며 특정 색의 사용을 예술가의 문제 때문이라고 보았다. 학파나 예술가의 이념적 집단은 이를 마치 "범죄자 집단"(p.30)으로 바라보았으며, 미술평론가이자 후원가인 존 러스킨(John Ruskin)은 "미학의 박해자(Torquemada)"(p.77)라고 표현하였다. 노르다우의 신랄한 비판을 받은 것은 비단 예술가들뿐만이 아니며 바그너(Wagner), 와일드(Wilde), 니체(Nietzsche), 졸라(Zola)와 다른 이들 역시 노르다우의 관점에서는 가장 병리적인 존재들로 여겨졌다.

흥미롭게도 노르다우의 관점에서 예술적 충동은 감정에서 비롯되며, 예술작업은 "그의 마음에서 어떤 부담되는 생각이나 좋지 않은 느낌"(p.324)을 없애려는 시도라고 볼 수 있다. 그에게 이것은 부정적인 것으로, 좋은 예술은 객관적이어야 하며 예술가의 "타락적" 환상으로 채워져서는 안 된다. 유감스럽게도, 역사가 말해주듯이 예술의 미래에 대한 노르다우의 두려움, 창의적 혁신에 대한 거부와 전통의 변화에 대한 역행, 그리고 창작자를 "타락적"으로 명명한 것은 앞으로 수십 년 안에 현실로 증명될 유산이 될 것이다. 그러나 노르다우의 평소 원칙은 다른 이들에게 환자의 예술을 다시 한번 바라보게끔 했다.

롬브로소와 노르다우는 무엇이 창의적인 미술 작품을 만드는지와 누가 그런 것을 결정하는지를 사회문화적인 판단과 연결 지으면서 병들고 건강한 것을 결정하는 패러다임 간의 가변성을 설명한다. 이런 관점에서 보자면, "아픈" 창작자들이 "건강한" 작업을 할 수 없기에 그들은 예술이 아닌 환원적인 위치에 그 작품들을 둘 수 있게 된다.

1892년 10월, 시카고 의사 제임스 G. 키에넌(James G. Kiernan)은 그의 논문 "정신질환자의 미술(Art in the Insane)"을 학술지인 「정신감정의사와 신경학자(The Alienist and Neuroisticianist)」에 실었는데, 이는 아마도 미국에서 의사가 환자들에게 환자의 작품을 총체적으로 직접 소개한 최초의 논문일 것이다.

키에넌은 이 문제를 연구한 다른 많은 의사가 그랬듯이 "미술의 초기 형태"에 중점을 두고, "비문과 그림이 섞여 있다가 이후에는 많은 상징과 상형문자가 나타나는 것이 특징이다. 거기에는 모방, 과도한 순박함과 반복성이 많이 나타난다."(1892, p.246)라고 하면서 역사 전반에 걸친 미술작품들을 나열하고 있다. 중요한 것은, 키에넌이 자신의 논문에서 "미술"이라는 용어를 사용하면서 그림에서 조각에 이르는 환자들의 창작활동 영역을 관찰한다는 점이다.

키에넌의 연구는 분명 롬브로소의 덕을 보고 있다. 그는 『천재 인간(The Man of Genius)』에서 롬브로소의 이론을 토대로 환자의 작업이든 터너(Turner)와 블레이크(Blake)의 작품을 논하든 간에 예술적인 창작물이 병리를 보여줄 수 있다는 생각을 계속 밀고 나간다. 참고로 키에넌이 선택한 창작품은 이미 롬브로소가 선정한 작품에서 골랐다는 점에서 선임자가 이미 "병리적"이라고 선정한 작품들을 조사한 것에 불과하다.

키에넌은 또한 서구적 관점을 벗어난 문화의 작품들과 정신질환자들의 작품을 계속해서 비교한다. 그는 환자의 작품에서 마치 앵글로색슨족을 연상케 하는 반복되는 상징과 중국에서 온 창작물처럼 과장된 세부 사항들을 기록한다. 키에넌은 롬브로소가 세운 전례를 면밀하게 따르면서도 다른 문화권에서 만든 이러한 작품을 "원시적"이라고 폄하하고 있으며, 실제로 롬브로소가 관찰한 환자의 작업이 "원시미술로의 회귀라는 증거"(p.247)를 보여준다고 언급한다.

키에넌은 정신질환자 예술가들의 "예술적 재능이 부족하지 않다"라고 인정하면서, 누구나 "중국이나 고대 이집트에서 교육받은 진정한 예술가로 기꺼이 인정받을 것"(p.247)이라고 언급하지만, 기존의 서구 미술 전통에서는 그렇지 않다. 흥미롭게도 당대는 현대 미학을 추구하던 주류 예술가들이 비서구 문화, 아동이나 정신질환자의 창작물 등 비전통적인 미술 형식을 바라보기 시작했으며, "원시적인" 것이 후퇴라기보다는 뭔가 열망이 되던 시기였다.

롬브로소의 글처럼 키에넌의 논문은 문화적으로 결정된 역할이 어떻게 하나의 작업이 미술인지 아닌지를 결정하는지, 그리고 무엇이 정신 이상인지 아닌지를 결정하고 가변적 개념으로 이끄는지를 보여준다. 키에넌이 묘사한 환자는 편집증을 진단받은 신부였는데, 그는 창작물을 보는 관람자와 수용자의 역할이 얼마나 자주 의도를 제한하는 연관성과 정의들을 동반하는지, 그리고 환자들의 작품이 얼마나 쉽게 이러한 분석에 이용되는지 보여주고 있다.

키에넌의 묘사처럼 이 환자는 "자신의 나체를 스케치하곤 했으며 선으로 그의 몸을 예술적으로 감싸 생식기가 완전히 늘어지게 그렸다. 그는 외설이 악을 추구하는 증거라는 비판주의에 맞서 자신을 옹호했다"(p.248). 이 경우 환자가 성직자였기에 그의 배경은 금욕이라는 특정 이미지와 기대치가 수반된다. 따라서 환자가 스스로 자신의 작업을 설명했음에도 불구하고 자연 그대로인 인체를 창작물로 만들면 키에넌은 이런 그림을 그린 원인이 성직자와는 동떨어진 음란함이나 일종의 변태성에 있다고 보았다. 게다가 다소 역설적으로 환자의 작품은 예술의 전통 선상에 있는데, 그는 자연을 재현하고 인간의 형상을 그려 예술적 관습의 극치를 보여준다. 그러나 키에넌과 롬브로소가 자연을 재현하지 않는 작품을 병리적으로 보았음에도 불구하고 키에넌은 그 창작물이 역사적 전통 "선상"에 있다면 이를 병리화하는 것은 문제시되지 않는다고 보았다.

그러므로 아웃사이더 아트와 함께 나타나는 가장 큰 난제 중 하나는, 이 예술가들이 사회문화적 맥락에서 뿌리내린 계급적 관계에 따라 설정되어 이해하거나 침투하는 것을 허용하지 않으며 항상 가변적인 경계를 가진 훨씬 높은 기준에 의해 평가되어야 한다는 생각이다.

미술을 바라보는 새로운 방식

세기의 전환기에 모든 정신과 의사와 정신건강 전문가들이 롬브로소의 사고 방식을 탐구하고 있던 것은 아니다. 사실, 다른 많은 이들이 창작물과 그것의 잠재력, 즉 미학적이고 임상적인 가능성에 관심을 기울이기 시작했다. 이에 따라 우리는 그림 검사를 개발하고 초창기 환자 작업의 전시회를 보기 시작했다. 볼러(Bowler(1997))는 정신질환자들의 미술이 어떻게, 왜 중요해지기 시작했는지에 영향을 미친 사회문화적 "변화" 요인을 개괄적으로 설명하고 있다:

> (i) 정신 이상과 정신 기능을 더 보편적으로 정의하게 된 인식론적 변화
> (ii) 전통적인 표현 방식의 거부에 중심을 둔 예술가들의 미학적 변화
> (iii) 20세기 아방가르드 예술가들이 현대사회와 예술 제도에 대한 공격적 장치로 정신이상자의 미술을 품어주게 된 사회 제도적 변화(p.23).

따라서 20세기 초 정신과 의사들이 환자들이 만든 작품을 알아주기 시작하던 당시 사회문화적 사조의 한 분야인 "다른 것"을 수용하려는 유사한 움직임이 일어난다. 오귀스트 마리(Auguste Marie) 박사는 1900년 프랑스의 빌주이프(Villejuif) 정신병원을 인수한 후 곧이어 환자의 창작물에 관심을 보이기 시작했다. 그는 환자의 작품을 수집했을 뿐 아니라 병원 내에 "광기의 박물관(Museum of Madness)"을 설립했다. 마리 박사의 관심은 자발성, 독창성, 외부 영향으로부터의 자유, 특이한 표현법, 비전통적 재료의 자유로운 활용과 타고난 표현 욕구 등 비전통적 예술가들의 작품에 내재한 뛰어난 매력을 여러 측면에서 보여준다(Thévoz 1995).

폴 뮈니에(Paul Meunier) 박사는 마르셀 레자(Marcel Réja)라는 필명으로 글을 썼고, 1907년 그의 저서 『광인들의 예술(L' Art chez les Fous)』은 정신건강 기관의 울타리 안에서 만들어진 작업을 다루고 있다. 레자가 소개한 주요 창작물의 출처는 마리 박사의 소장품에서 비롯된 것이다. 그의 연구는 이전의 많은 연구자보다 더 정신질환자에 대한 다양한 관점과 예술가의 생각을 제시한다. 그의 관점에서 볼 때, 특이한 "천재", 즉 괴짜이면서 창의적

그림 1.3 〈장식용 수채화(*Aquarelle décorative*)〉, 마르셀 레자의
저서 『광인들의 예술(*L'Art chez les Fous*)』에서 fig. 13, 1907년,
소장: 런던 웰컴 도서관

인 사람은 사회에서 "정상적"으로 받아들여지지 않기 때문에, 광기는 단순
히 인간의 다양성에서의 또 다른 단계로 볼 수 있다. 어떤 의미에서 그는 인
간성을 문화 안팎에서 서로 다른 역할을 담당하는 경험, 생각 및 관점의 연
속적 범주로 보려고 한다. 레자는 "죽음을 무릅쓰는 정신적 상태를 지배하

는 심리적 상태 역시 어떤 친밀감도 없이 지나치게 과장된 방식으로 미친 것을 표현하는 바로 예술가의 특성을 보여주는 것(저자: 대략 번역됨)"(p.14)이라고 믿었다.

레자의 총체적 목표는 이러한 환자들의 작업에 관심을 기울이고 부족한 영역에 장학금을 제공하는 것으로 보인다. 그는 환자들이 모든 종류의 매체로 영적 계시에서부터 풍경화 모사에 이르는 다양한 내용을 어떻게 작업하는지 논의한다. 그의 동시대인 중 일부가 진단명에 따라 다양한 유형의 창작물을 분류하는 것을 레자는 시도하지 않는다. 그보다는 제정신인 사람이 많듯이 미친 사람도 많다는 인간의 다양성을 인정하는 것은, 두 예술가가 똑같이 미술작업을 하고 똑같은 경험을 하지 않는다는 것을 의미한다고 보았다.

20세기에 뒤뷔페(Dubuffet)와 다른 이들이 계속해서 수용하게 될 레자의 사고 중 하나는, "미친 사람들에게 그것은 작업이 아니라 영감의 문제다(저자: 대략 번역됨)."(p.16)라고 한 것과 같이, 보호시설에 있던 환자들이 제작한 창작물이 인간의 정신에 대한 일종의 원시적인 표현을 보여준다는 것이다. 롬브로소, 마리와 그 이전의 다른 연구자들처럼, 레자는 환자의 미술에 계속 등장하는 몇 가지 수사 어구를 발견하는데, 이는 반복, 기하학적 모양, 장식, 문자, 자기 권위, 과장된 관점, 형태의 왜곡 그리고 창의적 충동 등으로, 미술과 정신건강과 관련한 향후 연구에서 더 상세히 다루어질 것이다. 그러나 이러한 작업이 어린이가 그린 그림과 비슷함에도 불구하고 레자는 성인 환자의 작업에는 어린이보다 더 높은 감수성의 표현력과 기술이 있다는 것을 알고, 이를 미술로 인식하게 된다.

마지막으로 레자는, 정신질환을 앓는 예술가들이 어디에서도 느낄 수 없는 독창성, 무엇보다도 확실한 손재주와 의도를 표현할 수 있으므로 다른 사람들이 자기 작품에 대해 어떻게 생각하든 상관없이 예술가라는 자부심을 지녔다고 본다. 레자는 정신과 환자의 미술작품에 관한 글을 쓸 때 마지막으로 그의 필명을 사용하면서 "미친 사람은 그가 보는 것이 아니라 그가 믿는 것을 본다."(p.48)라는 메모를 남겼다. Peiry(2001)는 이를 레자가 "제도화된 정신의학과는 거리를 뒀다."(p24)는 것을 확실히 하는 방법으로 이해한

다. 그는 전문의로서의 자신의 이름 외에 미술사적인 필명을 따로 둠으로써
어떤 면에서는 환자의 창의적인 표현을 예술 작품으로 인정하는 것에 대한
정신의학계의 잠재적이고 근원적인 불편한 인식을 보여주고 있다.

FIG. 12. — AQUARELLE DÉCORATIVE.
Chaos de lignes et de couleurs.

그림 1.4 〈장식 수채화: 선과 색상의 혼돈(Aquarelle décorative: Chaos de lignes et
de couleurs)〉, 마르셀 레자의 저서 『광인들의 예술(L'Art chez les Fous)』에서
fig. 12, 1907년, 소장: 런던 웰컴 도서관

당시 창의성을 다룬 또 하나의 중요한 문헌은 요셉 로게 드 푸르삭 (Joseph Rogue de Fursac)이 1905년에 쓴 에세이로, 이는 "신경정신과에 중요한 도움이 되는 글과 그림"(p.v)을 목적으로 출간되었다. 따라서 주로 환자의 작업과 그들의 잠재적 가치를 임상적으로 살펴보는 내용을 담고 있다. 그는 정신분석적 기법과 초현실주의자들이 받아들인 "자발적 글쓰기"의 선구자 역할을 하는 "자동적 글쓰기"(p.3)를 여러 측면에서 논의하고 있다. 그의 문헌 대부분은 정신질환자의 산문과 시적 글쓰기에 초점을 맞추고 있지만, 주로 그들의 그림을 두고 토론하는 데 상당한 시간을 할애하고 있다.

그는 환자들의 글에서는 더 미묘한 진단 자료를 쉽게 볼 수 있지만, 환자들의 그림은 정신질환의 유무를 시각화하는 데 유용하다고 주장한다. 그는 정신질환을 앓고 있는 예술가의 작품이 "창작하거나 자연을 재현할 경우, 대상의 아름다움을 느끼고 이를 표현할 수 있는 능력은 부족하다." (p.275)라고 보았다. 따라서, 로게 드 푸르삭(1905)은 이러한 그림들이 환각의 존재, 뇌 질환의 영향을 받은 인지적 퇴행, 그리고 환자의 조증 경향을 투사하는 데 유용하다고 보았다. 그의 관점에서, 정신질환은 예술가의 의지에 따라 조절되는 것과 달리, "이질적 개입에 따라 손이 움직이면서"(p.277) 예술적인 제작을 통제하기 때문에 만든 이의 의도가 빠져 있다는 것을 다시 한번 못 박고 있다. Rogues de Fursac(1905)의 문헌은 환자의 진단과 해석과 함께 삽화 예시를 포함하고 있는데, 가령 다음과 같다:

> 가톨릭 사제인 모리스(Maurice N)는 매우 교양이 있는데, 과대망상이라니 아마도 편집증 형태의 초기 치매일 가능성이 있다(정확한 진단을 위한 정보가 부족함). 우화, 고정 관념적이고 조화되지 않은 항목들과 'I'라는 이상한 형태의 신조어는 연필로 그린 그림이다. (D Chambard Collection) (p.297)

이 에세이를 발표하기 몇 해 전, 프랑스에서 1903년에 처음으로 출판된 로게 드 푸르삭의 정신의학 편람은 "삼각형, 원, 나무, 자동차를 모사해서 그리기"(Rogues de Fursac and Rosanoff 1916, p.154)라는 진단 검사의 한 형태로써 그리기 작업의 활용을 언급하고 있으며, 이는 "실어증 검사(유기 뇌 손상)" 절에 수록되어 있다. 이 구절은 아돌프 마이어(Adolf Meyer)가 뉴욕주 병원에 있을 때 작성한 검사 개요에서 직접 가져온 것이다. 마이어는 작업치료의 발전에 중추적인 인물이었으며, 미술치료 초창기와 관련하여 이후에 논의될 것이다.

통상적으로 인용되는 또 하나의 연구는 임상 환경에서 미술이 지닌 잠재력을 소개하기 위한 유사한 의도로 작성된 프리츠 모어(Fritz Mohr)의 1906년 글이다. 그의 뒤를 이을 많은 연구자와 마찬가지로 모어는 그의 관심사인 정신질환자들의 미술에 관한 자신의 탐구가 부족하다는 것을 인정하면서 시작하지만, 다른 의사들 사이에서도 역시 그의 환자가 자발적으로 미술작업을 한다는 것을 알게 되었다. 이에 따라 그는 자아와 연결되기 위한 역사적인 방법인, 창의적인 표현의 활용부터 조사하기 시작한다(1906).

모어는 환자의 정신 상태와 인지 기능을 더 잘 이해하기 위해 환자와 함께 할 수 있는 몇 가지 그리기 작업을 제시한다. 흥미롭게도, 이러한 검사의 개발을 이끈 그의 연구와 경험에서, 그는 지시해서 만든 작품들보다 자발적으로 만들어진 작품들이 훨씬 더 유용하다는 것을 발견했다. 다른 사람들이 한 이전의 아동 그림 연구에서 영감을 얻은 모어의 그림 검사는 개인의 기능 수준을 측정하는 데 있어 어려움을 겪었다. 처음에는 환자가 선과 공간을 만들어낼 수 있는지 알아보기 위해 식별 가능한 구조를 추적하는 것에서 시작한다. 이후에는 이야기를 만드는 데 필요한 것들과 개념을 개발하고 기능을 검사하는 작업이 포함된다.

모르겐탈러가 예술가이자 환자인 아돌프 뵐플리(Adolf Wölfli)에 관해 1921년에 발표한 논문은 정신질환자의 작품과 관련된 학문의 기초를 쌓았으며, 그는 모어가 "여전히 진단에 초점을 맞추고 있음에도 불구하고 그림 제작물에 있어서 기초가 되는 자료"(1992, p.98)라고 언급한 것을 참조했다.

1916년 베스렘의 수석 의사인 테오도어 하이슬롭(Theodore Hyslop)은 그의 환자들의 미술 작품을 조사한 논문을 발표했다. 그가 주목한 것은 향후 몇 년 내에 아르 브뤼가 어떤 찬사를 받을 것인가와, 그의 전임자들이 주로 인식했던 "미술의 노력은 대개 미술을 위한 것"(p.34), 즉 창작자의 성실함이었다. 이 예술가들의 작품이 왜곡된 원근법, 선적 공간과 묘사로 꽉 차

있긴 했으나, 하이슬롭은 이들이 "헌신적"(p.34)이라는 점을 인정하고 있다. 그들은 다른 세계의 이미지와 감각을 만들려고 하는 것이 아니라, 자신들이 보고 느끼는 것을 표현하고 있다. 그러나 "선과 색에 미적 감각이 남아있지 않을 정도로 예술적 본능이나 기법이 나빠진 적은 없다."(p.34)라고 하면서, 이렇게 계속 움직이는 내적 요소들 안에는 여전히 아름다움이 존재한다고 보았다. 보호시설 내에서의 전시회가 인기를 끌게 되면서 하이슬롭은 이러한 예술가 중 일부가 어떻게 "흥분되는 관심 속에서 영광을 취하는지"(p.35)에 대해서도 지적하고, 전통적인 주류 예술가에 속하지 않는 이들이 미래에도 인정받지 못한다는 것이 얼마나 잘못되고 그른 것인지, 그리고 작품 전시에서부터 오는 자부심과 권한 부여가 얼마나 큰 장점이 되는가를 보여주고 있다.

진단적 맥락에서, 하이슬롭은 인지적으로 "퇴행"한 이들의 창작물에서 보이는 기술, 순서, 형태 및 색상이 기본 형태로 해체된다는 것을 알게 된다 (p.34). 이들은 자신과 외부 세계에 대한 왜곡된 시각, 즉 자신이 실제로 보는 것을 보여주고자 한다. 또한 이들의 작품은 하이슬롭이 더 광범위한 미술계에서 보아왔던 동시대의 작품, 심지어 실험적인 후기 인상주의 운동과도 현저하게 다르게 나타난다. 그의 관점에서 "제정신인" 예술가는 형식과 구성을 의도적으로 분해한 후 이를 다시 재통합할 수 있다. 후기 인상주의자들의 새로운 기법은 시각 손상의 결과물이 아니라, 작품의 새로운 형식을 위해 예술가의 모든 지식을 총체적으로 표현한 것이다. 그러나 미술작품이 재통합의 과정으로 구성된다는 이러한 개념은 미술치료를 하나의 학문으로 발전시키는 데 일조하게 된다. 하이슬롭이 보기에, 이후에 많은 반향을 불러올 환자들의 예술에서의 원근법도 후기 인상파 화가들의 그림과 유사하게 형태가 해체되기는 하지만 이 환자 예술가들은 형태를 종합하고 재통합하는 최종단계를 거칠 수가 없다. 이들은 고의적으로 전통에 반(反)하는 작업을 하거나 유행이라서 하는 게 아니라, 그냥 자연스럽게 되는 대로 작업하는 것이다.

오스트리아의 정신과 의사 폴 쉴더(Paul Schilder)는 1918년에 또 다른 중요한 연구문을 발표했으며 그는 여기에서 현대미술에서의 실험성과 자신의 환자들이 만든 창작물 사이의 연관성을 탐구했다. 그는 "미친 사람의 예술과 초기 표현주의 운동에서의 예술이 둘 다 '미쳤다'면 이 둘은 동등한 예술로 주목받을 가치가 있다."(Cardinal 1972년, p.16)라고 하면서 아방가르드 운동을 통한 형태와 형상의 붕괴를 환자의 해체된 표현과 비교하고 이 두 개의 동등한 예술 형태를 의미의 표현과 의사소통법에 연결 지었다. 쉴더는 훈련받은 예술가든 훈련받지 않은 예술가든 간에 표현적인 작품을 "적절한" 창작물로 정당화하는 데 성공했다. 오늘날에는 이것이 당연한 얘기일지 모르나 그 당시에는 예술과 정신의학의 전통을 깨는 생각이었다.

또한 쉴더는 1930년대에 뉴욕 벨뷰 병원(Bellevue Hospital)의 임상 책임자로 임명되었는데, 거기서 그의 아내이자 정신과 의사인 로레타 벤더(Lauretta Bender)와 함께 게슈탈트 이론을 미술 제작과 통합시키는 데 협력하였으며 이는 게슈탈트 미술치료의 현대적 틀을 위한 기반이 되었다 (Drachnik 1976).

1920년대: 모르겐탈러와 프린츠혼

아마도 아웃사이더 아트와 미술치료의 발전에 있어 가장 중요한 두 인물은 발터 모르겐탈러와 한스 프린츠혼일 것이다. 이 정신과 의사들은 각각 존경과 수용의 입장에서 환자들의 창작물에 최초로 심도 있게 접근했다. 그들의 연구는 전통적 표현형식에서 벗어나 유럽 전통의 사회와 문화 외에 새로운 것에 시선을 돌려 뭔가 새롭고 뭔가 "다른 것"을 찾던 현대 예술가들의 관심을 끌었다. 따라서, 이들은 유럽 문화권 안에서는 존재하지만, 그 문화권 밖에서는 "다른 것"의 형태를 보여주는 초창기 정신질환자 예술가라고 할 수 있다.

모르겐탈러가 1921년에 발표한 환자 아돌프 뷜플리에 대한 논문은 한 기관에만 틀어 박혀 지낸 예술가에 관한 최초의 심층적 연구였다. 그는 뷜플리의 예술 양식이 발전하는 것에 대해 진단보다는 예술적 과정과 창작을 더 중점적으로 보여주며 시간을 할애한다. 오늘날 뷜플리의 작품은 아르 브뤼라는 맥락에서 멀리 벗어나 인정받고 있지만, 모르겐탈러가 그의 연구를

했을 당시에 그는 당대의 많은 예술적, 의학적 관습을 기꺼이 깨트릴 용의
가 있었다. 그는 예술가와 환자로서의 뵐플리에 초점을 맞추었을 뿐만 아니
라, 관습상 이니셜이나 필명을 사용하는 것과는 반대로 뵐플리의 실제 이
름, 세부 사항 및 개인 정보를 사용하여 기밀성을 요하는 의료적 관행에서
벗어나기도 했다(Cardinal 1972; Peiry 2001). 미술치료와 아웃사이더 아트
의 미래적 측면에서 볼 때, 모르겐탈러의 이러한 행위는 절대 비윤리적인 것
이 아니다. 오히려 그는 자신의 임상 사례의 세부 사항을 단순하게 보거나
누설한 것이 아니라, 뵐플리의 예술과 창작 과정, 그리고 그 미학적 가치의
중요성을 이 책에서 다루고 있다. 뵐플리라는 이름을 사용함으로써 그는 예
술가의 지위로 격상되며, 헌신을 다해 그의 작품을 연구할 가치가 있다는 것
을 보여주고, 그의 정체성을 단순히 "환자"에 국한하지 않는다.

모르겐탈러는 뵐플리의 창작 과정을 "자기치료(self-therapy)"의 한 형태
로 보면서 그가 어떻게 외부 수단을 통해 자신의 강렬한 감정과 내적 혼돈
을 조절하는지에 주목한다(Cardinal 1972, p.17). 그는 또한 미술 제작의 표
준화된 기능을 명확하게 언급한 최초의 정신과 의사 중 한 명이기도 하다.
그의 관점에서, 미술작업이 개인의 내면을 재구성하거나 안정시키는 데 도
움이 된다면, 그것은 본질적으로 퇴행적일 수 없으며, 그 대신 전체성이나
재생에 대한 시도로 볼 수 있다(Morgenthaler 1992, p.102). 치유의 맥락에
서 볼 때, 표준화된 창작의 발상은 미술이 제 역할을 할 수 있는 발판을 마
련했으며, 이는 삶의 대부분이 규범화된 사람들에게는 더욱 그랬다. 도덕적
치료와 다른 치료법들이 보호시설의 환자를 인도적으로 돌보고자 배려하는
동안, 미술 제작과 창의적인 표현은 이보다 한 발 더 나갔다. 모르겐탈러는
뵐플리를 통해 자신의 미술을 만들고 보존할 수 있다는 것이 보호시설에서
얼마나 더 큰 자유의지를 갖게 해주었는지와 얼마나 자기 창작물에 큰 자부
심을 느끼게 하는지를 보았다.

모르겐탈러는 또한 정신질환자의 미술과 모든 미술에 관한 연구 방법을
제안했는데, 이는 미학과 정신의학의 연구에 전통적인 방법을 결합한 것이
었다. 가령, 그는 제정신인지 아닌지로 예술가의 유형을 정의하는 대신, 사
회문화적 인식에서 "비(非)예술가"(p.102)와 "예술가"를 구분하여 기술한다.

두 유형은 모든 인간 경험의 형태에서 명백하게 보이며, 둘 다 다양한 특징을 포괄하는 다면적인 용어다. 다시 말하자면, 모르겐탈러와 같은 정신과 전문의들이 인간의 행동과 경험의 연속이라는 개념을 받아들이고, 개인들이 자유롭게 자신의 자아를 찾고 표현할 수 있게 함으로써 창의성의 장점을 인정할 수 있게 하는 것은 바로 그들의 의지에 달려 있다.

모르겐탈러가 뷜플리를 연구한 다음 해인 1922년에는 이 분야에서 가장 전설적인 연구 중 하나인 한스 프린츠혼의『정신병자들의 조형 작업(*Artistry of the Mentally Ill*)』이 출간되었다. 이 획기적인 연구는 미술치료의 성장에 학제적인 영향을 미쳤을 것으로 보인다. 미술치료사 Judith Rubin(1986)은 프린츠혼을 미술치료의 "후견인"이라고 불렀으며, 그의 책은 다음 장에서 더 자세히 논하게 될 뒤뷔페를 포함하여 "더 원시적인" 형태의 창의적 표현을 추구하는 많은 현대 예술가들에게 영감을 주게 된다.

의학을 전공하기 전에 미술사를 공부한 프린츠혼은 1919년 하이델베르크(Heidelberg) 진료소에서 환자들의 미술작업을 수집하는 책임자로 임명되었는데, 이 컬렉션은 에밀 크레펠린(Kraepelin, Emil)이 진료소를 이끌던 세기의 전환기에 만들어졌다(Foster 2001). 프린츠혼의 책은 모르겐탈러의 책과 유사하게 여러 면에서 엄격한 임상적 또는 미학적 접근을 피하고자 하면서 "변증법적으로만 구분할 수 있는 아픔과 건강, 미술과 미술이 아닌 것"(Prinzhorn 1972, p.4)의 오랜 패러다임이 지닌 고착된 틀을 지양하고 이 연구의 제시를 위한 방법론적 정의가 어려웠다는 점을 기꺼이 인정한다. 이를 통해 그는 미술이 창작자를 언급하는 것이 아니라, 미술의 관람자로서 창작자에게 말을 건넨다는 것을 알게 되었다. 어떤 점에서 그의 목표는 그림이라는 형식이 지닌 성공적인 창의적 표현의 개념을 탐구함으로써, 적극적으로 다루어지지 않은 형식에 접근하는 것이다.

프린츠혼은 롬브로소와 같은 전임자들의 결론을 거부하면서 그들이 지지한 광기와 천재성의 상관관계에 동의하지 않았다. 사실, 그는 역사 속 창작물과 예술가를 병리적으로 보는 경향에 대해 경고하고 있다:

정신과 의사가 자신도 모르는 저자에게 정신질환이 의심된다고 하면서, 논란이 되는 그 작품을 설명해주는 것이 정당하다고 판단하면, 그 저자는 자신이 스스로를 어떻게 인식하는지 상관없이 부주의하고 어리석게 행동하게 된다(Prinzhorn 1972, p.6).

심지어 여기에서도, 우리는 정신의학 역사에 있는 연구자들 간의 분열을 볼 수 있는데, 프린츠혼은 노르다우, 프로이트, 그리고 그들이 알지 못하는 사람들이 만든 창작물만으로 증상을 병리화 하려는 그들의 의견에 동의하지 않는다.

대신 그는 창작물의 "목록"과 "그림 구성 과정에 관한 연구"(p.xvii)라는 두 가지 방법으로 독자에게 내용을 전달한다. 그는 창작자의 진단이나 증상적 상태보다는 작품 자체에 초점을 맞추면서 창작의 맥락과 상관없이 하나의 미술품으로 가치를 부여했다. 우리는 프린츠혼이 이러한 작품을 미술 (Kunst)이 아닌 조형 작업(Bildnerei)이라고 지칭한 점에 주목할 필요가 있다. 그러나 그는 "시각 미술(bildende Kunst)로 제작된 오브제를 조형 작업 (Bildnerei)이라고 부를 때 여기에는 미적 가치 판단이 내재하지 않는다는 점을 강조한다."(p.1, n.1)라고 하면서 두 용어가 다른 용어보다 중요해서 선택한 것은 아니라고 말하고 있다. 이 용어에 대한 그의 이론은 동시대적 맥락에서 중요하다. 왜냐하면 그는 미술이라는 단어의 사용이 "미술이 아닌 것"(p.1)을 보완하는 개념적 가능성을 구축한다고 보았기 때문에, 이는 그의 목적에 비해 너무 환원주의적이다.

최초로 정신질환을 앓는 예술가들의 작품을 수집한 프린츠혼의 유산은 그의 놀라운 컬렉션에 남아있다(Cardinal 2009; Davies 2009; Rexer 2005). 450명의 환자가 만든 5,000점 이상의 작품이 포함된 이 컬렉션은 일반 대중에게 현대적 맥락에서 예술이 무엇을 의미할 수 있는지 엿볼 수 있게 했으며, 작품에 대한 미적 감상은 물론 보편적인 창의성에 대한 문호를 개방했다(Porter 1996; Rhodes 2000; Weiss 1992). 프린츠혼의 도식화 개념과 "타고난 창의적 충동"(Prinzhorn 1972, p.xvii)이라는 인간의 보편적 충동은 온전한 사람과 정신병자의 한계를 초월하며, 시설의 벽 안팎에 존재한다. 그는 환자들이 자발적으로 많은 양의 작품을 만드는 것을 관찰하면서, 인간에게 타고난 이 근원적인 창의성이 지닌 광범위함과 절박함을 보여주었다. 그는

"정신의 표현에 대한 경향, 강박, 필요성에 대해 말한다."(p.13)라고 하였으며, 이는 미술 작품에 대한 모르겐탈러의 "규범적인" 관점으로 귀결되며, 정신적 불안으로부터 "무엇을 만들고자" 하는 창작자의 시도에 귀를 기울이는 것이다.

그림 1.5 〈종교적 장면(*Religious Scene*)〉, 피터 무그. 한스 프린츠혼의
『정신병자들의 조형작업(*Bildnerei der Geisteskranken*)』에서 발췌,
1923년. 소장: 런던 웰컴 도서관

　　프린츠혼의 연구는 또한 아웃사이더 아트를 설명하는 데 필요한 현대 용어의 정의에 도움이 될 수 있다. 그는 "정신질환자의 미술"을 계속 연구하기로 결심하는데, 이는 그의 말대로 정신질환자들을 병리적으로 다루지 않으려는 노력에도 불구하고, 정신과 의사로서 환자의 자료를 참고해야 했기 때문이다. 또한 자신이 논의한 예술가들에 대해 독학이라는 현대적인 용어의 사용과 유사한 방식으로 설명한다. 그러나 프린츠혼은 이 용어에 대해 "학창 시절 외에는 그리기나 회화에 대해 아무런 교육도 받지 못한 것"(p.3)이라고 명확하게 정의한다.

　　프린츠혼은 "우리는 창작물의 완성도를 이 외에 다른 말로 정의할 수 없다. 미술은 가장 완벽한 표현을 하는 가장 높은 수준의 생명력이다."(p.11)라고 하면서 미술의 정의 자체가 주관적이며 가변적이라는 점을 기꺼이 인정한다. 이 경우, 프린츠혼의 환자가 그린 작품에는 개인적이고 기이한 표현의 생명력이 있다는 것에 이의를 제기할 수 없게 된다. 미술이 무엇이어야 하고 누가 예술가가 되어야 하는지에 대해 독단적인 자세를 취했던 그의 전임자들이 환자들의 미술작품을 거부한 반면, 프린츠혼에게 있어서 그 작품이 미술인지 아닌지를 궁극적으로 결정하는 것은 그 작품을 보는 사람의 경험에 달려 있다. 배열을 더 잘할수록 관람자는 작품을 더 잘 인식하게 될 것이다. 따라서 프린츠혼은 그들의 가치에 대해 구체적으로 판단하지 않고도 이러한 작품과 그 가치를 보여줄 수 있게 된다. 예술가 프리츠 폴(Fritz Pohl)의 경우를 두고 볼 때, 관람자인 우리가 "정신분열증 환자의 작품일지라도 작품 자체만으로 가치를 찾을 필요가 있다."(p.228)라고 프린츠혼은 말한다. 성공적인 배열은 미켈란젤로가 이룬 것과 마찬가지로 보호시설의 벽 안에서도 쉽게 달성할 수 있다.

정신분석과 미술

20세기의 미술과 정신건강의 역사는 정신분석 이론과 밀접하게 얽혀 있으며, 이는 인간 내면에서 작동하는 메커니즘에 대한 대중의 관심이 처음으로 제기된 최초의 이론이다. 특히 초현실주의자들은 감정, 추함, 트라우마를 포함하여 인간의 내면에 관한 정신분석가의 탐색과 이러한 무의식을 진정한 형태로 표현하는 것에 친밀감을 느끼고 있었다. 앞으로 논의하겠지만, 이러한 관심은 직접적인 영향력에 필적했다(Gibson 1987). 무의식이라는 개념을 가져온 정신분석학에 대한 세계적인 관심은, 정신질환자들의 창작물에 관한 관심을 마침내 정신과적 관심 이상의 것으로 확장시켰다(Bowler 1997). 또한 정신분석은 20세기 초반에 주로 창작물을 관찰하기 위한 하나의 렌즈로 사용되어 급증하는 미술평론의 형식적 틀이 되었다. 이 틀의 대부분은 신빙성이 떨어진다는 이유로 버려졌으나, 초창기의 틀은 미술과 예술가들에 대한 프로이트의 개념에서 볼 수 있었다. 프로이트의 모든 개념에 이 연구의 상당 부분을 쏟는 것은 불가능하겠지만, 상징, 꿈, 그리고 레오나르도 다빈치(Leonardo da Vinci)를 "병리화"하려는 시도에 대한 그의 관점은 전반적으로 논의된 연속적 범주를 알게 한다는 점에서 우리의 목적을 가장 잘 충족시킨다.

1910년, 프로이트는 그의 유일한 전기 에세이(Freud 1916)를 출판했으며, 여기서 그는 자기애와 동성애의 저의를 드러내기 위한 수단으로 레오나르도 다빈치의 작품을 살펴본다. 창의적인 천재와 정신성적인 병리학을 연결하려는 그의 시도는 롬브로소와 노르다우의 노선에 이어 프린츠혼과 같은 의사들이 경고한 것이다. 이 연구가 프린츠혼과 모르겐탈러와 같은 시대에 출판되었다는 것을 고려하면 흥미롭다.

Jung(2010)은 프로이트의 "매력(fascination)"(p.10)을 미술과 예술가로 설명하지만, 프로이트의 주요 관심사는 작품 자체보다는 예술가의 삶에 있었다. Eisler(1987)는 다빈치에 관한 프로이트의 책이 미술의 현대적 개념을 경멸하는 것 외에 아무것도 하지 않은 사람의 "예술가에 대한 특별한 반감"(p.81)을 반영한다고 본다. Spector(1972)는 프로이트가 "예술가에 대해 반대되는 의견을 표명했고, 한때 예술가를 존경하고, 그들의 헤아릴 수 없는 재능을 간섭하지 말 것을 권고하지만, 또 다른 면에서는 그들의 유아주의를 경멸하고 그들이 성취한 것을 두고 승화된 성(性)이라는 형태로 부른다."(p.33)고 믿는다.

프로이트는 다빈치가 살던 당시의 문헌에만 기인하여 자신의 책 전반에 걸쳐 다빈치의 거의 모든 삶과 작품에 깊은 의미를 부여한다. 가령, 프로이트는 늦게 마르고 더 느린 속도를 허용하는 유화물감의 특성이 다빈치의 느린 작업 과정과 관련이 있다고 보고, 이와 더불어, 그가 미완성으로 끝낸 몇몇 작품을 "억제의 징후, 나중에 자명해진 그림 작업을 외면하게 되는 전조 증상"(1916, p.10)이라고 본다. 그가 이 "증거"를 발견한 것은 1910년에 '르네상스'라는 제목의 글에서였으며, 거기에는 "그러나 그가 생의 한 시기에 예술가가 되기를 거의 멈췄다는 것은 분명하다."(Pater, Freud 1916, p.10, n.8에서 인용된 바와 같이)라고 적혀 있었다.

중요한 것은, 프로이트가 다빈치의 작품에 의존하여 결론을 도출하는 것이 아니라, 주로 예술가의 삶에 대해 쓰인 글에 의존한다는 것이다. "환자"와 그 환자의 직접적인 경험 사이의 간격 그리고 의사들의 분석 역할은 프로이트 정신분석에 대해 언급된 주요 문제 중 하나로, 이런 경우는 개별적인 과정이나 특별한 과정을 고려하지 않기 때문에 가장 잘 설명된다. 그 대신 "빈칸 채우기"를 위한 분석가나 통역사의 역할이 요구된다. 따라서 프로이트는 "레오나르도가 사랑에 빠진 여자를 포옹한 적이 있는지, 그리고 그가 여성과 친밀한 영적 관계를 맺었다는 사실이 알려진 적이 없는지 의심스럽다."(p.15)와 같은 가정을 하는 것이다. 다빈치가 "악명 높은 소년"을 모델로 삼은 에피소드와 이것을 결합하는 것은, 프로이트가 예술가의 삶과 작업 과정을 억압된 동성애 전반에 걸쳐 유아기 성적 억압의 징후로 결론짓기에 충분할 것이다.

프로이트의 승화 개념, 즉 수용 불가능한 생각이나 내적 과정을 외부에서 대체 가능한 만족의 형태로 전환하는 것은 미술에 적용되는 그의 지속적인 개념 중 하나이며, 미술치료의 개념에도 일반적으로 사용된다. 그러나 Rexer(2005)가 지적하듯이 이러한 사고방식의 문제는, 인간의 창의적 표현을 방출하기 위해서는 수용되지 않는 무언가를 갖고 있어야 하므로 광기와 천재성의 연결고리를 더 신뢰하게 된다는 것이다. 이런 관점에서, 미술작업을 한다는 것은 전적으로 승화적이지 않은가? 그리고 이에 따라 어떤 예술가가 일종의 병리학을 갖고 있다고 단정할 수 없는 것일까?

상징적인 해석에 있어서, 프로이트와 예술에 관련된 문헌 대부분은 그가 다빈치를 연구할 때 병리학이나 증상학을 찾고 있었다는 사실을 지적한다(Foster 2001). 그는 연구를 시작할 때 최종 목표를 염두에 두었기 때문에 그의 환원주의 인과관계에 맞는 요소들을 예술가들의 삶에 귀속시킬 수 있었다.

나중에 논의하겠지만, 흥미롭게도 프로이트의 다빈치 전기는 예술가의 전기를 해석적인 방식으로 논하는 것에서 벗어나게 한 출발점이었을지도 모른다. 왜냐하면 미술계와 정신의학계 내에서는 다빈치 전기가 프로이트 자신을 받아들이기 위한 불완전하고 노골적인 시도라고 보았기 때문이다(Eisler 1987).

특히 미술치료에 있어서 프로이트의 이론보다 더 지속적인 힘을 가진 것은 융의 이론이다. 일면, 이것은 20세기와 정신건강 분야의 초창기에 융이 요가부터 만다라에 이르기는 동양 사상을 그의 연구에 포용하고 주입하기 시작했기 때문일 것이다(Coward 1985).

창의성의 관점에서 볼 때, 동양 문화의 인식에 대한 융의 흥미로운 관점은 그의 친구 Herbert Read(1951a)가 말했듯이, "무의식은 의식의 범위를 넘어서는 창의적인 능력을 갖고 있다."(p.260)는 것이다. 무의식은 꿈에서 나타날 수 있으며, 어떤 이들은 다른 사람들보다 자기의 잠재력을 활용하기 위해 더 큰 지지가 필요할 수도 있겠지만, 모든 이들이 할 수 있는 보편적인 창의성의 확립에 신뢰감을 준다.

프로이트와 융은 리드가 말한 "인과관계(causality)"에서 사이가 멀어지게 된다. 프로이트에게 있어서 분석이 갖는 중요성은, 현재의 모든 문제는 어린 시절에 미해결된 문제에서 발생한다고 볼 수 있으므로 이를 통해 현재 행동의 근본적인 원인을 알아내는 것에 있다. 따라서 개인의 창의적이고 무의식적인 표현과 같은 모든 요소를 해석함으로써 그 상징이 드러나게 된 원인을 파악할 수 있다. 반면에 융은 개인을 과거에만 두고 바라보는 것이 아니라, 미래를 내다보는 희망의 요소로도 생각했다. 따라서 그는 한 방향(과거) 이상의 상징을 해석할 수 있었다. 프로이트는 증상과 상징에 대해, 근원적으로 유년기의 성적 억압과 충동의 구성체로 여겨지는 것이라고 함축했지만, 융은 원형(archetypes)을 통해 탐구하고자 한 근원적인 공동체 의식과 무의식에도 불구하고 개인의 고유함을 훨씬 더 많이 생각하고자 했고, "프로이트 심리학에서와 같이 모든 꿈에 좋은 표준의 상징이 있을 수 없다는 것은 그 꿈의 목적이 모든 개인과 상황에 따라 달라질 것이기 때문이다."(Read 1951a, p.262)라고 언급한다. 보편적인 상징주의를 적용한다는 것은 흥미로울 수 있지만, 그렇다고 해서 분석가가 전체적인 이해를 위해 개인의 고유한 경험을 무시할 수 있다는 뜻은 아니다.

미술치료와 아웃사이더 아트의 역사적 맥락에서 볼 때, 융의 흥미로운 사고방식은 서양 이데올로기 이외의 것으로 여겨졌던 것에서 형태와 표현을 이해하고 그 의미를 발견한 현대 예술가들과 여러 면에서 유사하다. 동양 신화, 그리고 어쩌면 미술치료사들에게 가장 중요한 만다라(mandala)에 관한 융의 연구는 그가 문화적 경계를 초월하여 보편적 의미를 추구했다는 것을 보여준다. 융의 범지구적인 신념 체계는 병들고 건강한 연속적 범주가 어떻게 문화의 내부와 외부의 개념에서, 심지어 정신건강의 맥락에서 분리될 수 있는지를 함축한다.

피카소(Picasso)에 관한 논문에서 융은 주류 예술가들의 작품이 그에게 예술을 실천하는 방식과 환자의 미술작품을 보는 방식에 어떤 영향을 미쳤는지 보여주었다. 융에게 추상화는 더 이상 외적인(자연) 것이 아닌 내적인 것, 즉 자아를 나타내는 데 중점을 두었던 미술사의 시대를 의미했다. 따라서 같은 방식으로 융은 환자에게 창작을 독려함으로써 "무의식적인 내용에 접근할 수 있게끔 하면, 환자를 이해하는 데 더 가까이 다가갈 수 있다. 이것의 치료 효과는 무의식으로의 과정에서 의식이 위험하게 분리되는 것을 방지하는 것이다."(Jung 1966, p.136)라고 하였다. 프로이트적 사상은 초창기 발달 과정을 알아내고자 환자의 작품을 분석하는 반면, 융의 사상은 자아를 온전하게 유지하기 위한 수단으로 작품 활동과 묵상에 초점을 맞췄다.

에른스트 크리스(Ernst Kris)는 프로이트와 함께 현대미술과 미술의 의미에 있어서 문화적인 개념을 개혁하려는 시도를 달가워하지 않은 또 다른 분석가였다. 1936년에 그는 프로이트가 꿈을 보여준 것과 같은 방식으로 창작물을 분석하고 해석할 수 있다고 이론화했다(Robson 1999). 분석 과정에서 원(circle)이 주는 특정한 매력을 고려할 때 이러한 발전은 놀라운 일도 아니지만, 이는 또한 이러한 사고에 근간한 미술치료 분야에서 지속적인 고정관념으로 이어졌고, 미술치료는 본질적으로 미학적이기보다는 해석적인 분야로 이어졌다(Junge 2010).

1952년 크리스의『미술 속의 정신분석적 연구(*Psychoanalytic Explorations in Art*)』는 미술에 대한 그의 견해, 즉 정신질환자들이 만든 창작물의 미적 잠재력, 그리고 그의 전임자들과 마찬가지로 그가 내린 결론에서 그가 '알게 된' 공통적인 특성들을 공유했다. 크리스의 관점에서 예술가는 자연을 '묘사'하거나 '모사'하려고 하기보다는 "그것을 완전히 소유하게 될 때까지 눈으로 그것을 받아들인다."(1952, p.51)는 복잡한 심리적 과정을 거치고, 이로써 예술가의 독특한 세계관이 형성된다. 표면적으로 볼 때 이 진술이 전혀 가치 없는 것은 아니지만, 크리스는 다른 분석가들과 마찬가지로 주관적 취향과 미술의 성공을 혼동하는 경향이 있다. 그는 정신질환이 있는 예술가들의 작업을 "미술"로 보지 않았다. 왜냐하면 크리스가 보기에 그들의 작업은 "소유"의 경험을 알게는 하지만, "새로움"의 형태를 가공하고 해석하는 데 필요한 의도성은 부족했기 때문이다. 흥미롭게도 크리스는 이 작품에서 "형태의 경직성과 '공허함', 반복성과 양식적 발전의 부족함, 조잡한 상징성, 그리고 종종 보이는 '여백 공포(horror vacui)'들이 미술로 여겨지지 않게끔 하는 요소라는 점을 확인했다."(Esman 2004, p.924). 특정 예술가와 연구자들이 바로 이러한 경향과 예술의 새로운 형태에서의 잠재력을 탐색하는 동안, 크리스는 그것들을 "반(反) 미학적인" 증상으로 인식했다.

비판적 틀로서의 정신분석

모든 미술평론은 개념의 구성과 접근에 필요한 틀을 사용한다. Crockett (1958)은 가장 대표적인 모델로, 창작물에 표현적으로 접근하는 것(표현되는 대상 식별하기), "조형적 고려 사항(작품을 구성하는 구성 및 형식 요소)"에 초점을 맞춘 모델, "의도적인 모델(작가가 말한 것을 고려함)", 심리적 모델 (관람자에게 미치는 영향 연구), "문화적 맥락(작품이 제작된 문화와 시대를 고려함)"을 설명한다(p.35). 20세기에는, 말 그대로 예술가에 뿌리를 두고 분석적이거나 해석적인 관점으로 미술 작품에 접근하는 정신분석적 틀에 대한 요구가 증대하기 시작했다. 의도적인 모델과는 달리 이 모델은 예술가의 진술에 크게 의존하지 않고 예술가의 전기와 그것이 창작물 안에서 어떻게 표현되는지에 의존한다.

정신분석의 부상과 함께 그 인기도 급상승했지만, 정신분석학 비평은 미술평론에 적합한 개념적 틀이 아니라는 점에서 무시되었다. 좀 더 자세히 설명하자면, 순수하게 정신분석적인 틀은 비평적 시각에서 그 미술이 성공적인지, 좋고 나쁜지를 고려하지 않았기 때문이다(Crokett 1958; Ferrari 2011). 정신분석은 개별 관람자가 예술에 대해 개인적인 연상과 반응을 형성하는 데 활용 가능한 흥미로운 도구일 수 있지만, 관람자가 작품을 인식하는 방식은 또한 "미술에서 인간은 자신이 보기 기대하는 것을 보는 경향이 있다."(Ferrari 2011, p.6)와 같이 그가 존재하는 문화와 역사로 인해 왜곡될 것이다. 따라서 역전이 또는 투사와 같은 정신분석 이론의 요소를 분석하는 것은 그것을 시도하는 평론가에게 필요한 요구조건이 될 것이다.

역사적 측면에서 아웃사이더 아트의 정신분석적 틀을 생각하는 흥미로운 방식은, 예술가가 특정한 작품을 만드는 이유와 방법에 대해 정신의학과 미술 분야의 사람들이 일종의 논거를 부여하려는 경향으로 볼 수 있다. 롬브로소와 그의 동료들과 마찬가지로 병리학이나 범죄를 밝히려는 경향은 정신분석학 자체가 확립되기 이전부터 정신분석적 틀의 개념을 원래 탐구하고 있었으며, 특히 Crockett(1958)가 "모든 사람은 정서적으로 혼란스러운데, 예술가도 사람이기 때문에 그들도 정서적으로 혼란스럽다."(p.37)라고 말했듯이 모든 예술가는 현실을 대신해서 미쳤거나 아웃사이더라는 개념에서 더욱 그러했다.

정신분석에서 중요한 틀로 보이는 또 다른 문제는 언어 사용이 까다로워진다는 것이다. 뭉크의 작품을 본 관람자는 그것이 보는 이로 하여금 "우울하게 만든다"라는 것을 느낄 수 있지만, "우울함"이라는 용어는 치료적 맥락에서는 매우 다른 의미를 지닌다. 이 용어가 임상적 의미로 사용되었는지 일상적인 언어로 사용되었는지 이해하는 것은 거의 불가능한지도 모른다.

세계 대전 문제: 1930년대와 1940년대

심리치료와 정신분석은 나치 정권에서도 중요한 역할을 했다. 사실 심리치료는 누군가를 생산적인 시민으로서 독일 사회에 재편입시키는 가장 쉬운 방법으로 여겨졌는데, 그것은 히틀러 독재 정권의 목표이기도 했다(Cocks 1997). Rickels(2002)가 처음으로 저술한『오직 정신분석학만이 전쟁에서 승리했다(Only Psychoanalysis Won the War)』라는 제목의 책은 어떤 점에서는 매우 진실하다. 나치 정권 내에서는 규율이 늘어났고, 심리치료사들은 그들이 이전에 갖지 못했던 권위와 정당성을 주입받았다(Goleman 1984). 프로이트를 비난했던 바로 그 정권은 그의 가르침에 근거한 사고방식을 수용했다.

정신질환자들과 장애인들은 정신분석이나 물리력으로 "고쳐지지"(Cocks 1997) 않기 때문에 히틀러가 생각하는 건강한 사회에 이바지할 수 없는 사람들로 여겨졌으며 히틀러의 가장 큰 분노를 샀다. Rosen(2007)은 프린츠혼의 환자 중 일부는 나치 정권 당시에 처형당했을 가능성이 크며, 1937년《퇴폐 미술(Entartete Kunst)》전시회에서 선보인 그의 수집품은 현대미술과 예술가들의 비정상적인, 노르다우의 용어를 빌리자면, "퇴행"을 보여주려 했다고 보았다. 역설적으로, 이 전시회는 아방가르드 예술가들의 전시와 똑같은 제목으로 정신질환자들의 창작물을 전시한 최초의 전시회였다(Peiry 2001). 650여 점이 넘는 작품을 한데 모은 이 전시회는 프린츠혼의 환자 작품을 현대 예술가에 비교하는 등 히틀러가 생각하는 "퇴행"을 강조하는 섹션으로 나뉘었다(Kaiser 2012). 도록에는 히틀러가 뮌헨 미술관(Munich Kunsthalle)의 개막식에서 발표한 성명서가 있으며, 여기에는 현대미술이 사회에서 왜 아무런 가치가 없는지에 대한 모든 이유가 담겨 있다:

> '내적 경험', '강인한 마음', '강력한 욕망', '미래를 가진 욕망', '영웅적 태도', '상당한 직관력', '시간 체계의 내적 경험', '원초적 원시성' 등 이런 모든 어리은 변명, 어법 및 무의미한 표현들은 수준 미달이므로 본질적인 가치가 없는 이 작품들을 해석하거나 권장하지 않겠다(Kaiser 2012, p.62).

퇴폐 미술과 히틀러의 정권은 문화에 대한 사회정치적 통제와 무엇이 그 작품을 구성하는지에 대해 정의하는 결정적인 사례가 된다. 안타깝지만 우리는 치료, 질병 및 건강에 관한 개념들 역시 주변의 사회적인 환경과 확립된 위계질서에 의해 어떻게 활용되고 남용되기 쉬운지 알 수 있다.

결론

20세기 중반쯤에, 수많은 시설이 그 환경 내에서 개인에게 적절한 보살핌을 제공하는 것이 점점 더 어려워지고 있었다는 점은 분명하다. 국가가 후원하는 기관 내에서 무슨 일이 있었는지 더 많은 사람이 알게 될수록, 현재 상황이 소용없다는 것은 더욱 자명해졌다. 향정신성의약품의 부상과 완전한 의학적 치료 모델의 수용은 탈시설화를 촉진하는 데 도움을 주었다. 지난 몇 세기 동안 의학과 정신건강의 얽히고설킨 부분이 명확해졌기에 이에 따라 의료는 사람들의 정신건강을 "치료"하는 가장 효과적인 방법으로 여겨졌다.

그러나 의료 모델로의 움직임은 또한 정신질환이나 발달 장애인들에게 "아픔"과 "건강한"이라는 낙인이 적용될 수 있다는 것을 의미했다. Wexler와 Derby(2015)의 조사처럼, 이 모델의 문제는 발달 장애, 인지 장애, 신체 장애 또는 기타 질병이 있는 장애인을 단번에 "아웃사이더로"(128p) 설정한다는 것이다. 이런 아웃사이더는 자기들의 독특한 삶의 경험을 이해하는 소통방식을 찾게끔 도움받는 대신, 종종 "정상적이지 않다(병들어 있다)"와 묶이게 되었고, "정상적인" 방식으로 의사소통할 수 없다는 무능함은 그들이 어떤 형태로든 의사소통을 하거나 표현할 수 없다는 믿음으로 이어졌다. 다시 말해서, 치료가 지닌 쟁점 사안과 아픔과 건강이라는 라벨을 달지 말지 결정하는 사람은 "다른 것"으로 분류될 수 있는 사람에 대한 보살핌과 개념에도 영향을 미친다.

다음 장에서 또 다루겠지만, 20세기에 학문으로서의 미술치료는 정신의학 발달에 대한 이 단순한 연구가 정신의학 치료에 있어서 미학적 감상에서부터 치유의 가능성에 이르기까지 미술의 역할에 어떻게 관심을 두게 되었는가를 보여준다. 일단 정신건강 관리가 다시 지역 사회로 돌아오게 되면서, 미술치료와 같은 학문은 매력적인 대안이 되었다.

이 설문조사는 또한 예술, 질병, 그리고 문화적 정상 상태와 같은 모든 개념들이 어떻게 가변적인가에 대한 예시를 보여준다. 프로이트나 크리스와 같은 이들에게, 무엇이 대상을 "미술"로 만들고 창의적인 예술가로 만드는지에 대한 정의는 프린츠혼의 정의와는 달랐다. 롬브로소와 노르다우는 환자의 제작물이 "미술이 아니다"라고 정면으로 평가하지만, 레자 같은 연구자는 좀 더 미묘하게 접근했다. 이 작품이 어떻게 고안되었는지를 아는 것은 또한 그 환자의 미래를 결정짓는 것이었다. 롬브로소가 심미적 가치를 위해 환자의 작품을 걸어두었다는 것은 의심의 여지가 있지만, 브라운과 같은 누군가는 그렇게 하기도 했다. 따라서 "미술이 아닌" 표현형식은 종종 임상 도구나 삽화 사례로 여겨졌으나 이를 미술로 보고자 하는 이들은 모르겐탈러나 프린츠혼과 같이 작품을 홍보하고 공유하기 위해서였다. 일면, 이러한 관점의 변화는 아픔과 건강에 대한 사회문화적 개념의 영향을 받았다. 가령, 종교적 환영은 중세 유럽에서는 높이 평가되었으나 계몽주의 시대에는 매우 다르게 보였듯이 말이다.

예술의 연속적 범주, 미술작품, 그리고 아픔과 건강이라는 개념을 고려할 때 궁극적으로 사람, 개념 및 사물은 문화의 "내부" 또는 "외부"로 배치할 수 있다. 정신과 의사들의 노력 덕분에 정신질환자의 작품이 미술로 정당화되면서 이런 작품의 제작자들을 더 내부로 불러들이는 효과가 있었다. 결국 이러한 연속적 범주는 아웃사이더 아트와 미술치료에서 발생하는 용어와 정의와 함께 동시대 쟁점 사안의 일면에 영향을 미칠 것이다.

Chapter 2

미술에서 공유된 역사

정신건강 분야가 비전통적인 창작자들이 빛을 발하게 하는 동안 예술가와 미술계 역시 아웃사이더 아트와 미술치료의 발전에 똑같이 중요한 역할을 했다. 특히 20세기 초에 의사들이 수집한 작품의 개방과 홍보 덕분에 이러한 작업의 초창기 형식을 옹호했던 많은 예술가는 그들에 대해 더 배울 수 있게 되었다.

우리가 아웃사이더 아트라고 부르는 것이 주류 미술사와의 긴밀한 동맹 속에서 발전했다는 것은 다소 모순적이다. 많은 경우, 시설에서든 국외에서든 서양의 고전 전통을 벗어난 예술가의 작업은 20세기의 위대한 혁신 운동에 박차를 가했다. 그러나 우리가 알고 있는 미술의 발전과 이러한 밀접한 관계에도 불구하고, 아웃사이더의 창작물은 당연히 주류에서 벗어난 것으로 여겨졌으며 역사적 서술에서도 대부분 제외되었다.

정신건강에서 창의력의 역사가 던진 같은 질문들이 미술의 역사에서 재등장한다. 고대 그리스 이후 광기와 천재성 사이의 관련성처럼(MacGregor 1989), 역사 속 예술가들은 정신질환이라는 주제에 관심을 가져왔고 영향받아 왔다. 물론 그중에는 몸소 기관에서 시간을 보내거나 정신과 치료를 받은 것으로 유명한 인물들도 있으며, 우리가 본 것처럼 그들 중 많은 이들이 정신건강 학계의 인물들로부터 정밀한 검토를 받았다.

아웃사이더 아트와 미술치료에서 쓰인 역사는 20세기 초에 갈라서기 시작한다. 정신분석이 창작물을 분석의 잠재적 요소로 사용하면서 초창기 미술 심리치료가 시작되었으나 창의성의 표현적 잠재력을 의사소통의 한 형태로서, 그리고 더 넓은 공적 의미에서 자아를 이해하는 하나의 방법으로 인정하고 인식하는 것 역시 증가하게 된다. 미술사 내에서 아웃사이더 아트는 "다른 것"이자 혁신적인 잠재력을 지니고 있다는 개념이 많아졌으나 여기에는 무엇이든 그렇게 정의될 수 있다는 개념 역시 존재한다.

미국에서는 민속 예술에 관한 관심이 급증했는데, 이는 대부분이 농촌에서 생겨났으며 이전 노예에서부터 미술을 배운 적이 없는 부유한 사업가에 이르기까지 폭넓은 계층이 포함되었다. 반면, 유럽에서 대부분 예술가는 현대사회에서는 거의 사라진, 특히 물리적으로 동떨어져 있는 실제 민속 예술 창작물을 찾는 데 주력했다. 이들은 우선 국외에서 장소를 물색한 후 새로운 형식에 대한 영감을 얻고자 현지의 시설에서 작품을 찾아냈다.

예술의 역사를 조사할 때 나타나는 연속적 범주는 정신건강의 역사에서 조사된 것, 즉 미술과 미술이 아닌 것, 미술적인 작품을 구성하는 개념과 그것이 어떻게 사용되는가에 대한 인식, 아픔과 건강의 의학적이고 사회문화적인 개념, 그리고 문화의 내부와 외부에서 고려될 수 있는 모든 것과 같다. 이에 따라, 나는 우리의 연구목적에 가장 도움이 되는 18세기 미술사를 출발점으로 두고 "다른 것"의 역할을 간단하게 조사하게 되었다.

18, 19세기의 유럽 예술가들: 미술을 추구하게 된 서민

플라톤의 저술로 거슬러 올라가는 광기와 창의성의 연관성은 낭만주의의 번영과 함께 18세기에 다시 등장한다(Beveridge 2001; Bowler 1997; Maclagan 2009; Porter 1996; Rodes 2000). 정신의학사의 혁신과 같이 미술에 대한 새로운 사고방식의 자극은 주로 사회문화적인 변화에서 비롯되었다.

고전적인 미술 후원 제도의 종말과 노동자 계층의 성장으로 예술가들과 미술 제도는 자립을 위해 그들의 전통적인 방식에서 변해야만 했고, 화려한 초상화와 호화로운 건물들은 18세기 유럽 서민들의 현실과 극명한 대조를 이루었다. 예술은 오랫동안 무역으로 여겨져 왔지만, 이제는 프랑스 혁명과 같은 유럽의 사건들로부터 큰 영향을 받아 정체성의 위기에 직면하게 되었다. 예술가들은 더는 부자들의 벽을 장식하지 않았지만, 대신 그들은 무엇을 해야 했는가?

이로써 오늘날 현대미술로 이어지는 새로운 미학의 연구가 시작된다. 인간이 "이성(reason)"을 더 많이 깨닫게 됨에 따라 자기 자신에 대해서도 더 많이 인식하게 되었고, 예술가는 자신을 표현하는 개인적 양식을 더 인식하게 되었다. 또한, 특히 18세기 후반 부유한 후원자와 예술가와 관련한 미술 시장의 쇠퇴는 내용과 형식에서 특이한 양식을 찾는 새로운 고객층을 끌어들이는 방법을 마련해야 했다(Gombrich 1966).

윌리엄 호가스(William Hogarth)는 서민들에게 반향을 주고 뭔가 일상적이고 친근함을 표현하는 창작물을 제작하고자 한 최초의 화가 중 한 명이다(Gombrich 1966). 흥미롭게도 이 주제와 관련한 그의 가장 뛰어난 작품 중 하나인 〈레이크의 일대기(*The Rake's Progress*)〉에는 악행으로 타락한 남자가 런던 보호시설에 간 장면인 〈베스렘 정신병원의 레이크(*The Rake in Bedlam*)〉가 포함되어 있다.

그림 2.1 정신 나간 남자(톰 레이크웰)가 바닥에 앉아 그의 머리를 미친 듯이 움켜쥐고, 그의 연인(사라 영)은 그의 다리에 쇠사슬을 매고 있는 동안 그 광경을 보고 울부짖는다. 그들은 런던 베스렘 병원에서 다른 정신질환자들에게 둘러싸여 있다. 윌리엄 호가스가 이후에 판화로 작업, 1735년. 소장: 런던 웰컴 도서관.

1735년에 인쇄된 〈베스렘 정신병원의 레이크(*The Rake in Bedlam*)〉에는 보호시설 벽에 환상적인 장면을 그리고 있는 인물이 있는데, 보호시설의 벽 내부에 창작물을 만들었다는 점이 흥미롭다. 더 흥미로운 것은 1763년에 호가스가 그의 사회정치적 분위기에 대한 비평으로 이 이미지를 다시 인쇄할 때 이 그림으로 브리타니아(Britannia) 인장을 대체한 것이다(Hogarth 1833).

자크 루이 다비드(Jacques-Louis David)는 뛰어난 혁명적 화가로 여겨졌지만, 그의 초상화인 〈마라의 죽음(*Marat Assassinated*)〉(1793)은 회화적 양식의 새 시대를 열기도 했다. 과거의 극적인 역사화를 반영하면서도 개혁적이었던 다비드는 욕탕에서 죽어가는 마라의 모습을 뭔가 완전히 영웅적으로 바꾸면서 이 비교적 단순한 작업에 큰 감동을 불어넣고 새로운 담화를 만들어냈다(Gombrich 1966). 이로써 이 평범한 남자는 뛰어난 일을 할 수 있는 영웅으로 비춰질 수 있었다.

프란시스코 고야와 윌리엄 블레이크의 작품들은 미술이 무엇이었는지, 미술의 목적이 무엇이었는지에 관한 개념의 변화가 어떻게 새로운 형태의 창의적 표현을 발전시키고 수용했는가를 보여준다. 두 화가 모두 작품의 내면에 중점을 두면서 공포와 상상의 신비로운 광경을 표현하였다. 특히 블레이크에게 있어 작품 속 이미지를 실질적으로 재현하는 것은 작품의 의미만큼이나 중요한 것은 아니었다(Gombrich 1966).

흥미롭게도, 1909년 9월 「영국 의학 저널(*British Medical Journal*)」에 실린 기사와 그해 말에 따른 서신은 블레이크의 신비주의와 환상적 양식이 편두통을 동반하는 "분위기"의 시각적 표현이라고 단정하였다. 최초로 글을 쓴 먼로에게 그 논평에 대한 책임이 있었지만, 블레이크가 편두통을 앓는다는 기록은 없었기에 뒤이은 편지들은 먼로가 자신의 분석을 작품에 적용하고자 한 시도였는지도 모른다(Melland and Elliot-Blake 1909). 서신에 대한 답장은 블레이크의 환영적 작품이 본래부터 병리적이었다는 생각에 정면 돌파하는 것이었으며 화가의 혁신적인 창작물에 대한 공로를 충분히 인정하지 않는다는 것이었다.

20세기에는 정신의학과 마찬가지로, 창작자의 전기에서 무언가로 인해 전통이나 환상적인 창작품의 변화에서 감춰진 원인을 "설명"하려는 욕구뿐 아니라 예술가의 순수성을 보존하려는 옹호자들이 대폭 증가하기 시작했다. 블레이크는 이런 수많은 이론가에게 공통적인 출발점이 된다. 블레이크의 작품을 미술사에서 그렇게 중요하게 만든 것은 지금은 당연하게 여겨지는 그의 *상상력*에 있었다(Porter 1987). 당대에 인정받은 미술은 자연과 인간을 이상화된 형태로 표현하는 관습에 얽매여 있었으나 블레이크는 이성

그림 2.2 〈지혜롭고 어리석은 처녀들의 우화(*The parable of the wise and foolish virgins*)〉 윌리엄 블레이크, 약 1799 – 1800년. 흑연 위에 수채화, 펜과 먹. 소장: 메트로폴리탄 미술관, 로저스 펀드, 1914년, www.metmuseum.org.

의 시대에 정신이상자의 영역으로 여겨졌던 상상력을 행동화하여 미술계를
뒤집어 놓았다.

윌리엄 터너는 자연의 "낭만적" 이상주의를 가장 집약적으로 표현한 예
술가로 종종 여겨졌으나, 매우 흥미로운 것은 그가 예술가들의 실험을 진단
이나 병리학적 관점으로 "이해"하는 것에도 많이 매혹되었다는 점이다
(Gombrich 1966). Liebrich(1888)는 터너의 후기 양식이 예술가의 의식적인
결정이 *아니라* 시력 상의 문제가 커졌기 때문이라고 주장했다.

그러나 그는 터너의 예술을 미학적 관점에서 보기보다는 "과학적"인 관
점으로 보고, "과학은 천재의 창작을 방해할 수 없을 것이다"(p.18)라고 하면
서 터너의 작품으로 인식되는 특징이나 표현을 깎아내리지 않았다.

리브리히의 견해에 따라 만일 *예술가*가 어떤 질병으로 고통받는 것을 안
다면 대중은 이러한 "혁신들"이 의학적 상태, 문화적 전통을 보존하고 보호
한 결과라고 말할 수 있다. 사실 리브리히의 관점이 다는 아니지만, 자신의
"양식"을 바꾸는 예술가 대부분이 시각적인 문제 때문에 그렇게 한다는 것
이다. 정신의학의 역사에서처럼 인정받은 예술적 전통은 반드시 보존되어야
하는 것이며, 이에 따라 전통으로부터의 탈피는 병리학적으로 설명될 수 있
게 된다. 낭만파 시대는 예술가가 영웅이라는 생각이 번성하던 시기다. 반면
에 정신질환에 대한 개념은 계몽운동에서 가장 "비이성"적인 것이었으며 낭
만주의로 인해 열정은 이성을 넘어섰고, 예술가와 정신질환자는 자유로운
열정의 극치를 표현하게 되었다.

정신과 의사들과 마찬가지로 예술가들도 정신질환과 창의성의 관련성에
근거하여 그들만의 결론을 내고 있었다. 광기는 뭔가 두려움의 대상이 아니
라 포용해야 할 대상으로 여겨졌다. 낭만파 예술가들, 특히 작가들은 정신
질환이 과거의 창작물에 만연했던 이성의 구속으로부터 해방된 것이라고 보
았다(Foster 2001). 예술가들 역시 왕따라는 일종의 반(反)영웅적 지위를 사
회에서의 새로운 역할로 받아들이기 시작했다(Cubbs 1994). 예상했듯이 우
리가 그들의 작품만큼 예술가의 전기를 보는 경향이 생긴 것도 이 시기다
(Eisler 1987).

19세기에 이르러, 예술가들은 더는 역사 속에 존재해 온 장인이 아니었

으며, 대중이 구매를 원하는 것이 무엇이든지 간에 무엇을 어떻게 창작할지에 대한 선택권을 가지고 보편적인 전통을 거부하기 시작했다(Gombrich 1966). 문화적이고 사회적인 변화는 예술가들이 *다른* 것을 할 수 있다는 잠재성에 주목하도록 하면서 세상에 더 크게 접근하고 표현하도록 이끌었다. 게다가 형식, 구조와 색채에 실험적인 예술가가 많아질수록 더 많은 대중과 전통주의 평론가들은 내부와 외부라는 또 하나의 이분법을 만들면서 그들을 주류, 즉 내부에서 멀어지게 하였다.

1832년에 외젠 들라크루아(Eugene Delacroix)는 프랑스 외교 사절단의 한 명으로 모로코를 방문했는데, 이 여행은 향후 그의 작품에 큰 영감을 주었다(Mongan 1963). 의복과 건축의 색채부터 "가장 이상한 사람들(peuple le plus etrange)"(Mongan 1963, p.21에서 인용된 바와 같이)에 이르기까지, 들라크루아는 모로코에서 프랑스의 전형적인 환경에서 본 창작문화와는 완전히 다른 무언가를 발견했다. 사실, 북아프리카를 "고대 세계에서 살아가는"(p.23) 것으로 본 그의 견해는 세기말에 일어날 "원시적인 것"의 탐구를 예견한 것이다.

전형적인 낭만파의 한 명으로 꼽히는 들라크루아가 여행에서 본 사람들을 그의 동시대인들보다 "모든 면에서 자연에 더 가깝다."(Delacroix in Mongan 1963, p.29)라고 언급한 것은 "다른" 작업이 미술사에서 가장 큰 발전을 이끄는데 얼마나 필수적이었나를 보여준다. 하지만 이는 권력층이 어떻게 개념에 제한을 둘 수 있는지를 보여주기도 한다. 그에게 모로코 원주민의 "무지는 고요와 행복을 낳는다."(Flam and Deutch 2003, p.415에서 인용된 바와 같이)와 같은 사상은 교육받은 국제적인 인사이더와는 상반되는 뭔가 순수하고 때가 묻지 않고 소박한 "다른" 개념의 출발을 보여준다. 이 "다른" 것은 꼭 국외에서만 발견된 것이 아니라, 이제 막 주목받기 시작한 이런 예술가들의 사회적 배경에도 존재하는 것이었다. 바르비종파 중 한 명인 장-프랑수아 밀레(Jean-Francois Millet)는 역사적 위인들과는 대조되는 서민의 "영웅성"을 기리면서 일상에서 그림의 주제를 찾기 시작했는데(Gombrich 1966), 그가 그린 소작농은 전에 그렸던 호화로운 초상화와는 확연하게 다른 것이었다. 귀스타브 쿠르베는 일상이나 전원생활을 재현하는 "사실

그림 2.3 〈에이브러햄 벤 치몰의 아내 사다와 그들의 딸 중 하나인 프레시아다(*Saa-da, the Wife of Abraham Ben-Chimol, and Preciada, One of Their Daughters*)〉, 외젠 들라크루아, 1832년, 엮은 종이에 흑연과 수채화, 소장: 메트로폴리탄 미술관, 월터 C. 베이커 유증, 1971년, www.metmuseum.org.

주의"에서 이 유행양식을 계속 다루었다.

쿠르베의 목적은 형식적 사실주의가 아니라 개념적인 것에 있었으며 그의 관점에서 위대한 역사화의 "학제적" 전통은 일상의 삶을 반영하는 것이 아니었기에 그는 *실제*의 자연을 그대로 재현하지 않았다(Harrison, Frascina와 Perry, 1993). 단테 가브리엘 로세티(Dante Gabriel Rossetti)와 함께 라파엘 이후로 회화의 역사를 "되돌리기" 위해 애쓴 라파엘전파가 등장했는데, 이들에게는 자신들이 지켜 온 전통에 대한 책임감이 있었다. 그들은 바깥으로 눈을 돌리기보다는, 양식과 형식에 덜 집중하고 주제와 의미에 더 집중한 중세 작품들을 탐색하며 그들만의 문화사 내부를 돌아보았다(Gombrich 1966). 이 모든 예술가를 하나로 묶은 것은, 어떤 것은 멀리 있고 어떤 것은 내부에 있는 그들의 문화라기보다는 뭔가 "다른 것"을 표현하기 위한 탐구에 있었다.

미술적 대상의 붕괴

Danto(1997)는 1863년 살롱전에서 본 마네의 작품이 "서구 미술의 전통적인 재현구조의 붕괴"(p.33)이자 주류에서 벗어난 작품을 더 받아들이게 하는 출발점이라는 것을 확신했다. 마네의 영향으로 사실주의적 재현은 비로소 새로운 형식의 회화로 완결될 수 있었을 것이다. 인상파 화가들이 아니었다면 현대미술은 없었을 테지만, 어떻게 이 화가들이 자신들의 작품을 전시하기 시작했을 때 "미친 사람"처럼 취급되었는지 살펴보는 것은 흥미롭다. 곰브리치는 1876년 마네를 두고 "마치 베스렘 수용자가 길에서 주운 돌이 다이아몬드라는 망상을 갖는 것"(1966, pp.392-93)이며 고통받는 "대여섯 명의 미치광이들"이라는 기사를 예로 들어가며 하나하나 언급하고 있다.

특히 시간, 장소와 문화의 가변성이라는 설명을 통해 전통적 맥락에서의 미술이 무엇인지 정의하는 문제가 늘고 있다는 것을 알 수 있다. 정신질환자 그리고 다른 소외된 창작자들의 미술에 가치를 두게 되면서 현대 예술가들과 아방가르드 예술가들은 "이것은 미술이 *아니었으며*, 모든 현대적 경향은 똑같이 타락했고, 이 솔직담백한 느낌은 수 세기에 걸친 문화와 전통의 세

련미와는 어울리지 않는다."(Robbins 1994, p.46)라고 언급함으로써 전통주의 창작자들의 주장도 수용하고 롬브로소의 사고방식도 계승하는 것이 가능해졌다.

원시성의 개념(이념)

민속박물관의 부상으로 입증되었듯이, 다른 문화를 좀 더 공개적인 차원에서 감상하는 사회적 수용이 증대하고 있었다. 고고학, 인류학, 민속학적 관심을 목적으로 하면서, 대중이 가장 친숙한 미술의 영역으로 보는 관점에서 외국에서 온 이국적 사물을 전시하는 것은 새로운 형식에 대한 미적 판단의 논의를 끌어내고 개방하게 하였다(Goldwater 1967). 아마도 초창기 현대 예술가들이 그들이 몸담고 있던 미술계 내에서 아웃사이더 아트라는 예술품의 발굴에 박차를 가한 것은 "아웃사이더로서의 예술가"라는 역할에 낭만적인 친근감이 있었기 때문일 것이다.

1913년 무렵에 막스 베버(Max Weber)가 썼듯이 말이다:

모더니즘의 정의: 현대 문명의 특징인 절충주의는 파리라는 도시에서 이 현대 미술을 탄생시켰다. 이탈리아, 스페인, 동양 그리고 야수적인 모더니즘의 족보...[이것의] 형태의 단순화는 아프리카, 멕시코 그리고 다른 야수적 조각에서 유래했다(Flam and Deutch 2003, p.419에서 인용된 바와 같이).

여러 면에서, 이것은 미술의 민주화라는 현대적 맥락과 미술계에서의 포용의 필요성을 많이 인식한 미술사로부터 단절된 것이었다. 아이러니하게도 모더니즘이 유럽 전통과 미술의 영역을 벗어난 오브제들에 의해 발현되었지만 이런 오브제를 만든 많은 창작자가 무명으로 남겨지거나 미술의 역사로 받아들여지지 않았다.

대표적으로 고갱은 남태평양에서 시간을 보내며 "야수적인" 영향력을 탐구한 최초의 현대 화가다. 그러나 William Rubin(1984)이 지적한 바와 같이, 고갱의 관심사는 그의 동시대인들이 창작물이나 미술작업에 대해 생각한 것만큼은 아니었으며, 대신 그는 자신이 경험한 야수적인 *삶의 방식*에

그림 2.4 〈즐거운 대지(*Delightful Land*)〉, 폴 고갱, 1893–1894. 중국 종이에 목판화.
소장: 메트로폴리탄 미술관, 로저스 펀드, 1921년. www.metmuseum.org.

흥미가 있었다. 들라크루아처럼 고갱은 이 문화를 유럽의 문화적 압박을 받지 않은 뭔가 순수하고 순결한 것으로 받아들였다.

고갱의 작품은 폴리네시아인들의 삶에 중요한 상징적 대상을 상징적으로 보여주지만, 그것은 부족 특유의 대상이 아닌 전통적 형태의 표현에 더 가깝다. 독일 표현주의자들이 작업 매체로 받아들이길 기대하면서 형식적 전통으로부터 성공적으로 벗어난 것은 아마도 그의 목판화일 것이다. Griselda Pollock(1992)은 고갱이 현대적인 궤도 내에서 혁신이라는 진정성을 얻기 위해 남태평양 문화와 남태평양 여성을 활용했다고 보았는데, 그녀에게 고갱은 주류로 간주하는 것과 다른 것을 통제하는, 말 그대로 혁신의 제작자로서의 권위를 얻기 위한 남성 화가이자 전형적인 백인 유럽인의 표상이었다. 불행하게도 이런 추세는 인종, 성별과 사회문화적 기준의 문제를 포함하여 계속될 것이다.

앙리 마티스와 그의 야수파 동료들은 고갱이 시도한 색채의 혼합을 확립하였으며 그들의 작품을 새롭게 구성하기 위해 부족들의 조각을 하나의 영감으로 활용했다(Masheck 1982). 그러나 원시미술을 수용했던 초기 화가들은 그것과 단절하기보다는 "19세기 후반의 사상들을 통합"(Rubin 1984, p.7)하고 원시적인 형태를 더 많이 표현했다. 1906년에 마티스는 그가 처음으로 경험한 아프리카 미술에 대해 "조각 형식에 있어서 나는 이것이 얼마나 그들이 이집트와 근접한가와 어떻게 여기서 착안했는가를 보고 깜짝 놀랐다."(Matisse 2003, p.31)라고 언급하였다.

마티스에게 아프리카 조각작품은 내용보다는 형식을 이루는 시각 언어로의 회귀 가능성을 지닌 것뿐 아니라 어떻게 원시미술과 가장 가까운 예술가들조차 여전히 아프리카 조각품을 과거에 얽매인 무언가로 보고, 가장 순수한 인간의 표현으로 여겼는지를 보여준다.

20세기 초: 외부가 "내부"로 들어오다

19세기 후반부터 20세기 초반까지 미술계는 정신의학계가 그랬듯이 전통적인 관례에서 벗어나 창작된 미술에 더 많은 관심을 기울이기 시작했다. 피카소, 클레(Klee), 칸딘스키(Kandinsky) 그리고 다른 현대미술의 거장들은 영감의 원천인 비전통적 미술 형태와 직접 상호작용하고 있었다.

이에 대한 중요한 사회문화적 자극제는 제1차 세계대전이었다. 전 세계 인들은 처음으로 새로운 종류의 전쟁에 영향을 받았으며 낭만주의의 열정 은 더 이상 평민의 경험이나 포부를 반영할 수 없었다. 20세기 초에는 음울 하고 외롭고 가난하고 확실히 비−영웅적인 반 고흐와 같은 예술가들이 중 심을 이루게 되면서, 이들은 주변 계층에 대해 새로운 규범을 가장 많이 반 영하게 되었다(Eisler 1987). 정신질환을 앓은 반 고흐의 인생 이야기가 그의 작업에서 하나의 신화로 받아들여지면서(Bowler 1997), 정신질환을 앓는 예 술가들이 주류의 관심을 받기 시작했다. 또한 보다 통합된 미술 단체들이 19세기 후반에서 20세기 초반에 생겨났다. 이 단체들의 중요한 역할은 양 식, 개념, 내용을 명명하고 설명하는 미술계 전문가들의 관례에서 벗어나 그 들만의 성명, 선언과 목표를 발전시키는 것이었다. 이들은 자신들의 발전을 위해, 유사하게 엮인 개념들이 확장되는 것을 허용했다. 따라서 1900년대 초에 헝가리 출신의 갤러리스트인 조셉 브루머(Joseph Brummer)가 파리에 서 화랑을 열었을 때 그는 앙리 루소의 그림들과 아프리카 조각품들을 함께 걸어둠으로써 이런 작업과 관련한 많은 예술가의 작품을 보여주고 대중에 게 홍보하였다(Paudrat 1984).

그러나 그는 또한 널리 퍼질 수 있는 모든 창작 형태로 비전통적인 맥락 들과 연대했으며, 아웃사이더라는 상위개념 아래 있던 서로 다른 창작 단체 들의 역사적인 문제를 현재로 끌어왔다. 형태의 전통적 개념을 무너뜨리면 서도 최초의 미술과 이국적인 부족 문화가 넌지시 드러나게끔 더 "원시적인" 느낌으로 창작한 이들은 입체파 화가들이었다. 가령 피카소의 1907년 작 〈아비뇽의 처녀들(*Demoiselles d'Avignon*)〉에서만 봐도 Rubin(1984)은 "아프 리카 조각과 해양 원주민들의 조각들", 이베리아 미술, 엘 그레코(El Greco) 의 매너리즘 그리고 심지어는 초기 현대주의 화가인 세잔과 고갱(pp.9−10) 의 영향을 짚어낼 수 있다. 그러나 이 작업에 영향을 준 것은 비단 형식적인 요소뿐 아니라 매체에도 있었다. 쿠르베와 고갱과 같은 화가들은 "다른 것" 에서 매력을 느끼기는 했으나 그들은 여전히 명확한 구성으로 캔버스에 유화로 작업하고 묘사하는 전통적인 양식을 주로 사용하였으며, 이와 반대로 콜라주처럼 전통을 깨고 완전히 새로운 형태를 탐구하기 시작한 것은 입체파 화가들이었다(Harrison *et al.* 1993).

20세기 미술작품에 새로운 개념을 확장한 가장 좋은 예는 아마도 다다(Dada) 운동일 것이며 "기존의 미술을 파괴하려는 끊임없는 욕구, 그리고 아름다움에 대한 기존의 개념을 뒤엎기 위한 고의적 의도"(Hugnet and Scolari 1936, p.9)는 사실 다다가 정했던 목표이기도 했다. 다다는 자발성, 사회적 행동 그리고 무엇보다도 실험성에 중점을 두었다. 이 목표를 위해 다다이스트와 초현실주의자들은 지리적이거나 제도적인 경계로 인해 전통 미술의 맥락에서 멀어진 예술가들이 자연스럽게 했던 작업을 시도함으로써 아웃사이더 아트와 미술치료 간에 가장 큰 교차점을 제공했다. 쿠르트 슈비터스(Kurt Schwitters)처럼 프린츠혼 컬렉션을 잘 안다고 여겨지는 예술가들이 사용한 일상적 사물과 폐기물은 우연이 아니라 작업을 위해 스스로 선택한 것이다. 이들은 프린츠혼 컬렉션 예술가들과 마찬가지로 손에 닿는 것이라면 무엇이든 매체로 사용했다(Hugnet and Scolari 1936).

다다와 초현실주의에 몸담고 있던 막스 에른스트는 1919년 다다 전시회에서 자신과 그의 동료들의 작품을 "아이들의 그림, 아프리카 조각가들, 일상적 사물과 미친 사람들의 작품들"(Peiry 2001, p.31)과 함께 전시하였는데, 이는 자기 작품이 이들과 다르다는 것을 보여주기 위함이 아니라 오히려 인간의 창의성이 의미하는 바를 온전히 표현하기 위한 것이었다. 이런 작업들은 에른스트 그리고 그의 동료들과 같은 위치에 있던 예술가들이 창작한 것과 다를 바가 없었다.

1920년대 베를린 쇼에서 우리는 또한 "미친" 것이 어떻게 이런 예술가들에게 형식 그리고 개념적인 방식에서 전통의 한계를 극복하게끔 영향을 주었는가를 보게 된다. 이 행사를 위해 요하네스 바델(Johannes Baader)은 〈정신병원에서의 그의 첫 비행에 따른 수퍼다다 수하물, 1899년 9월, 다다의 역사적 유물(*The Baggage of Superdada upon his first flight from the madhouse, September 1899, Dada relic. Historical*)〉이라고 명명된 작품을 헌정했다. 오늘날 동시대 미술의 다양한 면모를 연상케 하는 바델의 작업은 "억제

되지 않은 광기라는 다다의 단면을 보여주기 위한 시도"(Hugnet and Scolari 1936, p.10)라고 볼 수 있다. 바텔이 자신의 연작에서 따온 이름이자 별칭인 수퍼다다(Superdada)는 헨리 다거와 다른 아웃사이더 예술가들의 작업을 수용한 일종의 선구자로 볼 수 있다. 바텔은 신비감을 조성하기 위해 자기 삶의 배경을 활용했으며 그가 이것을 의도했다는 점에서 아웃사이더 예술가들과는 차별화된다(Hugnet 1989).

초창기 초현실주의자들 중 대다수는 다다 운동 출신이었다. 다다는 해체돼 있던 개인을 응집시킨 단체였던 반면에, 초현실주의는 자아의 내면을 외부로 투사한 개인적 표현에 더 중점을 두었다. 1924년까지 다다와 함께 했던 앙드레 브르통의 경험은 그가 초현실주의 운동인 '초현실주의 선언(Premier Manifeste du Surrealisme)'의 출발을 명료화라는 것을 도왔다. 다른 현대미술 운동과 마찬가지로 초현실주의는 시각적인 작품을 끌어내기 위한 뭔가 새롭고 색다른 것을 탐구했다. Read(1936)가 "법, 질서 그리고 명확한 위계질서를 근간으로 우리는 지성을 존중하고 통제하도록 배워왔다"(p.12)라고 하였듯이 이전 세기는 "지성"의 원리를 따라왔다. 따라서, 이런 점에서 "초현실주의"는 주제라는 관점에서 현실을 재현하지 않고, 감상을 통해 발견한 것뿐 아니라 "미술 작품의 창작에 관여하는 심리적인 과정"(p.12)에 초점을 맞추어 고조된 현실을 재현하고자 했다.

이처럼 초현실주의자들은 강압적인 유럽 중심의 전통적 재현과 동떨어진 미술작업 과정과 연결되기 위해, 아이들과 정신질환자의 그림, 민속 예술, 그리고 이국적인 "원시성"을 바라보았다. 심지어 창의성이 무의식적 과정에 넘어가 버렸다면서 이 단체와 결별했던 앙드레 마송(Andre Masson)조차 자연으로 돌아가 "원시적인" 것을 탐색했으며 미국에서 "자연의 미개함"을 발견했다(Masson et al. 1946, p.3).

정신질환, 즉 병리학적 상태를 천재나 혁신과 동일시했던 롬브로소와 이 작업에 대한 현대 예술가들의 사고방식을 비교해 보는 것은 흥미롭다. 에른스트, 클레와 다른 예술가들에게 광기는 문화와 관례로부터의 자유를 표현한 것이었기에 이는 모욕이 아니라 무언가를 열망하는 것이었다(Porter 1996).

샤갈은 다음과 같이 진술했다:

> 나는 '환상'과 '상징'이라는 용어에 반대한다. 우리의 모든 내면세계는 아마
> 도 눈에 보이는 것보다 더 진짜 같은 세계일 것이다. 만약 우리가 비논리적
> 인 것으로 보이는 모든 것을 '환상', '동화' 등으로 부른다면, 우리가 진짜로
> 자연을 이해하지 못한다는 것을 인정하는 셈이다(Masson *et al.* 1946,
> pp.33-34).

초현실주의자들에게 광기는 "온전한 자유를 위한 은유"(Rhodes 2000, p.84)
였으며, "파괴적이기보다는 창의적인 상태"(Cardinal 1972, p.15)로 여겨지는
것이었다. 우리는 어떻게 단어와 용어가 사회와 경험적 관계에 따라 변하게
되는지 다시 한번 알게 되었다. 이에 따라 롬브로소와 초현실주의자들은 정
신질환과 창의성 사이에서 유사점을 보게 되었고, 전자는 이를 병리학적으
로 결론 내렸으나 후자는 이를 문화적 압박에 대한 궁극적인 해방으로 보았
다. 초현실주의자들은 그들의 작업에서뿐 아니라 인간의 내면과 외면의 전
체성을 탐색했다. 작품을 감상하고 반응하는 과정에 있어서 모든 감각을 동
원하여 *관람자*를 이 과정에 참여하게끔 하는 것은, 그들에게 창작 그 이상
의 모든 "미술" 과정을 포함한 것이다. 따라서 초현실주의 전시회는 관람자
가 자신을 발견하고 경험하는 신비로운 환경을 경험하도록 다(多) 감각적으
로 고안되었다(Buchloch 2014; Celant 1996). 예술은 더 이상 단순히 벽에
거는 것이 아니라, 만들기와 보기라는 개념적인 과정에 의해 무언가 *경험되
어지는* 것이었다.

　이런 예술을 취한 다른 형식의 예로 피에트 몬드리안(Piet Mondrian)을
들 수 있는데, 그는 전통적인 캔버스 틀에서 자기 작품을 탈피하기 위해 약
간 비스듬한 각도로 걸었다. 그는 캔버스를 각각 다른 크기와 구조로 실험
한 최초의 화가 중 한 명이다(Masson *et al.* 1946). 그의 동료들처럼 몬드리
안도 "그림의 가장 첫 번째 목표는 보편적인 표현이어야 한다."(Masson et
al. 1946, p.36에서 인용)와 같은 신념을 지니고 있었다. 그의 방식은 보편적
언어를 *다르게* 소통하는 것으로, 관람자의 반응을 탐색하는 것뿐 아니라 지
각 과정에서 발생하는 신체적인 표현까지도 아우르는 것이었다. 몬드리안은

그림 2.5 안드레 브르통과 폴 엘뤼아르의 컬렉션, 아프리카, 미국, 오세아니아의
조각품, 경매 도록에서 발췌, 파리 드루오 호텔, 1931년 7월 23일, Pl. VII. fig. 58:
"덕덕(Dukduk)" 마스크, 영국 뉴기니 섬, fig. 97: 환상적인 동물 두상 마스크,
뉴 브르타뉴의 베이닝족(Baining), fig. 99: 원뿔 모양의 마스크, 뉴 브르타뉴의
설카족(Sulka), fig. 134: 마스크, 뉴 헤브리디스. 소장: 런던 웰컴 도서관.

미술의 색다른 시각적 언어표현을 위해 초기에는 '캔버스에 유화로 작업한
그림을 벽에 거는' 형식을 취했으나, 이후에는 관람자들이 새로운 방식에 고
무되도록 이 형식을 뒤집어 버렸다. 동료들과 마찬가지로 뒤뷔페의 아르 브

뤼에서 영향을 받은 브르통은 "여기서 예술적 창의의 메커니즘은 모든 장애로부터 자유롭다."(Breton, Cardinal 1972, p.15에서 인용된 바와 같이)라고 하면서, 사회화된 사람들이 자신의 내적 창의성을 억제하는 장애물을 제거한 것이 바로 정신질환이라고 보았다.

브르통은 정신질환을 지닌 예술가들의 작업을 높이 평하고 그 진가를 인정하면서 그들을 다르게 분류하는 것 또한 지지했으나 이는 본디 광기를 부정적으로 것으로 여긴 것이라기보다는 예술가들이 지향해야 하는 긍정적 태도의 관점에서 비롯된 것이다(Thévoz 2001).

정신분석학과 같은 방식으로, 브르통은 조건적 사고와 행동의 제한을 없애고 그의 무의식을 표현하기 위한 "자동적 글쓰기"를 실험했다. 그러나 Gibson(1987)이 설명한 바와 같이, 정신분석학이 초현실주의자들의 무의식에 관한 흥미와 활용에 영향을 준 요인 중 하나라고 보는 것이 통상적이지만, 사실 프랑스에서 행해진 초기 형태의 치료법이자 19세기 이후의 실용적 치료 형태인 "역동적 정신의학(dynamic psychiatry)"이 초현실주의에 더 큰 영향을 주었다.

정신분석학이 분석가 그리고 분석되는 대상의 역할과 관계를 강조한 것과는 달리, 역동적 정신의학은 정신적 매개에 대한 흥미에서 출발했으며, 여기서 환자 및 매개는 외부로 표현되는 내면의 원천이자 수용체였다. 정신분석과 초현실주의의 차이를 요약하자면, 프로이트의 정신분석학이 의식 속의 무의식적 표현을 환자의 과거와 연결 짓는 것을 추구한다면, 초현실주의자들은 무의식 그 자체를 표현하는 것을 추구한다.

1936년 런던에서 열린 《국제 초현실주의 전시회(International Surrealist Exhibition)》 도록 서문에서 브르통은 초현실주의의 노력을 "성인에게 매우 모순되는 두 용어인 지각과 표현을 변증법적으로 통합하고 둘 사이에 가교 구실을 하는 데 성공적이었다."(Breton 1936, p.8)라고 요약한다. 사진술의 출현 이후, 예술가들에게는 시각적으로 표현할 수 있는 무언가 새로운 것을 찾는 것이 중요해졌기 때문에 초현실주의자들은 시각적인 대상의 창작과 수용을 안내하는 인간의 내면적 메커니즘에 초점을 맞추었다.

또한 초현실주의는 역사에서 많이 사라진 미술치료의 학문적 설립에 중요한 역할을 했다(Hogan 2001). 초현실주의와 미술치료 사이의 가장 큰 교차점은 아마도 영국에서 생겼을 것이다. 위에서 언급했던 1936년 전시회의 강연 중 휴 사이크스 데이비스(Hugh Sykes Davies)는 정신분석학과 초현실주의가 탐구하는 무의식의 표현으로서의 미술에 대해 논의했다(Hogan 2001). 또한 그는 롤랜드 펜로즈(Roland Penrose)와 허버트 리드와 함께 전시를 계획하고 실행하는 역할을 맡았으며 미술사, 아웃사이더 아트와 미술치료가 어떻게 서로 엮여 있는가를 계속해서 강조했다.

1947년에서 1983년에 현대미술학회(Institute of Contemporary Art)에 소속되어 있었던 펜로즈는 처음에는 학회의 의장이었다가 이후에는 학회장이 되었다. 1955년에 그는 "정신 병리적 회화에서의 상징주의"와 "시각적 이미지의 해석"으로 분류된 환자들의 작업을 전시하였으며, 전시회 도록에서는 순수미술과 정신병학적 분야에서 "환자의 미술"에 대한 통상적 개념, 즉 "정상적인 미술과 병리학적인 미술의 구별이 정당한지 아닌지"(Hogan 2001, p.102)에 대해 중요하게 바라보았다.

결국 예술가들이 타인과 광기의 명칭을 미술사에서 수용하던 당시에 어떻게 "제정신이 아닌" 사람을 "제정신"으로 구분하는 것이 가능했을까? 앞에서 살펴본 바와 같이 리드는 융과 긴밀한 관계를 맺었는데, 3장에서는 미술교육에 대한 그의 헌신에 대해 심층적으로 논의할 것이다.

영국과 파리를 벗어나 있던 다른 현대 예술가들 역시 "다른 것"을 탐색하고 있었으며 독일 표현주의는 회화적 영역보다는 "원시적인" 사상에 많은 영향을 받았다. 독일인들은 "때로는 준-이교도가 외현화된 느낌을 갈망한다면 부족 예술은 뭔가 고통스러운 불만감을 정서적으로 완화하고 영적인 음식을 줄 가능성"(Masheck 1982, p.94)이 있다고 보았다.

이러한 감정 표현에 대한 탐색은 독일 예술가들이 부족 공동체와 그들의 제작품을 직접 경험하도록 이끌었다. 독일 표현주의자들이 주로 채택한 것은 목판화였으며 그들은 이를 부족 문화에서 나무를 사용하는 방식과 연결하여 거친 형식의 매체로 활용했다. 독일 표현주의의 "탄생"이 1905년에서 1906년의 야수파와 일치한다는 점을 볼 때, "새롭고" "낡은" 표현 양식이라는 공통점이 있었음은 당연하다(Haftmann, Hentzen, and Lieberman

1957).

대략 1905년에서 1913년 사이에 활동했던 다리파(The Die Brucke group)는 분명한 형태 안에서 "다른 것"의 영향력을 써먹었다. 에른스트 루트비히 키르히너(Ernst Ludwig Kirchner)는 1904년 박물관에서 열린 남태평양 전시회를 보았으며, 그는 이런 작업 과정에서 발견한 많은 표현적 특성들을 채택했다(Haftmann *et al.* 1957).

다리파에서 종종 "가장 풍부한 아이디어, 가장 감수성이 풍부하고 가장 재능 있는"(p.46) 예술가로 여겨진 키르히너 역시 정신질환으로 고통받고 있었다는 사실은 흥미롭다. 그는 1917년에 스위스 다보스(Davos)의 한 병원에 입원했고, 그 시기부터 죽기 전까지의 작업이 높이 평가받고 있었으나 1938년 6월에 자살로 생을 마감하고 만다. 바실리 칸딘스키(Wasily Kandinsky)는 폴 클레(Paul Klee), 프란츠 마르크(Franz Marc)와 다른 작가들과 함께 "청기사(Blaue Reiter)"파를 결성하였으며 얼마 후 이 명칭은 칸딘스키와 마르크의 1912년 책에서 "소박한 예술가가 자연을 다룬 것으로 농장의 유리화, 오래된 독일 목판화와 아이들의 그림"(Haftmann *et al.* 1957, p.57)이라고 설명되었다. 칸딘스키와 클레는 초등학생에서부터 보호시설에서 생활하는 개인에 이르기까지 창작의 비전통적 맥락에서 작품을 소개하기 때문에 특히 관련이 있다.

칸딘스키의 1911년 저서인 『예술에 있어서 정신적인 것에 관하여(*Uber das Geistige in der Kunst, Concerning the Spiritual in Art*)』는 인간이 표현하는 본질적 형태인 보편적 창의성에 관한 생각을 많이 끌어냈으며, 왜 현대 예술가들의 작품이 이러한 원시적 창의성에 접근하려 했는지 잘 보여준다. 칸딘스키 책에서 흥미로운 점은 그의 미술작품이 보편적인 차원에서 미술과 연결되는 방법을 그가 인식하기 시작했다는 것이다. 가령 그는 창작과 관람 경험에 영향을 미칠 수 있는 감정과 주관적 연관성에 근거한 색채의 보편적인 해석을 공유함으로써 학문적인 색채 이론에서 한발 더 나아갔다(Kandinsky 1977, p.25). 그는 또한 흥미롭게도 서유럽과 동유럽에서 "원시적인" 것이 의미했던 영향력에서 벗어나, 얼마나 많은 다른 그룹의 사람들이 아웃사이더라는 상위개념 아래에서 분류됐는지를 보여주는 한 예가 된다. 칸딘스키는 주로 뮌헨에서 작업했으나, 그가 고향인 러시아에서 경험했던 민속, 농민의 창작물과 그의 초기 삶은 단순한 형태와 색채의 사용 그리고 그의 모든 작업에서 사용된 것으로 보이는 양식적 특징을 끌어냈다(Haftmann *et al.* 1957). "칸딘스키는 러시아인이었고, 성상(icon)의 상징적 언어, 정교회의 신비로운 화려함과 러시아 민속 예술의 다양한 장식 등이 그의 감성에 깊이 뿌리내려 있었다."(1957, p.75)에서 볼 수 있듯이 칸딘스키가 사용한 이런 영감들은 그의 개별적인 특성을 만들었으며, 표현적으로 목소리를 내는 데 도움을 주었다. 그러나 우리는 용어와 정의에 있어서 몇몇 동시대적 난제를 이끈 "다른 것"이 어떻게 사람과 장소의 방대한 다양성을 분류하는지를 다시금 볼 수 있다.

클레는 자기 작업 안에서 가공되지 않은 자발적인 창의성을 보여주는 방안을 탐색하면서 아동화에서부터 정신병원에서 발견한 모든 미술에 매료되었다(Peiry 2001). 비전통적인 형식의 창의적 표현이 클레에게 미친 영향은 그의 책을 가득 채우기에 충분하며, 자유로운 창의성을 위한 그의 탐구는 우리의 목적에 가장 부합한다.

클레의 관점에서 아이들의 미술적 능력은 인간의 창의적 잠재력을 반영하는 것이었지만 그는 훈련과 전통, 즉 문화와 교육의 효과를 통해 이 능력을 축소하지 말고 가공되지 않은 표현을 더 강화하고 유지할 것을 주장했다. 1911년에서 1912년에 쓴 클레의 일지에는 "그들이 더 무력해질수록 더 유익해지는 것은 그들이 우리에게 제공하는 사례들이다"(Klee and Klee 1964, p.266)라고 기록되어 있다. 게다가 클레는 정신질환자들의 미술도 같은 작업 과정으로 바라본다:

> 비슷한 현상들이 정신질환자의 작업에서 보이는데, 흔히 그렇듯이 여기서 어린아이 같은 행동이나 광기는 모욕적인 말이 아니다. 현대미술을 재정립할 때 이 모든 것은 모든 공공 갤러리들보다 더 진지하게 받아들여져야 한다(Klee and Klee 1964, p.266).

현대 예술가들이 "다른 것"으로부터 작업을 찾게 되면서 원시주의나 부족미술에 대한 대중의 인식에는 흥미로운 역효과도 발생했는데, 이는

그림 2.6 〈고전적 그로테스크(*Classical Grotesque*)〉, 폴 클레, 1924년.
종이 판지에 수채물감과 전사된 인쇄용 잉크, 소장: 메트로폴리탄 미술관,
베르그루엔 클레 컬렉션, 1984년, www.metmuseum.org.

Rubin(1984)이 현대 예술가의 작품에는 오직 *친밀감*만이 영향을 끼친다고 오해한 것에 근거했다(p.38). 루빈(Rubin)은 많은 현대 예술가들이 다른 문화권의 작업을 직접적으로 수용하지 않는다는 것에 너무 많은 중요성을 부여했는지 모르지만, 이런 생각은 더 많은 유럽 대중들에게는 부족이 만든 오브제의 본래 역할과 기능에 대한 왜곡으로 다시 이어졌다. 아마도 아프리카 조각품에 대한 대부분의 왜곡된 사고는 내적 혼돈, 악에 사로잡힌 감정이나 뭉크의 작품에서 표현된 다른 "무서운" 느낌을 표상화한 표현주의 화가들에 의해 받아들여졌을 것이다. 왜냐하면 표현주의 화가들은 내면에 자리한 "더 추한" 것을 표현하는 데 흥미가 있었기 때문에 아프리카 조각품과 유사한 형태, 구성과 구조적 요소들을 활용했고, 대중은 그런 야만성이 창작자의 창작물이나 그 의미가 갖는 맥락과 일치하지 않는다는 것을 수용하

면서 아프리카 예술에서 표현주의의 의미를 읽기 시작했다.

　제국주의가 어떻게 "원시적인" 미술에 대한 노출과 접근을 확산시켰는지와 문화의 안팎이라는 경계가 의미하는 바를 설명할 필요가 있다. 독일인이었던 에밀 놀데(Emil Nolde)와 막스 페히슈타인(Max Pechstein)은 외국을 여행했는데, 놀데는 1913년에 뉴기니 섬(New Guinea)으로, 페히슈타인은 1014년에 팔라우(Palau)로 떠났다. 두 지역은 모두 독일의 영토였기에 두 예술가는 "공식적으로" 여행할 수 있었으며, "이국적인" 땅임에도 독일화 되어 있어서 수월하게 여행할 수 있었다(Masheck 1982). 놀데는 자신의 여행에서 경험한 예술을 두고 "전적으로 독창적이고 강렬하며 때로는 가장 단순한 형태의 권력과 삶을 괴기스럽게 표현"(Haftmann et al. 1957, p.34에서 인용된 바와 같이)한다고 칭송하였으며 많은 동시대인이 그랬듯이 이를 서구 및 독일식의 관점에서 바라보았다. 사실, "원시적인" 것의 의미를 살펴본다는 것은 동유럽, 서유럽 그리고 국제적인 영토 간의 분열을 볼 수 있게 된다는 것을 의미한다. 영국, 독일, 프랑스와 기타 국가들은 그들의 식민지역인 아프리카와 남태평양으로 예술가들을 보낼 수 있었으며 그 예술가들은 그들만의 지방 문화, 관습과 지방 사람을 추구하며 살기도 하고, 어떤 이는 그곳에 남거나 여행을 했으며 어떤 이는 권력층이 되기도 했다. 따라서 외부에 대한 서유럽의 사고방식은 이러한 이국적인 지역들이 전문적인 서구의 통제와 영향 아래 있었다는 점을 고려하면 사실 내부의 개념과 그렇게 동떨어지지 않았다. 또한 이 시기에는 훈련받지 않은 유럽 예술가들이 매력적인 존재로 떠올랐다. 대개 원시적이거나 소박하다고 불렸던 이 창작자들은 아이러니하게도 많은 현대 예술가들의 영향을 받았으며 그중 일부는 이후에 정통 서양 미술사에 "속해졌다". 현대미술 수집가였던 빌헬름 우더(Wilhelm Uhde)는 그가 수집했던 앙리 루소(Henri Rousseau)와 다른 "원시주의자들"의 작품에 관한 글을 종종 썼는데, 여기에는 1947년 저서인 『다섯 명의 원시주의 거장들(Five Primitive Masters)』도 포함된다. 그는 현대 예술가와 "원시적인" 예술가들의 작품을 수집하고, 연구하고, 판매하면서 이들을 똑같은 방식으로 대우하고 어떤 면에서는 예술가들 간에 공평한 경쟁의 장을 만들기도 했다. 중요한 것은, 우더가 그들에 관한 글을 쓸 때 이 예술가들의 배경을 포함한다는 것이며, "언변에 대한 교육도, 기회도, 문화적인 자극도 받지 못했으며 돈도 없었던"(1949, p.13) 서민의 예술을 추구하던 당대에 이런 "평범한" 사람으로서의 예술가들이 있었다는 것은 결국 중요한 쟁점이 된다.

이 예술가들이 의식하든 못하든 간에 창작에 대한 내면적 힘은 이러한 제약을 극복할 만큼 충분히 강하다는 것, 그리고 유럽의 평범한 이들과 경제적인 어려움을 겪는 억압된 하층민이 위대한 미술을 만들어낼 수 있다는 것을 보여주었기 때문에 중요했다.

현대미술의 역사에서 오늘날 가장 존경받는 위치에 있는 루소는 "원시적인" 화가로 여겨졌는데, 이는 그가 미술교육을 받은 적이 없고 그의 가족을 책임지기 위해 세관원으로 일했기 때문이다. 그러나 루소와 우더의 관계는 루소가 의심할 여지 없이 예술가라는 것뿐 아니라 누군가가 "내부", 즉 내부의 조력자로부터 혜택을 입었다는 것을 보여준다.

우더가 "루소에게 명예는 필수적이고 피할 수 없는 것이었다."(p.26)라고 지적한 바와 같이 루소는 지식인층의 문화계가 아닌 대중의 관심을 구했다.

그림 2.7 〈사자의 식사(The Repast of the Lion)〉, 앙리 루소, 약 1907년.
캔버스에 유채. 소장: 메트로폴리탄 미술관, 샘 A. 레비슨 유증,
1951년, www.metmuseum.org.

더 중요한 것은, 루소가 종종 잘못 불린 "일요 화가(Sunday painter)"와는 거리가 멀었다는 점이며, 우더는 루소의 작업이 그를 직접 살아 숨 쉬게 하고 자기 삶에서 가장 소중하게 여긴다는 것을 알았다.

루소가 자기 창작물을 활용하고 이해하는 예술가의 방식을 보여준다는 것을 우더의 설명을 통해 알 수 있다. 루소는 작은 캔버스에 풍경화를 그리거나 의뢰를 받아 그리기도 했으나 그는 초자연적인 경치의 정글과 고요한 풍경을 큰 캔버스에 그린 화가로 가장 잘 알려져 있다. 우더는 어떻게 이 캔버스들이 루소의 거의 모든 삶의 공간을 차지하였는지를 상세히 설명하고, 그가 환상의 세계를 창의함으로써 적어도 그 작품들이 팔릴 때까지는 그 세계 속에서 그럭저럭 살 수 있었다고 단언한다.

장 뒤뷔페와 아르 브뤼

비전통적인 맥락, 특히 시설에서의 창작물은 장 뒤뷔페와 함께 비주류에 관심 있어 하던 예술가들과 정신의학 전문가들 사이에서 마침내 그 진가를 인정받기 시작했다. 그의 동료들과 마찬가지로 뒤뷔페도 처음에는 미술의 전통적 기준들에 대한 불만이 커지면서 이런 작업에 끌리게 되었고, 자신만의 신념을 알리기 위해 원초적인 것과 창의적인 표현의 더 큰 연결고리를 찾던 중이었다(Dubuffet 1988).

역사 속의 많은 예술가처럼 뒤뷔페는 단호하게 반(反) 문화적이었으며 이 용어는 그가 모호하게 정의한 것이기도 했다:

> 때로는 과거의 작업이 지식을 의미하고(덧붙이자면, 이 "과거의 작업"이라는 개념이 전적으로 가공된 것임을 잊지 말자. 학자들이 받아들이고 싶은 경향에 근거한 그저 허울 좋은 제한된 선택만이 남아있다) 때로는 더 보편적인 예술 창작과 마음의 활동을 의미한다(1988, p.8).

물론 이 모호한 정의는 뒤뷔페의 신념에 따른 것으로, 문화적인 제작물을 학문적인 활동과 연계함으로써 두 개의 개념은 여론 안에서 통합된다. 본질적으로 예술은 문화의 권위를 강화하기 위해 학문적 엘리트층이 정의한 역사적 전통과 연결되며 그 정의 안에서 존재한다. 이 엘리트층의 밖에 있던 사람들은 그들보다 "더 지식이 있는" 집단에 의해 선택되었으므로 그들에게 감사할 가치가 있다고 듣고 배워 왔다. 뒤뷔페는 하나의 사물이 언제 "예술"이라는 라벨을 가질 수 있는지 결정하는 이들은 오직 문화적 엘리트층이라는 개념에 대항했다. 1959년에 프랑스가 문화부(Ministry of Culture)를 설립했을 때 뒤뷔페는 엄청난 충격을 받았는데, 문화는 이미 엘리트층으로부터 승인을 받아야 하는 대상이 되었으며, 이제는 정부 역시 보존과 기념의 가치를 결정할 목소리를 갖게 되었기 때문이다(Dubuffet 1988).

안타깝게도 뒤뷔페는 서민을 *제외한* 모든 이의 수중으로부터 단호하게 문화적인 명칭을 통제하면 문화도 종교와 비슷하게 "'국민의 아편' 역할"(p.10)을 할 수 있다고 믿었다. 문화가 일반인의 수준 이상으로 높아질 때, 일반인은 "그 안에 포함되기 위한 욕구"(p.92)를 갖게 되면서 이 내부적인 위치에 속하기 위해 문화의 "규율"을 따르게 된다. 뒤뷔페의 생각에 이런 문화의 주류화는 진정한 예술과 독창적인 창작이 번성하기 위해 끊어내야만 하는 사슬과도 같았다. 이미 수용된 문화에 속한 이들에게 뒤뷔페가 전한 대답은(그가 예술가라는 지위를 생각할 때 흥미롭게도) 그 권위에 도전하는 것으로, 이는 문화적 전통을 벗어던지는 데 도움 될 수도 있는 "탈 문화(deculturation)" 과정의 일환이었다.

미술작품에 재정적인 가치를 부여하는 개념은, 창의성과는 상반되는 사물들에 과도한 관심을 두게 했으며, 뒤뷔페는 "문화는 제작이 아닌 *제품*을 먹이로 삼는다."(p.77)라는 것을 알게 되었다. 하나의 사물에 "가치 있는"이라는 명칭이 붙게 되면, 이는 창작자에게 위신과 허용을 부여하고 그를 동료 예술가들 사이에서 권력층으로 상승시킨다.

마침내, 하나의 사물에 가치가 부여됨에 따라 이는 보존 및 보호하고 철저하게 연구될 가치가 있는 것으로 여겨졌다. 문화가 작품의 가치를 판단하는 기준은 작업의 "아름다움(beauty)"이라는 개념에 근거하는데, 이는 "못생긴(ugly)"이라는 부정적인 가치 판단과는 상반된 것이었기에 뒤뷔페가 완강하게 반대했던 것이었다. 그는 "난 아름다움은 어디에도 없다고 믿는다. 아름다움의 개념은 완전히 틀렸다. 나는 못생긴 사람과 못생긴 사물이 있다는 생각에 전적으로 동의하지 않는다. 나는 이런 생각이 답답하고 혐오스럽다."
(Dubuffet 2003, p.296)라고 하였다.

뒤뷔페는 미술의 역사에 있어 가장 체제 전복적인 순간들이 사실은 그런 식으로 정의될 수 없다고 믿었다. 만약 문화에 의해 가치 판단이 유지되었다면 명칭을 달겠다는 요구도 할 수 없었을 것이다. 뒤뷔페에게 있어서 전복이란 "단 한 명이 이를 지지할 때 이는 절정에 다다른다."(1988, p.86)는 것이자, 진실한 창의성을 위한 궁극적인 목표이기도 하다. 문화와 거기에 수반된 모든 명성과 공적인 인지도는 진실한 내면적 창작 과정에 자극받은 미술 제작을 원천적으로 "숨 막히게 한다." 그의 수많은 동시대인이 그랬듯이, 뒤뷔페의 관점에서 정신질환은 긍정적인 상태이자 원시적인 창의성의 자극제이며 사회의 족쇄를 완전히 풀었다는 증거였다. 미친 것과 미치지 않은 것으로 여기는 것은 "정상과 비정상에 대한 명확한 생각들이 종종 매우 독단적인 정의에 근거한 것으로 보였다."(p.112)라는 것처럼 사회문화적인 요인이 컸다.

따라서 문화가 "승인한" 미술에 반대한 뒤뷔페는 그가 주류에서 벗어난 개인들의 창작 작품이라는 일종의 대조법을 찾게끔 했다. 뒤뷔페는 프린츠혼의 연구와 컬렉션을 처음 접했을 때 많은 영감을 받았으며 아르 브뤼에 대한 그의 목표는 1948년에 설립된 '아르 브뤼 컬렉션(Compagnie de l'Art Brut)'을 위한 홍보에서 다음과 같이 제시되었다:

> 우리는 박물관, 전람회장이나 미술관에서 보아 온 미술작품을 전혀 모방하지 않은(혹은 최소한으로만 한) 회화, 드로잉, 동상이나 조각상, 모든 유형의 오브제와 같은 예술적인 작품들을 찾고 있다. 이런 예술적인 작품들은 오히려 인간의 독창성과 함께 가장 자발적이고 개별적인 창의력을 활용해야 한다. 그리고 이 작품들은 창작자의 내면 깊숙한 곳에서부터 끌어낸(창작과 표현 수단 모두) 것이어야 하며, 요즘 사용되는 관습과는 무관하게 작가 자신만의 성향과 분위기가 있고, 습성에 젖은 창작으로부터 자유로워야 한다(Dubuffet 1988, p.109).

뒤뷔페는 항상 모든 인간에 잠재한 원시적인 창의성을 탐구하라고 했는데, 이는 전통적이고 학제적인 영향을 벗어난 창작자의 세계에서 가장 잘 드러난다. 그가 "발견한" 작가 중 알로이제 코르바즈(Aloise Corbaz)(컬러 도판 2)와 뵐플리 그리고 많은 작가는 오늘날 아르 브뤼의 "거장들"로 여겨진다. 아르 브뤼 컬렉션이 설립된 초기에 뒤뷔페는 미술과 미술 감상의 민주성을 강조하는 전시회를 열었다. 그는 공간에 맞는 작품 수만 걸고 심지어는 판매도 금지하였는데, 이는 이후 그와 그의 파트너 간에 곪아터질 다툼의 시발점이 되었다.

대신 뒤뷔페는 이런 작품들을 더 많은 관객에게 보여주고자 했으며 미술계 내부에서 가치가 부여된 문화적인 창작물이 되지 않게끔 했다. 이전에는 보호시설에서 환자의 창작물을 전시했지만, 뒤뷔페의 전시는 그들이 받은 진단이나 장애에 따른 식별 기준 없이 예술가로 인정된 그들의 실제 이름을 보여준다(Peiry 2001). 모르겐탈러와 마찬가지로 윤리적인 관점에서 이 움직임을 생각하는 것은 흥미롭다. 왜냐하면 그 창작물은 적절한 예술로써 보이고 있었기 때문에 개인의 실제 이름을 사용한 것은 단순히 "환자"라는 진부한 명칭을 없애고 그들에게 더 많은 권한을 부여했기 때문이다.

뒤뷔페의 컬렉션은 유럽의 많은 예술가로부터 환영받았으며 알폰소 오소리오(Alfonso Ossorio)가 햄톤즈(Hamptons)에 있는 그의 집에 작품들을 보관하던 1950년대에 짧게나마 미국 대중들에게 공개되었다. 그러나 미국에서 뒤뷔페의 컬렉션은 그가 기대한 만큼 열매를 맺지는 못했다. 그는 신진 예술가를 찾지도 못했으며 1980년대까지 첫 번째 미국 작가가 추가되지도 않았고 작품의 홍보 기간 미국 예술가와 미술계 전문가는 거의 관심도 두지 않았다.

뒤뷔페에게 일어난 더 큰 타격은, "그들은 그저 프랑스 화가의 작업과 관점을 조명하고 설명을 돕는 것에 흥미를 느꼈을 뿐이다."(Peiry 2001, pp.110-11)라며 미국에서 그의 컬렉션이 끌어낸 낮은 인지도가 결국 그의 예술과도 연결되고 말았다는 것이다. 그의 컬렉션은 직접적인 영향력을 거의 남기지 못한 채, 1962년에 프랑스로 돌아갔다. 뒤뷔페는 작품을 수집하고, 목록화하고 글을 쓰고 싶은 자신의 욕구와, "문화"라는 기준 아래서 행해진 이런 활동들의 거부감 사이에서 많은 부분을 고군분투했다. 이런 이유로 그가 쓴 많은 글은 작품을 알리기 위한 목표에도 불구하고 그의 활동들이 온전하게 편하지는 않았다는 것을 솔직하게 밝히고 있다. 또한 많은 평론가가 알아챘듯이 뒤뷔페는 자신의 작업이 갖는 영향력과 용도를 구분하는 데 어려움을 겪었다(Foster 2001). 뒤뷔페가 옹호했던 아르 브뤼와 그 작품들이 더 광범위한 미술계에서 주목받기 시작했을 때, 그는 작품을 소개하는 것과 관련해 더 방어적인 태도를 보이기도 했다. 큐레이터인 하랄드 제만(Harald Szeemann)이 기계류를 경험하게 하는 전시회를 열기 위해 하인리히 안톤 뮐러(Henrich Anton Muller)의 몇몇 작품을 요청했을 때, 뒤뷔페는 아르 브뤼 예술가들의 작품을 "(교육의 목적을 위한) 그룹 또는 비교하는 전시회"(Fol 2015, p.144)에서 배치하는 것은 지양한다고 답신하면서 그의 제안을 거절했다. 뒤뷔페는 이 작품을 공개하고 보존하고 싶어 했으나 "미술계"의 밖에서 이것을 지킨다는 것은 그와 그의 컬렉션이 미술이 받아들여지는 방법과 장소를 다룰 수 있는 불가피한 문화적 인사이더였다는 것을 의미했다. 안타깝게도 이런 움직임은 그의 컬렉션이 미술사의 더 큰 맥락으로 통합되는 것을 막아내는 데 기여했는지도 모른다.

미국 미술 그리고 다른 미술

미국에서는 20세기가 되어서야 "미국" 미술이 등장했기에 문화적인 자의식이 발전하고 번성하는 데는 다소 시간이 걸린 셈이다. 남북 전쟁 이후 미국은 학문적이고 문화적인 연구에 더 시간을 쏟게 되었고, 이는 더 안목 있는 평론가와 학자 계층을 양성하여 대중에게 더 나은 교육과 영향을 주게 되었다("The Conditions of Art in America" 1866). 20세기로 접어들어 유럽에서 현대미술이 탄생하면서, 미국 미술 문화의 급속한 성장이 다른 새로운 형태와 독창적인 국가적 양식을 촉구한 것은 당연하다. 초창기 미국의 미술적 전통은 유럽 예술가들이 수 세기에 걸쳐 이룬 개념들과 별반 다를 바 없었다. 미국 예술가들은 그들이 얼마나 "재능있는지" 보여주기 위해 유럽 중심적 전통을 따라 웅장한 풍경과 전통적인 아름다움을 지닌 초상화를 전시했다("The Conditions of Art in America" 1866).

당연히 유럽과 마찬가지로, 20세기가 되면서 변화한 사회문화적 배경으로 인해 미술의 인사이더와 신흥 미술은 모두 "일반적인" 경험을 더 잘 보여주는 대안적인 창작물에 눈을 돌렸다. 아웃사이더 아트의 번영과 미술치료의 뿌리에 대한 유럽의 배경은 주로 "원시적인" 부족 문화와 보호시설에 있던 환자들의 창작물로 이루어졌지만, 미국의 예술가들은 미국 민속 예술과 미국 원주민 미술에서 새로운 표현 형태를 찾기 시작했다. 1920년대에 메인(ME)주 오정키트(Ogunquit)에 있던 예술가들은 민속 예술을 "덜 학문적이고 덜 개인적인 정서적 표현을 위한 방식"(Danto 1997, p.33)으로 보면서 유럽인과 같이 미(美)의 전통적 개념만을 고수하지 않고 민속 예술을 통해 더 진정성 있는 형태의 창의성을 발견했다.

미국의 민속 예술과 일상 미술은 미국에서 시간을 보냈던 유럽 예술가들에게도 영향을 끼쳤다. 1930년대와 1940년대에 미국에서 거의 10년을 보낸 커트 셀리그만(Kurt Seligmann)은 이미 원시적인 작품의 수집가이자, 파리 인류박물관(Paris's Musee de l'homme)에 미 태평양 연안 북서부 이누이트족의 미술품과 미국 인디언 미술품을 기증한 사람이었다. 자연 그대로의 미국 풍경과 토착민들의 작업은 그에게 영감에 대한 주요 원천이 되어갔다(Masson *et al.* 1946).

미국에서 미술의 역사가 부족하든 어쨌든 간에, 갤러리 구조, 특히 뉴욕에서의 급성장은 관습적인 전통 미학과 미술이 아닌 작업을 비교적 이른 시기부터 눈여겨봤다는 것을 의미한다. 1920년대 초부터 수집가와 예술가들이 민속 예술에 관심 두기 시작하면서 국가적 신념과 발전을 반영한 작품은 빠른 속도로 전국적인 인기를 끌게 되었다. 20세기 미국에는 큰 사회적 변화가 일어났으며, 어려운 시기이기도 했다. 따라서 문화적 생존을 위해 "평범한" 사람들의 창작물이 더 요구되었다. Metcalf와 Schwindler (1990)는 민속 예술이 미국의 과거와 전통, 즉 "현대사회와 근대 세계 간의 차이"(p.12)와 연결되므로 세기 초에 더 많은 대중으로부터 수용되었다고 보았다. 1930년대의 대공황은 극소수의 미국인들이 미술품을 살 만큼 부자로 만들었으며, 이에 따라 민속 예술 역시 재정적으로나 물리적으로 접근할 수 있는 미술 형태가 되어갔다(Rexer 2005).

민속 예술에 초점을 맞춘 최초의 미국전시 중 하나는 줄리아나 포스

(Juliana Force)가 1924년에 휘트니 스튜디오 클럽(Whitney Studio Club)에서 기획한 《초창기 미국 미술(*Early American Art*)》이다. 거트루드 밴더빌트 휘트니(Gertrude Vanderbilt Whitney)가 중심가에 개최한 이 방대한 전시는 "현대 예술가들과 포스가 대여해 준 작품 중, 특히 그림에서 뼛조각에 이르는 모든 것"(Lipman and Winchester 1974, p.10)을 함께 보여주었다. 휘트니가 초기에 이 작품들을 지원해 준 의미는 중요하다. 포스는 미술에서 다른 것, 즉 전위적이고 인정받지 못한 것을 추구함으로써, 높은 장벽 때문에 미술사적 문맥에서 정의되지 못했던 작업이 얼마나 중요한가를 이 전시를 통해 전하고 있다. 1930년에 휘트니 미술관이 개장했을 때, 큐레이터였던 그녀는 소장을 목적으로 많은 민속 창작물을 수집했다. 이후 전시 도록은 "17세기 초반부터 미국 미술은 종종 민속 예술을 수준 높은 미술로 널리 보급한 특징을 갖는다."(*The Whitney Studio Club: American Art 1900–1932* 1975, p.17)라고 보면서 이 작품이 초창기부터 지닌 중요성을 반영했다. 작품을 사들일 돈은 없으나 과거의 품위 있는 전통적인 창작물을 볼 여력은 있는 서민들을 *위해* 서민들에 *관한* 무언가를 찾아 나서는 것은 예술가, 수집가와 평론가와 같은 이들에게 가장 중요한 일이 되었다. 이런 점에서 에디스 할퍼트(Edith Halpert)의 다운타운 갤러리(Downtown Gallery)는 새롭게 부상하는 다양한 예술의 개념을 보여준 진정한 선각자라고 할 수 있다.

1929년에 홀거 카힐(Holger Cahill)은 할퍼트와 함께 다운타운 갤러리 위 공간에 미국 민속예술 갤러리(American Folk Art Gallery)를 설립했다(Robbins 1994). 대공황기에 가장 수익성을 올린 것은 이 갤러리였으나 할퍼트의 전시는 또한 안과 밖이라는 이분법에 의존하지 않고 민속 예술가들의 작업을 보여주고 홍보하는 포괄적인 방법을 추진했다. 카힐은 모든 형식을 포함하는 '미국 미술'이라는 개념구축에 있어서 엄청나게 중요한 역할을 했는데, 1932년 전시인 《미국의 민속 예술: 1750년–1900년 미국에서의 서민 미술(*American Folk Art: The Art of the Common Man in America 1750–1900*)》과 1938년 전시인 《통속화의 거장들(*Masters of Popular Painting*)》을 비롯하여 현대미술관(Museum of Modern Art, 이하 MoMA)에서 수많은 민속 예술 전시회를 열었다.

1936년 전시인 《미국 미술의 새로운 지평선(*New Horizons in American Art*)》을 위한 도록 서문에서 카힐은 "미술은 인류의 삶에 깊이 뿌리 내렸으며, 인간 사회가 만들어낸 환경에 극도로 민감해하는 정상적인 사회성장이다"(p.9)라고 하면서 일반 관객들의 사회적 조건을 설명하고 미술에 대한 그의 선호도를 보여주었다. 카힐은 연방 예술 프로젝트(Federal Art Project, 이하 FAP)의 수장으로써 대도시 중심지를 벗어난 지역에 대규모의 벽화와 창작물을 지원하고 지방자치 중심지에 작품을 배치하여 미술을 접할 수 없는 사람들의 삶에 말 그대로 미술을 가져다준 중요한 역할을 했다.

FAP를 향한 카힐의 목표는 *미국인의* 미술을 육성하는 것이었으며, 이는 제작과 감상이 비단 동북부의 특정 계층에만 한정될 수 없다는 것을 의미했다. 따라서 그의 프로젝트는 지방에서의 예술 생산을 부흥시키고자 하였으며 그는 1936년에 MoMA에서 열린 전시회와 같은 기회를 통해 이 작업을 계속해서 널리 알렸다. 카힐은 용어의 정의를 확장하여 미술의 민주적인 시각에 중점을 둔 전시회를 MoMA에서 계속 열었다. 민속 예술을 현대*의* 미술관에 들어오게 하는 것은, 어떻게 평범한 사람이 이전에는 소외되었던 문화적인 생산과 제도를 연결하는 중개자가 되는지를 설명한다. 또한 민속 예술을 미술관이나 갤러리라는 환경에 배치함으로써 미술이 본래 갖고 있던 역할의 재구성뿐 아니라, 미술사를 포괄적인 방식으로 다시 쓸 것에 대한 이른 요구도 다시 한번 생각해 보게 한다.

미술사학자들과 평론가들에게 민속 예술은 서민과 창의적 표현 간의 차이를 좁히는 방안이 되었다. 1935년 기사에서 평론가인 E.M. 벤슨(E.M. Benson)은 미술과 인간의 격차에 대한 책임이 역사 전반에 걸쳐 "타인의 시선을 조정"(p.71)하려고 한 평론가와 학계에 있으며, 특히 예술가의 "양식(styles)"과 "사조(isms)"가 관람자의 경험을 통제한다고 보았다. 벤슨의 견해에 따르면, 안타깝게도 너무 많은 평론가가 그렇게 함으로써 "수백 년의 시간과 수천 마일의 공간으로 떨어져 있던 예술가들이 인종, 문화와 *시대정신*(*zeitgeist*)의 차이에도 불구하고 인간성과 정신성이 매우 유사한 의례적인 작품을 제작해 왔다."(p.71)는 중요한 사실을 간과했다. 따라서 지역적이고 시간적인 의례에 토대를 둔 역사는 단순히 선형적인 조건을 넘어 확장될 수

있다. 또한 벤슨의 이론은 미술치료 이면의 원리를 이해하는 것에도 적용할
수 있다. 그는 각 예술가가 그들의 시각을 성공적으로 보여주기 위해 그들이
사는 문화와 시대를 풀어나가고, 창작의 장벽을 극복하고, 공적이고 개념적
인 문제를 해결하기 위해 노력해야만 한다고 언급한다. 비록 그들이 서로 다
른 시간과 장소에서 창작하더라도 이 과정은 항상 예술가들과 함께 있다.
어떤 의미에서 이것은 연표(timeline)나 지역의 제약 없이 모든 창작자를 포
괄하도록 새로운 미술사관을 촉구한 Jerry Saltz(2016)와 같은 현대미술 평
론가들을 두고 하는 말이기도 하다.

　민속 예술에 끌린 것은 비단 뉴욕시의 미술계뿐만이 아니었다. 1932년
「아메리칸 매거진 오브 아트(*The American Magazine of Art*)」는 버팔로(Buf-
falo)에서 열린《미국의 민속 예술(*American Folk Art*)》전시회를 두고 "가장
미국다운 미술의 표현을 보여주는 전시"("American Folk Art—Buffalo"
1932, p.122)이며 민속 예술이 지난 2년간 뉴욕 미술계를 완전히 사로잡았고
마침내 해안 도시의 외곽으로까지 뻗어나가 새롭게 "발견되었다"라고 하
였다.

　1934년에 이 잡지는 세인트 루이스(St. Louis)에서 열린 최초의 "전국적
인" 민속 예술 축제의 시작을 공표했다. 민속 예술에 대한 "총체적인" 시각
은 "모든 미국의 민속 예술 단체들은 반드시 인도인과 흑인을 포함한 채 설
명될 것이다."("National Folk Festival St. Louis" 1934, p.212)라는 주장을
발표하고 있다. 공예작업, 연극, 음악과 춤을 접목한 이 축제는 "이들만의
소박하고 범지구적인 예술"(p.212)을 기념했다.

　그러나 이는 또한 사회문화적 환경이 어떻게 민속이라고 이름 붙여진 미
술 또는 주류 미술과는 조금 다른 것을 규정하는 데 궁극적인 영향을 끼쳤
는가를 보여준다. 안타깝지만 이것은 20세기의 상당 부분 동안 창작자의 인
종, 성별이나 신분 계층에 근거하여 미술의 "유형들" 사이에 경계가 그려질
수 있다는 것을 의미했다.

　그러나 민속 예술의 급격한 인기는 사회적 환경이 어떻게 특정한 유형의
대상물을 인식하고 이해하고 고찰할 수 있는가를 설명한다. 당시 미국은 빈
곤으로 고통받고 있었기에 유화로 그린 초상화를 의뢰하거나 구매할 시장조

차 없었으며 1930년대 미국인들은 과거의 미술작품과 의미 있는 방식으로 연결될 수 없었다. 문화 내부에 있던 것들은 고군분투하던 시기를 거치면서 뭔가 다른 의미를 갖게 되었다.

1960년대와 그 이후: "동시대 민속 예술"

20세기 중반에 이르러 민속 예술과 이 용어를 둘러싼 모든 것은 미술계 내부적으로 비판의 쟁점이 되기 시작했다. Ardery(1998)는 "동시대적인" 민속 예술의 개념이 사회적, 세계적, 산업적 변화의 합류점에서 발생하여 1965년과 1985년 사이에 정점에 이르렀다고 본다. 민속 예술은 1960년대 미국에서 성장하던 상업주의에 대한 하나의 대안이었으며 수집가와 학자들에게는 미국 지방의 공예문화와 "모더니즘을 계승한 동시대의 혁신"(p.3) 중 하나가 되었다.

물론, 소위 말하는 순수 미술계와 상업주의가 아찔할 정도로 밀접해 있었던 1960년대에는 국제적인 "인사이더" 미술계에도 큰 동요가 일어났다. 주요 기업이나 정부 독립체들의 자금을 구하기 위해 인사이더 예술가들은 더 높은 상류층으로 올라가려고 고군분투했으며, 그와 반대로 소위 말하는 "민속" 예술가들은 단순히 그들의 작품을 만드는 데에만 관심이 있었다 (Ardery 1998).

민속 예술을 통해 다뤄지는 미국 역사의 또 다른 가닥은 남부와 북부 사이의 지역적인 긴장감이다. 미국 미술계의 중심은 당연히 뉴욕시였으나 금세기 전반 동안 남부에서 온 예술가들은 뉴욕으로 여행하거나 이주를 했을 때라야 빛을 볼 수 있었다. 따라서, 우리가 지금 알고 있는 아웃사이더 아트 "체계"는 이미 거기 있던 누군가에 의해 "내부"로 들여오면서 촉발되고 시작된 것이다.

1961년 뉴욕에 미국 민속미술관(Museum of American Folk Art)이 설립된 당시 주류 미술계를 벗어난 창작물에 관한 관심이 꾸준히 늘고 있었다. 1970년과 1974년 사이에는 30회의 민속 예술 전시회가 열렸고, 1975년과 1979년 사이에는 64회의 놀랄만한 전시회가 열렸으며, 1980년과 1984년

사이에는 80회 그리고 1985년과 1989년 사이에는 125회의 전시회가 열렸다 (Ardery 1997).

아더리는 다음과 같이 언급한다:

> 단순히 "특수성"으로 이목을 끈 민속예술은 1990년대에 박물관, 갤러리, 대학교와 같은 기존의 문화 기관에 자체적 수용 범위, 예술적인 이해와 갱생을 위한 대체 기반의 유지와 그에 따른 어려움을 모두 반영하면서 이전에 비해 매우 희귀한 방식으로 통합되었다(1998, p.4).

그녀는 이 과정이 민속 예술가에게 미치는 영향, 그리고 "민속"에서 "동시대적인" 미술로 번역되는 고유한 문제들을 보여주기 위해 예술가인 에드거 톨슨(Edgar Tolson)의 작품과 삶을 통해 그 방안을 찾는다:

> 그는 여러 가지 이유로 자신이 태어난 지역의 문화를 보존하고 변화시키고 저버린 복잡하고 재능있는 사람으로 설명되며, 더 광범위한 민족 문화를 선택하거나 즐길 수 없는 지역을 물색했다(Ardery 1998, p.5).

다시 말하자면, 우리는 창작자와 관람객 모두에게 작품의 목적이 갖는 연속적 범주뿐 아니라 인사이더와 아웃사이더의 경계가 얼마나 가변적인가를 보게 된다.

20세기 후반: 주목할만한 전시들

20세기 후반부에, 많은 국제 전시회에서는 비전통적인 예술가들의 작품이 많이 출품되었는데, 각각의 전시들은 다양하고 구체적인 방식으로 이 작품의 미래적 가치를 보여준다. 스위스의 전설적 큐레이터인 하랄드 제만은 초창기에 아르 브뤼를 현대 및 동시대 미술의 다른 작품과 함께 미적 가치의 수준으로 끌어올렸다. 베른 미술관의 감독이었던 그는 1963년에 《정신병자들의 조형 작업-아르 브뤼-광기의 흔적(*Bildnerei der Geisteskranken - Art Brut - Insania Pingens*(Artistry of the Mentally Ill － Art Brut －

Markings of Insanity)》이라는 제목의 전시회를 개최하였는데, 여기에는 스위스와 프랑스의 보호시설에 있던 예술가들의 작품뿐 아니라 프린츠혼 컬렉션의 작품들도 포함되었다(Fol 2015). 제만이 프린츠혼을 존경했다는 점에서 그가 선택한 전시회의 제목은 중요하다. 제만은 1969년 미술관을 떠나기 전까지 독학 예술가들과 아르 브뤼 예술가들을 그의 전시에 계속해서 포함했다. 그는 1972년에 동시대 미술작품 중 가장 흥미로운 작품들을 보여주는 국내 전시회인 《도큐멘타 5(Documenta 5)》를 열어 아돌프 뵐플리의 작품을 소개했다. 제만은 독학 예술가들의 작품에 자신의 견해를 더해 문화 기관의 경계와 변두리 효과를 설명하는 기회로 삼았다. 그는 남은 평생을 아르 브뤼를 보여주고 공유하는 데 온 힘을 쏟았다.

사실 제만은 1990년대 후반에 필라델피아 미술관(Philadelphia Museum)과 미국 민속미술관으로부터 "독학 미술"을 주제로 한 순회 전시를 기획할 것을 요청받았으나 "나는 그들에게 '독학'이라는 제목을 버리고 '미술'이라고만 말하라고 했고, 집념에는 경계가 없으니 가장 위대한 사람들과 어깨를 나란히 하여 전시하는 것을 두려워하지 말라고 했다."(Fol 2015, p.151에서 인용된 바와 같이)라고 언급했다. 그의 관점에서, 단순히 독학이라는 라벨만으로 그 예술가들에 제한을 둔 전시회는 모든 예술가에게 부당했는지도 모른다. 잭슨 폴록(Jackson Pollock)과 함께 손튼 다이얼(Thornton Dial)의 작품을 이야기하는 것은 다른 "독학" 예술가들과 어깨를 나란히 하는 것만큼 중요한 것이었다(p.151). 결국 제만은 그 프로젝트를 떠났다.

1974년 휘트니 미술관에서 《미국 민속 예술의 개화기: 1776–1876(The Flowering of American Folk Art: 1776–1876)》 전시회를 개최한 큐레이터들은 민속 예술의 "절정기"를 1776년에서 1876년에 만들어진 창작물로 한정할 것을 전시의 요구조건으로 내세웠다. 그들은 산업 시대의 부흥과 함께 "민속 예술이 절정에 이르렀다."(Lipman and Winchester 1974, p.6)고 보았다. 심지어 미국에서 100년이라는 기간의 특정 시간과 장소에 이 작품들을 넣은 큐레이터들은 모든 작품을 효과적으로 아우르는 정의나 용어를 제시하지 못하고 있다:

원시적인, 개척자, 소박한, 자연적인, 지방적인, 독학한, 비전문가와 같이 단일한 형태의 용어는 우리가 여기서 보여주는 민속 예술 작품에 대해 만족할만한 호칭은 아니지만, 일괄적으로는 몇 가지 공통된 특징들을 제시하고 있다. 그것은 국제적이고 학문적인 전통으로부터의 독립, 형태 훈련을 받지 못해서 재현적 사실주의보다는 도안에 흥미를 보이는, 지나치게 기교적이기보다는 단순하고 소박한, 도시보다는 시골, 순수 회화라는 전통보다는 공예로 볼 수 있다(Lipman and Winchester 1974, p.6).

신흥국가에서의 새로운 경험을 공유하고, 백인이면서 자유로운 삶을 누리는 미국 창작자들은 형식적인 전통을 지지하지 않는 태도로 자신들의 작품을 정의한다. Lipman과 Winchester는 "편의상" 민속 예술이라는 용어를 만들었다고 인정하면서 "'민속' 예술"보다는 "'대중'의 예술"(p.9)로 해석되어야 한다고 제안한다.

큐레이터들은 "나는 미국 민주주의가 형성된 시기의 주류 문화에 민속 예술이 크게 공헌했다고 믿는다"(Lipman and Winchester 1974, p.7)라고 하면서 민속 예술이 어떤 식으로 언급되거나 정의되든 간에, 미술과 미국의 역사에서 매우 중요하다고 언급한다. 1982년에 코코런 갤러리(Corcoran Gallery)에서 열린 《미국의 흑인 민속 예술, 1930-1980(*Black Folk Art in America, 1930-1980*)》 전시회에는 남부에서 온 흑인 예술가들이 한자리에 모였다. 이 전시는 시선을 끌었다는 점에서는 매우 중요하지만, "아웃사이더"라는 개념을 계속해서 괴롭히는 몇 가지 문제점들을 계속해서 보여주었다. 전시 도록의 서문은, "이 예술은 우리가 일반적으로 미술관에서 보던 작품들과 너무 달라서 아마도 많은 관람객을 불편하게 할 것이다"(Livingston and Beardsley 1982, p.7)라며 전시회의 문제점을 제시한다. 그들은 이미 이 작품들이 기존의 것과도 다르고 관람객의 기대와도 모두 "다른 것"으로 판단한다. 만약 이 작품이 관람객에게 새로울 것이라고 기대한다면, 이는 작품을 만든 공동체가 그 새로움을 모른다는 것을 의미하므로, 제도적으로나 사회적으로 내부와 외부라는 이분법은 계속된다.

큐레이터들은 이 작품을 최대한 존중하려고 하지만, 이 전시는 1980년대에서조차 오브제의 "예술" 여부를 결정할 수 있는 기준이 인종, 사회경제적 지위와 작가의 전기였음을 보여준다. 코코런 전시에서 소개된 창작자들은 예술가로 불리지만, 그들은 지리적 영역, 사회적 역할과 인종이라는 공통적 요소로 축소되었다. 큐레이터들은 "모순되게도 이것은 철저하게 공동체적인 문화에 기반한 미학이지만 상대적으로 소수의, 고립된, 개인적인 차원에서 비롯되는 것이다"(Livingston and Beardsley 1982, p.11)라고 하면서, 주류와는 거리가 먼 이런 예술가들을 교착 상태에 빠트렸다. 역설적인 것은 《흑인 민속 예술(*Black Folk Art*)》과 같은 전시가 창작자의 전기에 초점을 맞추고 순수하게 창작물을 기념하고 홍보하려고 했음에도 평범한 것과는 상반되는 "반(反) 예술성"의 위치에 놓였다는 점이다.

1992년 로스앤젤레스 카운티 미술관(Los Angeles County Museum of Art)의 큐레이터인 모리스 터크먼(Maurice Tuchman)은 주류 예술가와 아웃사이더 예술가를 짝지어 "20세기 미술의 발전에 아웃사이더 아트가 끼친 영향을 조명하고자"(Peiry 2001, p.253)《병렬적 시선들(*Parallel Visions*)》이라는 전시회를 개최하였다. 터크먼의 전시는 좋은 의도에서 출발했으나, 아웃사이더 아트가 마치 "인사이더" 미술과의 친밀한 관계에서만 정당화될 수 있다고 비쳤기에 아웃사이더와 관련한 최악의 전시로 남게 된다.

또한 1992년에 미국 상원은 메릴랜드 주 볼티모어(Baltimore, MD)에 있는 미국환영미술관(Visionary Art Museum)의 설립을 준비하면서 "환영 미술(Visionary art)은 희귀하면서도 가치 있는 국보로 지정되어야 하기에 수집, 보존 및 이해가 확실하게 이루어질 수 있도록 우리의 관심과 지원 그리고 자원을 쏟을 수 있는' 결의안을 통과시켰다."(Fine 2003, p.248)라고 언급하였다. 이듬해, 샌포드 스미스(Sanford Smith)는 이 작품들이 동시대 뉴욕 미술계의 "활기 넘치는 심장부" 안에서 목소리를 내게끔 아웃사이더 아트 페어를 열었다(Fine 2004). 스티브 슬로틴(Steve Slotin)이 1994년 조지아에서 개최한 "민속 축제"에는 70명의 딜러와 10,000명의 수집가가 모여 작품을 사고팔았으며, 2년마다 열린 조지아 경매는 지속적인 관심을 받기 시작했다. 아웃사이더 아트에 대한 대중의 관심이 높아지면서, 부수적인 라벨이 붙든 안 붙든, 동시대 또는 현대적 맥락 안에서 점점 더 그 여세를 몰아가고 있었다.

2013년 베니스 비엔날레를 기획한 새로운 미술관(New Museum)의 마시밀리아노 지오니(Massimiliano Gioni)는 그런 라벨을 내세우지 않고도 아르브뤼나 아웃사이더 아트의 "용어"를 구축했다. 지오니는 비엔날레의 명칭을 환영 예술가인 마리노 아우리티(Marino Auriti)의 프로젝트 이름에서 따온 《백과사전 궁전(The Encyclopaedic Palace)》으로 정했으며, 칼 융의 명작인 『레드북(The Red Book)』(Fol 2015)에서부터 오귀스탱 르사쥬(Augustin Lesage)의 작품까지 전부 포함시켰다. 이 비엔날레가 돋보였던 것은, 그가 국제적인 큐레이터 페어링을 통해 동시대의 목소리와 작품을 연결한 이유를 설명하지 않고도 비전통적인 맥락에서 동시대적이고 역사적인 정당성을 부여했다는 점이다.

Marazzi(2014)의 설명처럼, 지오니의 전시기획은 유명한 평론가들이 높게 평가하고 미술 시장에서 잘 팔리는 동시대 주류 미술은 뒤로한 채, 자기집착적, 상동행동 같은 표현법, 광적인 수집물 등을 특징으로 하는 소외된 예술가들이 만든 일종의 '마음의 지도'와 같은 작품들에 다양한 자리를 내주었다(p.279). 오늘날, 몇몇 유명한 예술가들의 창작물은 특별한 행사뿐 아니라 주요 미술 시장과 세계적인 아트페어에서도 볼 수 있다. 지오니와 같은 큐레이터는 모든 공적, 상업적 환경에서 제작되는 작품의 비전통적 특성을 계속 탐구한다. 다음 장에서는 동시대 예술가들과 갤러리가 미술치료와 동시대 미술의 경계뿐 아니라 내부와 외부의 경계를 어떻게 더 완화했는지에 대해 살펴볼 것이다.

결론

미술의 역사를 살펴봄으로써, 이 책 전반에 걸쳐 찾아낸 연속적 범주가 몇 번이고 재등장하는 것을 보게 된다. 물론 미술을 구성하는 개념은 빠르게 변화했으며 관습과 혁신의 경계는 많이 허물어졌다. 한때 "원시적인" 것으로 간주했던 작품은, 관람자가 누구냐에 따라 이런 연속적 범주가 어떻게 다른 위치에 서게 되는지 알게 한다. 원작자에게 작품은 의례와 미학에 기반을 둔 의미를 지니지만, 그 작품이 서구 문화의 민족학 박물관에 진열되면 정보의 원천이 되며, *미술관에 진열되면 미술 작품이라는 지위를 얻거나 되찾게 된다.* 완성된 창작물은 이후에 어떻게 사용될지 결정되며, 관람자나 기획자에 의해 또 한 번 영향을 받는다. 특히 정신질환자에게 있어 아픔과 건강의 연속적 범주는 이전 장에서 던진 질문 선상에 있지만, 예술가와 관람객들의 범주에서는 완전히 다른 것이었다. 초현실주의자들은 정신질환이라는 개념을 수용했고, 뒤뷔페는 이것이 롬브로소와 노르다우의 퇴행과 병리학의 개념으로부터의 큰 도약이자 문화에 대한 최후통첩이라고 높이 평가했다.

우리는 어떻게 같은 대상과 창작자들이 사회적 맥락, 관람객의 경험, 시간의 흐름 및 다른 기타 요인들에 따라 이런 연속적 범주에서 다른 위치에 서는지 알게 된다. 누군가가 이것을 동시대 미술작품으로 보기 시작하면, 한때 이러한 연속적 범주에 있던 경계는 허물어지게 된다.

Chapter 3

정의와 용어에 관한
동시대의 쟁점 사안들

미술치료

미술치료는 역사적 문제를 갖고 있다. 미술치료는 정신의학과 미술사에 뿌리를 두고 있어서 이 학문이 어디서 겹치는지 의지를 갖고 조사하려는 전문가들은 드물다. 안타깝게도 미술치료 분야에서 미술사적 뿌리에 대한 탐구와 동시대 미술치료 실천에 대한 다양한 접근의 부족은 동시대적 맥락, 특히 세계적 관점에서 해당 분야를 정의하는 데 오해와 문제를 초래했다. 어떤 면에서 미술치료는 "그것이 *아닌* 것에 의해"(Rubin 2010, p.26) 아웃사이더 아트와 유사한 방식으로 정의될 수 있다. 창의성에 관한 많은 유사한 개념들이 정신의학과 미술에서 둘 다 나타나는 것을 봐왔으므로, 이 시점에서 우리는 미술치료의 역사와 미술의 역사 사이에 다리를 놓을 필요가 있다. 미술치료사 Linney Wix(2000)는 미국 미술치료의 "짧고 한정된 역사"(p.168)에 주목하면서 미술 분야에서 그 뿌리를 되찾기 위한 노력의 하나로 미술관행과 일부 격차를 해결하고자 했다. 따라서 나는 광범위한 역사를 제시하기보다는(미국 역사에 관해서는 Junge 2010을, 유럽 역사에 관해서는 Hogan 2001을 볼 것) 미술치료와 아웃사이더 아트가 어떻게 유사하게 정의되기 시작했는지, 그리고 어떻게 각 영역이 더 큰 미술계와 관련하여 불안한 위치에 서게 되었는가를 언급하고자 한다. 또한 현대의 한 분야인 미술교육의 발전과 더 연구할 가치가 있는 미술치료의 발전 사이에는 엄연한 유사성이 존재한다. 여기서 주목할 것은 미술치료의 역사에서 원래 스튜디오가 갖는 역할과 그것이 동시대적 관례에 어떻게 부합되는가이다. 다시 한번 언급하자면, 미술과 미술이 아닌 것, 도구로서의 미술작품과 미적 대상으로서의 미술작품, 아픔과 건강함, 그리고 내부 문화와 외부 문화는 현대 미술치료가 취하는 다양한 형식을 정립하는 데 도움이 될 것이다.

치료로서의 미술의 출현

미술치료의 발달단계는 정신의학에 뿌리를 둔 것 외에도 작업치료, 순수미술, 그리고 미술교육의 요소들을 포함했다. 1922년 기사에서 아돌프 마이어(Adolf Meyer)는 어떻게 이 분야가 "오락 그리고 어떤 형태로든 도움이 되는 즐거움을 최우선으로 하는 것을 포함하여, 일에 있어서 더 자유롭고 즐겁고 수익성 있는 직업이라는 개념"(p.2, 원저자 강조)을 장점으로 취했는가를 논의했다. 그리고 마이어는 작업치료의 토대를 정의하는 것을 도왔다. 작업치료에 대한 그의 논의는 다양한 형태를 실천하는 미술치료 개발에 거의 그대로 적용될 수 있다:

> 나는 한 두 번의 작업으로 완성되면서도 자주적이고 감성적인 가치를 지닌 제품에는 반드시 프리미엄이 있어야 한다고 본다. 그들은 반드시 완성과 업무 달성에 대한 충족감을 주어야 하며, 제품을 만든 이와 그가 작업하기 위해 노력한 다른 이들의 눈에 만족스러워야 한다(1922, p.7).

물론, 작업치료와 미술치료의 차이는 미술치료가 창의적 표현에 집중한다는 것에 있지만, 미술제작의 목표도 똑같이 성취감과 권한 부여를 준다고 볼 수 있다. 미술제작 과정이 창작자에게 치유적인 이점을 준다는 개념은 이 분야의 보건 환경에서 종사했던 초기 실무자들에 의해 확장되었다. 예술가였던 아드리안 힐(Adrian Hill)은 1940년대 후반과 1950년대 초반에 영국 병원에 초창기 미술치료 프로그램을 만들었으며, 1942년에 "미술치료"라는 용어를 처음 만들어 그 공로를 인정받고 있다(Hogan 2001; Robson 1999). 그의 많은 전임자와 마찬가지로 힐의 인생 경험은 그에게 미술을 새로운 치료 모델로써 실험하게끔 영감을 주었다(Hogan 2001). 당시 그는 결핵으로 고통받고 있었고 미술 제작이 그의 회복에 중요한 요소임을 알고 나서는 회복 중이던 다른 이들도 미술작업 과정을 치유의 요소로 활용하도록 격려했다. 힐은 실천적인 예술가였으며, 현대 예술가들이 창작과 연관되는 과정에 중점을 두고 시도하는 것에 관심이 있었다. 의학적 훈련과 예술가로서의 경력이 부족했음에도, 그가 20세기에 정신건강 관리의 개념을 변화시키는 중요한 세력으로 인정받았다는 점에 주목할 필요가 있다.

에드워드 애덤슨(Edward Adamson) 역시 예술가였는데, 그는 힐과 초창기 미술치료에서 또 다른 중요한 목소리를 낸 에릭 커닝햄 댁스(Eric Cunningham Dax)와 함께 일했다. 애덤슨은 "이론적인 위치에 서거나 집단에 합류하는 것을 거부"(O'Flynn 2011, p.52)했기 때문에, 미술치료에서 다양한 방식과 가변적 패러다임을 허용했다. 애덤슨은 1940년대 초에 힐과 함께 일할 때 그들이 한 작업이 미술을 활용한 작업치료라고 설명했으며, 이후에 댁스와 함께 일한 네던(Netherne)에서는 동료들과 "치료이자 진단 도구로서의 미술"(O'Flynn 2011, p.47)을 실험했다. 그러나 애덤슨의 작업은 대부분 병원 내 스튜디오 환경에서 미술을 사용하는 것에 초점을 맞추었다. 그는 환자들이 자유롭게 창의성을 표출할 수 있도록 비지시적이고, 비해석적이고, 비개입적인 분위기를 조성했다(Jungels 1985; O'Flynn 2011). 또한 애덤슨은 병원 본관 건물과 떨어진 곳에 아트 스튜디오를 만듦으로써 환자들이 병원 환경에서 물리적으로 벗어날 수 있게 할 뿐 아니라, 그들이 스튜디오에 가기 위해 스스로 결정하고 노력할 것을 요구했다. 이것은 겉보기에는 사소한 변화였으나, 대개 선택의 기회가 제한된 환자들에게는 권한을 부여하고 자기 주도성을 높이는 효과가 있었다. 애덤슨은 환자들의 자존감을 높이고 여론을 변화시키고 정신질환과 관련된 오명을 줄이기 위해 환자의 작품을 계속해서 전시했다. 뒤뷔페가 아르 브뤼의 개념을 "형식화"하고 있던 비슷한 시기에, 애덤슨은 오늘날 애덤슨 미술 컬렉션(Adamson Collection of Art)으로 알려진 자신의 컬렉션을 시작했다. 그는 손에 쥐어지는 것이라면 모두 미술 재료로 사용하는 환자들에게 매료되었고, 병원 내부에서 그가 목격한 창작에 대한 내적 충동에서 영감을 받았다. 환자들의 자발적인 제작과 모든 이들의 창의적인 잠재력에 대한 애덤슨의 관심은 이 보편적인 창의성이 실제로 "고기능을 지닌" 개인을 실제로 어떻게 억압할 수 있는가를 알게 했다(Adamson 1984). 이는 예술가로서의 정체성을 지닌 초창기 미술치료 실무진들이 현대미술의 형식에 치중하면서 분석보다는 *제작*에 우선순위를 두게 된 데에서 기인할 것이다.

애덤슨이 볼 때, 분석가가 내리는 해석은 대개 "치료사가 자신의 신념을 치료에 투사하는 것일 뿐이다"(O'Flynn 2011, p.52). 에릭 커닝햄 댁스와 함께 연구한 애덤슨은 1953년에 『정신의학 미술에 관한 실험적 연구(*Experimental Studies in Psychiatric Art*)』를 통해 정신의학적 맥락에서 미술 제작이 가질 수 있는 유익함을 탐구했다. 처음부터 댁스는 증명되지 않은 이론을 다루고 있다는 점을 매우 분명히 하고 있기에 그의 연구 제목은 중요하다. 따라서 그는 미술치료가 실제로 효과가 있다는 증거를 찾기 위해 자신의 임상을 통해 실험에 착수한다. 당시 이 분야의 정신분석적 열기 안에서 댁스 역시 미술을 진단적 잠재력을 지닌 도구로 활용하는 것이 가치 있다고 보았다. 그는 임상적 목적으로 생산된 미술과 "치료로서" 창작된 미술을 명확히 구분하고, 두 가지 접근의 유용성을 인식한 최초의 인물이었을 것이다.

댁스는 정신의학적 맥락에서 미술을 활용할 수 있는 방법을 다섯 가지로 보고 있다. 환자가 구체적인 작품을 생산할 수 있는 일종의 오락이나 작업치료의 형태로써, 환자에게 "감정적 해방"을 제공하여 카타르시스를 경험하게 하고 진단과 치료를 겸하는 도구로써, 환자의 상태를 보여주는 표식으로써, 심리치료에서 상징적 이미지를 해석할 수 있는 환자의 표현 수단으로써, 그리고 정신질환을 더 잘 이해하기 위한 연구의 한 형태로써(Dax 1953, pp.15-16) 미술이 활용될 수 있다는 것이다.

치료에서 미술을 활용한 댁스의 생각은 흥미로운데, 그는 적절한 미술 환경을 유지하고 환자의 창의성을 끌어내는 역할을 하는 교육자로서의 예술가와 환자의 작품을 해석할 수 있는 "분석가" 또는 환자의 창작물을 해석할 수 있는 정신과 의사 간에 협력이 이상적인 형태라고 보았다(p.21). 댁스는 어느 쪽도 상대방의 입장을 침해해서는 안 된다고 단호하게 주장했다. 미술실에 있는 예술가로부터 환자들이 편안함을 느끼고 지지를 받는 것은 꼭 필요한 것이었으며, 그가 보기에 이것은 또한 환자들이 "옳은" 대답을 함으로써 정신과 의사를 기쁘게 하려는 경향을 없앨 수 있는 것이었다. 그는 미술을 활용하는 방법을 병원 대 여러 모집단에서 분류했다. 만성질환자들의 세션은 대체로 더 개방적인 스튜디오 같은 공간에서 진행되었으며, "그 환경은 차별화되어 있고, 더 자유롭고, 덜 정돈되었고, 더 시끌벅적하고, 자기검열이 덜하고 검사에 비교적 무관심"(p.23)했다. 한편, 자신의 "실험적인" 세션에서는 매체와 과정이 표준화되었는지를 확인했고, 환자들도 자기 작품이 사례 파일과 치료 도구의 일부가 되리라는 것을 인지하고 있었다.

힐, 애덤슨과 댁스는 모두 현대 스튜디오 프로그램 개발의 토대가 될 치료로서의 미술의 발전에 있어서 중추적인 인물들이다. 전 세계에서 가장 오래 운영되고 가장 존경받는 스튜디오 프로그램 중 하나는 오스트리아 구깅(Gugging) 병원의 '예술가의 집(Haus der Künstler, Artists' House)'이다. 정신과 의사인 레오 나브라틸(Leo Navratil)은 20세기에 걸쳐 정신과와 예술 공동체들의 의견을 수렴하여 이 프로그램을 만들었다. '예술가들의 집' 프로그램이 흥미로운 점은, 그것이 문헌에서 논의될 때, 미술치료 스튜디오가 아니라 "치료 목적 이외의"(Fol 2015, p.88) 작업장이라는 점을 거의 항상 명확하게 한다는 것이다. 나브라틸은 막코버(Machover)와 프린츠혼과 같은 초창기 인물들에서 영감을 받아 정신과 환경에서 미술을 사용하는 것에 관한 연구를 시작했다. 처음에는 환자의 기록을 참고하여 인물을 그리도록 하였으나, 이는 진단을 목적으로 그림을 활용하는 것과는 상반된 관찰의 한 형태로써의 그림이었다(Navratil 1994). 나브라틸이 환자에게 접근한 방식의 일면에는 스튜디오처럼 새로운 치료 방식을 실험할 의사를 알리는 것도 있었다. 그는 조현병을 "연속적 범주의 극단에 선 인간의 심리적 경험"(Cardinal 1972, p.23)이라고 보았기에, 환자의 역할이라는 계층적 이분법을 영속시키는 대신 함께 일하는 사람들을 하나의 개인으로, 그리고 예술가로 바라봤다.

Navratil(1994)은 "예술가의 집에서 병원이 하는 일은 환자들이 사회 속으로 복귀할 수 있도록 돕는 것이 아니라, 환자들에게 새로운 사회적 정체성을 제공하는 것이다."(p.210)라고 하면서 임상의, 교육자, 예술가, 그리고 옹호자 사이의 격차를 가장 효과적으로 좁혔다. 이는 누군가를 "정상적인" 공동체로 복귀시킨다는 차원이 아니라, 창작하는 개인의 예술가적 정체성을 정상화하는 차원에서였으며 이런 점에서 미술은 정상화라고 볼 수 있다.

위의 사례들은 모두 미술치료의 실무를 제정하던 초창기에도 지금처럼 미술작품과 개인 창작자에 대한 다양한 사고방식이 있었음을 보여준다. 예술가인 힐은 자신의 프로그램을 어떤 공공 병원에서도 구현될 수 있는 하나의 심리치료법으로 제시하고(Hogan 2001), 기존의 아픔, 건강의 패러다임과 치료의 개념을 갖고 일했지만, 정신과 의사 나브라틸은 아픔, 건강, 치료와 연관된 경계 그리고 문화의 "내부"나 "외부"가 의미하는 바를 재고해보고자 했다(Navratil 1994). 따라서, 실무의 가변성은 실무자의 구체적인 배경과도 부합하지 않았으며 미술과 치료의 개념이 개인의 사용에 따라 얼마나 주관적일 수 있는지를 보여주었다.

미국 미술치료의 역사 문제: 스튜디오

위에서 언급한 인물들은 전 세계적으로 미술치료 분야를 확립하고 전파하는 데 영향을 끼쳤지만, 미국에서 자체 학문으로 기록된 미술치료의 역사는 원래 심리치료의 실무와 더 연결되어 있다. 미술치료가 자리 잡을 때 미술을 강조했던 이 분야의 권위 있는 창시자들이 간혹 제외되는 때도 있다. 논의한 바와 같이, 이는 미술치료를 통한 작품의 보존과 전시 기회가 부족했기 때문이다. 우리는 인정받은 역사를 당연하게 받아들인다. 특히 그 역사를 대체할 연구가 매우 드문 경우에는 어느 분야든지 그렇다.

미국에서 윅스(Wix)는 메리 헌툰(Mary Huntoon)(Wix 2000)과 프리들 디커 브랜다이스(Friedl Dicker-Brandeis)(Wix 2009)의 공헌을 재조명함으로써 미술치료 역사에서 스튜디오 작업의 중요성을 재확립하는 훌륭한 일을 해냈다. Wix(2010)가 볼 때 미술치료가 지닌 일부 문제점은, 미국에서 미술치료의 역사를 미국 미술치료협회의 역사가 지배하고 있으므로 정작 그 성장을 이끈 다양한 실천들은 소홀히 했다는 것이다. 선택된 몇몇 개인들은 과거 이 분야의 "창시자"처럼, "미술을 만드는 경험이 중심이 되었던 미술치료의 미학적이고 미술 중심적인 과거"(p.178)를 중요하게 여기지 않았다. "미술치료의 공식적인 직업은 미국 북동부에서 시작되어 꽃을 피운 것으로 생각된다."(p.5)라는 Junge(2010)의 진술이 그 예가 되겠다. 따라서 이디스 크레이머(Edith Kramer)나 마가렛 나움버그(Margaret Naumburg) 같은 이들은 학계에 유리하게끔 미국 북동부 지역에서 알려진 창시자로 자리매김했으며, 중서부, 서해안 및 국외의 실천적 역사는 간과되었다. 그 예를 온전하게 보여주는 이는 플로렌스 케인(Florence Cane)이라 할 수 있다.

케인의 연구물은 미술교육 분야에서 논의되고 있지만, 그녀 자체는 대개 미술치료 분야에서 언급된다. 사실, 내가 그녀의 이름을 알게 된 것은 대학원을 반밖에 다니지 않은 때였으며, 그녀가 나움버그의 여동생이라는 것을 알게 된 것도 그쯤이다. 1924년부터 케인은 아이들과 함께 작업하면서 언니와는 반대로 자유로운 창의력과 진정한 창작을 옹호하는 관점의 글을 쓰기 시작했고, 즉흥적인 창작을 위한 난화(scribble drawings)를 개발했다(Junge 2010).

미국 중서부에 있는 메닝거 재단 병원(Menninger Foundation Hospital)은 미국 미술사의 발전에 있어서 중요한 곳이다. 메닝거 병원은 개원 초기부터 환자들이 창의적인 표현을 실험할 수 있도록 "카타르시스 활동으로서의 미술"(Jones 1983, p.25)을 장려했다. 1930~1950년대에 미술치료사로 활동했던 메리 헌툰은 자유로운 미술표현을 강조하면서 메닝거 병원 업무에 이 과정을 접목했다. 그녀는 크레이머와 나움버그만큼 많은 글은 남기지 않았는데, 이는 역사적으로 연구영역이 부족했기 때문이다. 그러나 그녀가 미술치료에서 스튜디오 기반의 치료를 선호했다는 것은 알 수 있다. 헌툰은 환자의 창작물에 대한 진단과 해석적 시각을 지양하고 미술의 치료적 과정과 제작물의 중요성을 강조했다. 능숙함이 아닌 창의성을 강조한 헌툰의 장려 방식은 그녀의 실무를 작업치료, 심지어는 더 전통적인 미술교육 방법과도 차별화시켰다.

헌툰은 환자의 창작물을 수집 및 전시하고 지역 사회와 공유하기 위해 메닝거에 작은 미술관을 설립했다. 그녀는 함께 작업하던 사람들을 환자가 아닌 "학생"이라고 불렀으며, 기관 안팎의 더 큰 공동체와 그들의 작업을 공유하는 것이 권한 부여와 자존감의 향상을 도울 것이라고 믿었다. 심지어 헌툰은 퇴원환자들을 위한 소책자를 만들어 병원 밖에서도 그림 연습을 계속하게끔 권장했다(Wix 2000).

헌툰의 프로그램은 돈 존스(Don Jones)와 밥 얼트(Bob Ault)가 1951년에 메닝거에서 프로그램을 시작하면서부터 갱신되었다(Jones 1983). 존스와 얼트는 이전의 헌툰처럼 정신치료가 아닌 교육적 맥락에서 병원 환자들을 위한 미술작업의 유익함을 강조했다. 이때까지 크레이머와 나움버그는 미술치료를 하나의 학문으로 인정받기 위한 기반을 구축하고 있었고 메닝거의 치료사들은 "미술치료는 '뭔가 다른 것'이었다. 그것은 동부 해안의 몇 안 되는 여성들에 의해 행해진 미술 분석을 의미했으며, 대문자 A.T로 쓰여졌다." (Ault, Wix 2000, p.122에서 인용된 바와 같이)라고 하면서 그들의 업무를 분명하게 인식했다. 얼트와 존스가 관심 있었던 것은 미술의 분석이나 진단의 잠재력과 가능성이 아니라, 미술제작 과정에 내재한 치유력이다.

존스는 뉴저지(New Jersey)에 있는 말보로 주립병원(Marlboro State Hospital)에서 간병인으로 일하면서 처음으로 병원 환자들의 작품을 유심히 보았다. 1943년부터 1946년까지 그는 자신이 접한 작품들을 수집하면서 "내적 충동과 정신적 필요성으로부터 나온 것"(Jones 1983, p.23)이라고 감탄했다. 유럽에 있던 뒤뷔페와 그의 동료들은 유럽 전역의 시설에서 수집한 작품들을 통해 똑같은 이유로 감탄하고 있었다. 또한 말보로 주에서의 존스의 작업은 그가 자기 경험을 다루는 수단으로 미술을 활용하는 것을 알리는 데 도움을 주었다. 그는 20세기 초에 수용시설에서의 돌봄을 직접 접하면서 환자와 직원 모두가 처한 현실을 알게 되었다. 이 시기에 그는 많은 그림을 그렸고, 이 그림들은 그가 보고 경험한 것을 다루는 데 도움이 되었다고 믿게끔 했다(Jones 1983).

얼트는 또한 존스와 마찬가지로, 미술 제작을 통한 유익함을 직접 경험할 수 있는 활동적인 스튜디오 업무를 했다. Junge(2010)가 언급한 바와 같이, 얼트는 "항상 그 자신을 예술가로 보았으며"(p.122), 이러한 정체성은 미술치료의 실무에 대한 그의 이해에 필수 불가결한 것이었다. 메닝거 병원에서 몇 년을 근무한 후 얼트는 1978년 캔자스주(Kansas) 토페카(Topeka)에 자신만의 아트센터인 "얼트의 미술 아카데미(Ault's Academy of Art)"를 열었다. 그곳에서 얼트는 수업도 하고, 자신만의 미술작품도 창작하면서 어떤 환경에서든지 사람들에게 미술을 경험하게 하고 친숙하게 만들고자 애썼다 (Junge 2010). 메닝거 클리닉(Menninger Clinic)의 미술치료사들은 모두 예술가로 인정받았다. 따라서, 그들은 자신의 창의적 경험에 근거한 자발성과 표현의 자유를 적용하고자 틀에 박힌 실무 지침을 의도적으로 회피했다.

그러나 힐, 애덤슨과 댁스의 국외 공헌과 마찬가지로, 그들은 특히 20세기 후반에 북동부를 중심으로 한 임상 중심의 연구 기반이라는 그늘에 가려져 안타깝게도 빛을 보지 못하였다. 따라서, 우리는 서부 해안에서 발생한 미술치료의 실무에 대해 매우 한정적 견해를 갖고 있다. 캘리포니아에서 근무하는 정신과 의사인 타르모 파스토(Tarmo Pasto)는 아마도 20세기 초 유럽의 의사-수집가들에 상응하는 최고의 미국 사례에 해당하겠지만, 미술치료의 역사에서는 자주 논의되지 않는다. 파스토는 자신의 글에서 심신에 영향을 미치는 강렬한 그림을 만드는 요소들과 같이 미술과 심리적인 과정들 사이의 접점, 그리고 이것이 관람자들에게 어떻게, 왜 그렇게 인식되는지를 탐구했다.

「미술에서의 공간-프레임 경험에 관한 수기(Notes on the Space-Frame Experience in Art)」(1965)에서 파스토는 그림의 평행성, 대칭성 및 그림의 기본 구성이 관람자의 시선을 끌어내는 데 어떻게 도움이 되는지를 조사했으며, 이 요소들이 공간의 사용에 따라 더 성공적으로, 또는 덜 성공적으로 인식된다고 보았으며, 이는 프린츠혼의 성공적인 형상화 개념과 여러 면에서 유사하다. 파스토는 이 개념을 설명하기 위해 브뤼겔(Breughel), 렘브란트(Rembrandt), 그리고 엘 그레코의 작품을 사용하지만, 흥미롭게도 "어느 시대에 제작된 예술도 이 논문이 요구하는 엄격한 예술적 우수성의 기준을 충족하지 못하기"(p.306) 때문에 자신의 논문을 뒷받침하기에는 어려움이 있음을 인정한다. 파스토의 글은 창의적 표현, 심리학, 미술에 대한 그의 관심을 보여주지만, 그가 예술과 문화에 이바지한 가장 큰 업적 중 하나는 멕시코 태생의 예술가인 마틴 라미레즈(Martín Ramírez)를 발견한 것이다.

파스토는 자신의 환자였던 라미레즈에게 미술 재료를 제공하고 지지를 보냈으며 그의 작품을 전시했다. 미술에 대한 파스토의 경험, 훈련, 그리고 이론을 고려해 볼 때, 라미레즈를 장려한 것은 그가 작품을 설득력 있게 만드는 요소들로 보았던 모든 요소를 성공적으로 만족시켰다는 것을 의미했고, 실제로 그랬다. 라미레즈가 그린 유령 터널과 생동감 넘치는 기수들은 아웃사이더 아트 시장과 그 너머에서 높은 인기를 얻었으며, 현재 그의 작품은 수십만 달러에 팔리고 있고, 그 인기는 최근에 그의 유산이 특별판 USPS 우표에 실리게 되면서 더욱 굳혀졌다. 또한 파스토가 의도한 것은 아니지만, 그는 미술치료가 정신건강 분야로 합법화되는 데 크게 이바지했다. 1960년대에 그는 국립정신건강연구소(National Institute of Mental Health)의 지원을 받아 시설에서 오래 생활한 개인들의 창작물 유형을 분류했다(Junge 2010). 미술과 관련한 정신건강 프로그램에 대한 연방정부의 지원은 미술과 정신건강을 이어주는 마지막 연결고리였다.

크레이머와 나움버그

전 세계적으로 활성화되고 있는 미술치료 실무에도 불구하고, 미국에서 현대미술치료학의 "창시자"로 여겨지는 인물은 이디스 크레이머와 마가렛 나움버그이며, 이 둘은 치료에 미술을 활용하는 데 있어 각기 다르게 접근했다. 크레이머의 연구는 미술작품의 제작 과정 자체가 본래 치료적이라고 믿었기 때문에 종종 이 분야를 "치료로서의 예술(art as therapy)"로 정의하기 위해 사용되는 반면(Kramer 1971, 2001), 정신분석에 관심이 있었던 나움버그는 종종 미술심리치료의 상징적 인물로 사용된다. 활발한 작품 활동을 했던 크레이머는 미술교육과 미술치료의 경계를 넘나들었으며, 실제로, 그녀의 작업은 각 학문과 관련된 학술지와 책으로 출판되었다. 아마도 이러한 교육과 스튜디오 실무의 기초는 크레이머가 "치료적인 창작활동과 미술을 딱 잘라 구분하는 것은 잘못된 것이다"(Kramer 2002, p.221)라고 하였듯이 어떤 상황에서든 창의적 미술의 미적 잠재력에 대해 강조했던 것으로 보인다.

크레이머가 미술의 과정에 중점을 두긴 했으나, 작품을 무시한 것은 아니다. 그녀는 작품을 분석적인 목적으로 사용하는 대신 미술제작의 과정으로 안내하는 승화의 "성공"(또는 실패)으로 여겼다(Kramer 2000). 크레이머의 관점에서 보면 미술치료사는 조력자, 교육자, 예술가의 역할을 넘나들었기 때문에 이 세 가지를 모두 적극적으로 실천해야 한다. 그녀는 미술치료 교육에서 스튜디오에서의 작업이 늘어나야 한다고 주장했고, 미술치료사들

그림 3.1 〈준설기와 아이들(*Bagger Machine and Children*)〉. 이디스 크레이머,
1959년, 소장: 뉴욕박물관/아트 리소스(Art Resource), 뉴욕

이 그들만의 활발한 스튜디오 업무를 계속할 것을 요구했다(Wix 2010). 나
움버그는 일반적으로 다른 연속적 범주의 끝, 즉 미술심리치료의 틀을 대변
한다. 종종 미술치료의 "어머니"로 칭송되기도 하는 나움버그가 이 분야에
궁극적으로 이바지한 것은, 미술치료를 정신건강 및 심리치료와 결합한 하
나의 자주적인 직업으로 규정한 것이다(Junge 2010). 이러한 기존 분야와의
결합은 그녀가 미술을 심리치료에서 유용한 도구로 여기게끔 주장하게 했으
며, 그래서 이 분야의 초창기 문헌은 대부분 정신분석에 뿌리를 두고 있다
(Kramer 2002).

심리치료와 더 많이 연계된 나움버그의 미술치료는 그녀가 교육자라는
배경을 갖고 있고 정신분석에 개인적인 관심을 지닌 "학자"라는 점을 고려해
보면 이해가 된다. 그와 동시에 크레이머가 미술치료에서 미술에 집중하는
것도 그녀의 활발한 스튜디오 실무와 예술가로서의 정체성을 고려할 때 이

해하기 쉽다. 나움버그는 미술치료를 "치료로서의 미술이 아닌 심리치료에서의 미술"(Junge 2010, p.40)로 접근했고, 이로 인해 미술치료가 진정 "무엇"인지를 수십 년간 논쟁하는 발판을 마련했다. 나움버그의 관점에서 미술작품은 미적 대상으로서는 중요하지 않았지만, 그녀의 분석적 틀을 위해서는 중요한 요소였다. 그녀는 무의식에 대한 장벽을 무너뜨리기 위해 "자유연상"의 난화를 활용했는데, 이는 아마도 미술치료 분야에서 사용되는 "미술"이 궁극적으로 대충 정의된 것에 그 책임이 있을 것이다.

그러나 나움버그는 그녀의 말을 인용하자면, "자유로운" 표현을 장려하는 지지자였으며 이것은 기술을 위한 교육적 원칙이 아니라 이 용어가 함축하듯 일종의 "자유로운" 방향으로 지시된 미술제작을 의미했다(Naumburg 1973, p.57). 그러나 이 표현의 최종 목표는 진단 목적으로 활용할 수 있는 하나의 자료를 만드는 것이었고, 나움버그의 연구 의도는 임상 과정에 사용할 수 있는 투사기법처럼 "자유로운" 표현의 사용 방법을 찾는 것이었다. 나움버그와 크레이머는 오로지 어린아이들하고만 작업했지만, 그들의 개념은 성인들과의 작업에도 적용되었다. 반면에 미국과 다른 나라들에서 온 많은 초창기 정신과 의사들과 미술의 조력자들은 성인들과 함께 일하기 시작했다. 나움버그와 크레이머가 교육과정에서 얻은 통찰력과 유소년층에서 나타나는 표현에 대한 연구를 깎아내리는 것은 아니지만, 미술치료의 개발에서 그들의 틀을 적용할 때는 이런 요소를 고려하는 것이 중요하다.

아마도 미술치료 분야에 대한 고정관념을 더 많이 제공한 것은 크레이머보다는 나움버그의 초창기 연구일 것이다. 특히 Vick(2003)은 "특정하게 지정된 그림들, 핑거페인팅, 그리고 그림의 '진정한 의미'를 파악하는 치료사의 역할"(p.8)에 대해 언급했다.

Wix(2000)는 케인과 나움버그 자매에 대해 다음과 같이 썼다:

케인은 미술이라는 하나의 "극(pole)"에 있었으며, 나움버그는 치료라는 하나의 "극"에 있었다. 이 "극과 극"은 미국 미술치료의 역사에서 매우 다른 무게를 갖는다. 마가렛은 미술치료의 어머니로 알려졌지만, 플로렌스는 미술치료 문헌에서 거의 언급되지 않는다(p.169).

나움버그는 기존의 정신건강 분야와 자신의 연구를 결합하면서 심리치료 및 분석의 성장과 함께 지명도와 인기를 얻었던 것으로 보인다. 그녀는 이미 확립된 심리학의 권위를 통해 "새로운" 분야인 미술치료의 수용을 더 수월하게 촉진했을 것이다. 따라서, 한때 미술치료가 심리치료의 파생물로 "수용"되면서, 미술치료 실무에서의 미술제작, 교육, 그리고 미학적 요소들은 뒤로 미뤄졌다. 크레이머는 미술치료에서 사라진 "미술"을 적극적으로 옹호했으며, Wix(2000)는 미국 미술치료의 "공식적인" 역사를 무너뜨리고 케인과 헌툰과 같은 인물을 다시 담화로 불러들이는 큰 진전을 이루어냈다.

외국으로부터의 대안적 역사

20세기에는 미술치료의 기원으로 여겨지는 정신건강이나 치유적 맥락에서 미술을 활용하는 많은 활동이 분명히 있었는데, 이는 너무 미술치료의 역사를 서구적 관점으로만 보는 것일까? Multitalo-Lauta와 Menon(2006)은 "미술치료는 사모아의 미술작품, 의식과 의례를 활용한 오랜 관행이며 개인과 집단 및 사회 전반에 회복적이며, 권한을 부여한다."(p.22)라고 하면서 태평양 섬 문화에서 미술이 지닌 치유적 역할에 대해 논의하고, 어떻게 미술이 다양한 형태로 적어도 3천 년 동안 활용되었는지를 언급했다. 그러나 이러한 수 세기 전의 관행은 치료에서 미술이 사용된 대부분의 역사에서 거의 언급되지 않았다. 왜냐하면 사모아인의 환경에서 "미술"과 "창의적 표현"은 여러 면에서 서구적 문맥과는 뭔가 다른 것을 의미하기 때문이다.

사모아의 족장이었던 투이아나 살레바오고고(Tuianna Salevaogogo)는 17세기에 새겨진 돌 조각을 그의 일상에서 "휴식과 창의성을 위한 치료로 생각했으며"(p.26), 이포가(Ifoga)라는 사모아인들의 의식은 집단 치료의 한 형식으로, 다른 개인에게 "잘못을 저지른" 개인이 그와 더 큰 집단구성원과 함께 구호를 외치고 춤추고 노래하는 것을 공동체 치유의 한 형태로 사용한다(p.28). 사모아 문화에서는 둘 다 미술치료의 한 형식으로 여겨지지만, 동양과 서양의 고전적 전통 미술 간의 격차가 지속되면서 이러한 활동은 대체로 생략됐다.

마찬가지로, 걸프만(Gulf)에서 음악은 적어도 10세기 이후부터 치유의 필수 요소였다(Weber 2012). 초창기 치유자들은 음악을 정신적, 영적, 육체적인 신체의 "리듬"을 회복시키는 방법으로 여겼으며, 17세기에 이집트 병원에서는 이야기와 연극의 형태로 함께 사용했다. *시각적인 형식 중 그림으로 인체를 표현하는 것은 이슬람 문화에서는 하나의 난제지만, 붓글씨는 예술 형태로 간주하여 적어도 14세기부터 "영혼을 가꾸는 업적"(Muhammad Ibn Mahmud al-Amuli, 2012 Weber p.60에서 인용된 바와 같이)으로 활용됐다.*

심지어 유럽의 순수미술을 향한 관점이 미국문화에서 치유적 미술로 여겨지는 방식에 어떤 영향을 미쳤는지 알 수 있다. 가령, 미국의 초창기로 거슬러 올라가서 통상적으로 민속 예술로 여겨진 퀼팅(quilting)은 바느질과 제작의 반복적인 행위 안에서 여성들이 그들의 이야기를 서로에게 전할 수 있는 안전한 공간을 제공해주는 집단 치료의 한 형태로 볼 수 있으나, 이러한 활동들은 치료로서의 미술의 역사에 대한 논의에서 거의 포함되지 않는다.

미술치료와 미술교육

역사적으로나 지금이나 미술치료와 미술교육 사이의 관련성은 뚜렷하며, 둘 다 개념이 변한다는 이점을 지니고 있다. 앞으로 논의하겠지만, 스튜디오 프로그램은 치료적이고 교육적인 접근의 현대적 단면이며, 우리가 보아 왔듯이, 많은 초창기 미술치료사들은 미술 교육자였다. 미술교육은 또한 독학이라는 용어를 더 자세히 이해하는 데 도움이 된다. 결국 미술을 "가르친다"는 것은 무엇을 의미하는가? 학교에서의 수준과 전문가적인 수준 두 가지를 모두 포함한 미술적인 훈련의 정의는 20세기까지 크게 변화했다. 수 세기 동안 장인과 견습생들은 "거장들"의 작품을 보고 반복적으로 모사하면서 전문적인 기술을 익혔으며, 19세기 후반에서 20세기 초에 이르러서야 미술교육이 색다른 표현을 가능하게 하는 방법이라는 개념이 자리 잡았다.

리드는 다음과 같이 정의한다:

> 교육은 성장을 촉진하는 것이지만, 물리적 성숙과는 별개로 성장은 청각적 또는 시각적 기호와 상징과 같은 표현에서만 분명하게 드러난다. 그러므로 교육은 표현 방식의 함양으로 정의될 수 있다. 교육은 어린이와 어른에게 표현적인 소리, 이미지, 움직임, 도구와 용구를 만드는 방법을 가르치는 것이다. 그런 것들을 잘 만드는 사람은 교육을 잘 받은 사람이다(1951b, p.165).

수 세기 동안 미술 훈련이나 미술교육의 목표는 "전문적인" 예술가를 배출하는 것이었지만, 20세기에 이르러서는 마침내 개인들이 자기만의 독특한 시각적인 언어를 찾도록 격려하는 자세를 취하게 되었다. 20세기에 등장한 예술학교 중 가장 유명한 곳 하나인 바우하우스(Bauhaus)는 기술적인 기량보다는 디자인과 이미지를 만드는 기본 구성 요소에 대한 이해를 강조했다. 그러나 바우하우스는 또한 기초 수업보다 경험적인 교수법이 학생 숙련도와 이해력 면에서 얼마나 더 나은 "결과들"을 만들어 낼 수 있는지를 보여줌으로써 미술교육을 새로운 수준으로 끌어올렸다. Read(1951b)는 미대 학생들이 매체와 작품에 대해 다양한 감각의 사고방식을 익히게끔 하는 학교의 "촉각 연습들"에 대해 설명한다:

> 원단, 금속, 빵 조각, 가죽, 종이, 도자기, 스펀지 등의 여러 가지 재료를 여러 줄로 배열하여 다양한 테이블을 구성하였으며, 학생들은 이러한 재료들 또는 압력이나 진동의 영향을 받는 이런 재료들에서 발현되는 다양한 감각을 구별하고 해석하는 방법을 경험으로 배웠다(p.156).

바우하우스는 여러 서명한 예술가들이 경력을 쌓는 데 중요한 역할을 했고, 전 세계의 미술 교육자들이 창의적 표현의 "가르침"에 접근하는 방식에 영향을 미쳤다. 창의적 표현은 모두에게 타고난 것으로 여겨지지만, 가르침이 아니라 경험되어지고 장려되어야 하는 것이기도 하다. 사실 미술교육과 미술치료에 대한 더 많은 탐구는 여러 가지 부분에서 겹치는 역사로 이어진다.

1 〈메뉴(*Menu*)〉, 케냐 핸리, 2016년. 소장: 예술가와 LAND 갤러리.

2 〈평화로운 크리스티(양면)(*Paix Christi (double-sided)*)〉, 알로이즈 코르바즈,
20세기 중반. 크레용, 색연필, 제라늄꽃 주스와 기계로 짠 종이.
소장: 미국 민속미술관/아트 리소스(Art Resource), 뉴욕.

3 〈심문 II(*Výslech II*)〉. 프리들 디커-브랜다이스. 소장: 프라하 유대인 박물관
컬렉션: 프라하 유대인 박물관 사진 아카이브.

4 〈추상적인 색 구성(*Abstraktní Barevná Kompozice*)〉. 종이에 수채화,
테레친(*Terezín*)에서 작업, 1943-1944년. 소장:
프라하 유대인 박물관 컬렉션: 프라하 유대인 박물관 사진 아카이브.

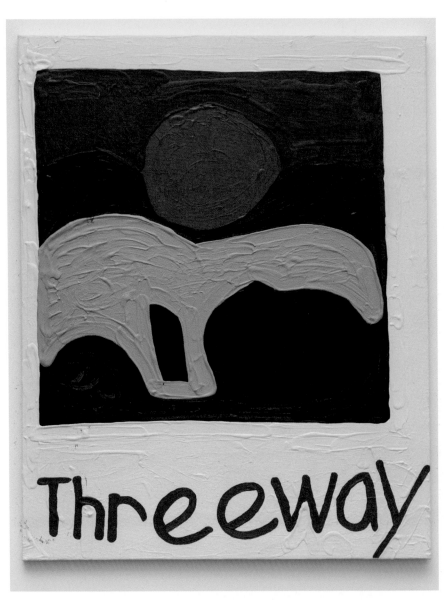

5 〈무제(*Untitled*)〉. 말론 뮬렌, 2014년. 캔버스에 아크릴, 30x24″.
소장: 작가, JTT, 뉴욕, NY와 NIAD 아트센터, 리치몬드, 캘리포니아.

6 〈E! 엔터테인먼트 플래터(*E! Entertainment Platter*)〉, 마이클 펠류 주니어,
2016년. 소장: 예술가와 LAND 갤러리.

7 〈빨강 버스(*Red Bus*)〉, 에릭 넬슨, 2013년.
소장: 예술가와 피라미드 주식회사(Pyramid Inc.).

8 〈아트포럼(*Artforum*)〉, 카렌 메이, 2016년. 소장; NIAD 아트센터.

9 〈무제(*Untitled*)〉, 데이비드 알베르센, 2012년.
소장: 크리에이티브 그로스 아트센터, 오클랜드, 캘리포니아.

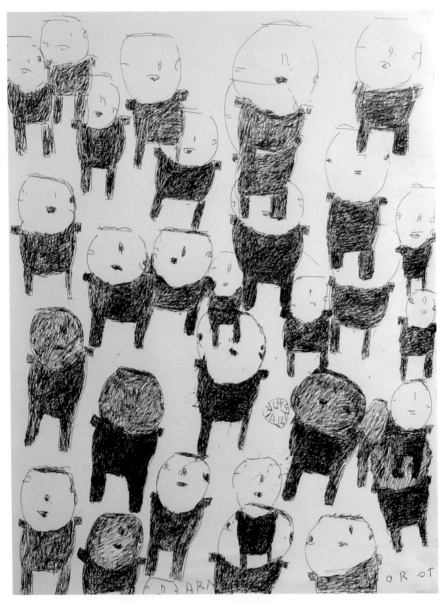

10 〈무제(*Untitled*)〉, 도널드 미첼, 2015년.
소장: 크리에이티브 그로스 아트센터, 오클랜드, 캘리포니아.

11 〈릴 조(*Lil Joe*)〉, 도리 리드, 2016년. 소장: NIAD 아트센터.

12 〈풍경(*Landscape*)〉, 매리 "미미" 비엘라츠, 2016년.
소장: 예술가와 피라미드 주식회사(Pyramid Inc.).

13 〈미로, 피카소와 달리(*Miro, Picasso, and Dali*)〉, 니콜 아펠, 2016년.
소장: 예술가와 LAND 갤러리.

14 〈무제(*Untitled*)〉, 윌리엄 타일러, 2015년.
소장: 크리에이티브 그로스 아트센터, 오클랜드, 캘리포니아.

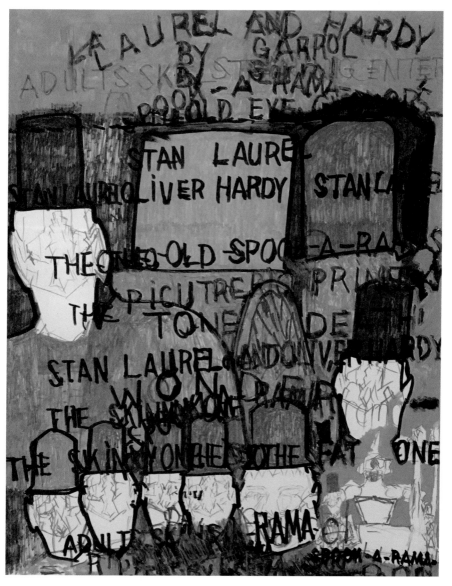

15 〈로렐과 하디(*Laurel and Hardy*)〉, 게롤 게이든, 2012년.
소장: 예술가와 LAND 갤러리.

16 〈여인의 흉상(*Bust of a Woman*)〉, 린다 하스켈, 2016년.
소장: 예술가와 피라미드 주식회사(Pyramid Inc.).

17 〈자화상과 친구(*Self Portrait and Friend*)〉, 레인즈 E. 버크벡, 2016년.
소장: 예술가.

IN THE BOX YOU SEE A SANDWICH. AN APPLE, A CAN OF SELTZER WATER, AND A PILE OF NAPKINS.

18 〈점심 도시락(*Lunch Box*)〉, 카를로 달레오, 2016년.
소장: 예술가와 LAND 갤러리.

19 〈끝(*The End*)〉, 게롤 게이든, 2016년. 소장: 예술가와 LAND 갤러리.

그림 3.2 〈심문 II(*Výslech II*)〉. 프리들 디커-브랜다이스.
소장: 프라하 유대인 박물관 컬렉션: 프라하 유대인 박물관 사진 아카이브.

미술 교육자이자 예술가인 프레데리카 "프리들" 디커 브랜다이스
(Frederika "Friedl" Dicker-Brandeis)는 바우하우스에서 수학했으며, 클레,
칸딘스키, 슐레머(Schlemmer)와 같은 유명인들로부터 교육받았다(Wix
2009). 그곳에서 그녀는 윅스가 "미학적인 공감"(p.152)으로 여긴 것을 발전
시키도록 장려되었다. 이는 그녀가 교육과 치료 사이의 격차를 해소할 수 있
는 틀로써, 특히 체코의 강제 수용소인 테레친(Terezín)에서 아이들과 함께

그림 3.3 〈추상적인 색 구성(*Abstraktní Barevná Kompozice*)〉, 종이에 수채화, 테레친(*Terezín*)에서 작업, 1943-1944년. 소장: 프라하 유대인 박물관 컬렉션: 프라하 유대인 박물관 사진 아카이브(컬러 도판 4를 볼 것).

한 작업과 관련된 것이었다. 디커 브랜다이스는 창의적인 표현을 위해 쇠약해진 아이들과 함께 미술을 활용함으로써, 가혹한 환경에서 생존자로 살아남은 그들에게 "자신만의 현실에 대한 감각을 존중할 수 있는 내적 자원이 생겨날 수 있게 도왔다."(p.152).

디커 브랜다이스가 "치료로서의 예술"의 한 형식을 취했던 것은 분명하며, 이는 아마도 오늘날 우리가 교육적 모델로 여기는 것에 더 근접할 것이다. 그러나 이것은 아이들이 정신적으로 생존하도록 돕기 위한 것이었지 미술작품을 "가르치는" 의도는 아니었다. 웍스는 디커 브랜다이스의 학생들이 종종 가스실에서 생을 마감했음에도 불구하고 그들의 주변에서 무슨 일이 일어났든 간에 학생들이 정신력과 내면의 용기를 찾도록 그녀가 끈질기게 도운 것에 주목한다. 그러한 디커 브랜다이스의 생각은 그녀의 전 제자인 이디스 크레이머(Wix 2009)가 직접 미술치료를 "설립"하는 것을 도운 셈이다.

불행하게도 디커 브랜다이스는 1944년에 아우슈비츠(Auschwitz)에서 살해
당했다. 그녀의 유산은 미술치료에 있어서 매우 중요하며, 그에 합당한 지위
를 이제 되찾을 때가 되었다.

1943년, 미술 교육자이자 MoMA의 미국 교육 사회 예술위원회(Com-
mittee on Art in American Education and Society)의 의장인 빅터 다미코
(Victor D'Amico)는 "치료에 미술을 사용하는 것은 현대 교육에서 가장 중
요한 발전 중 하나"(p.9)라고 언급했다. 다미코는 "자격을 갖춘" 심리학자들
이 진단을 목적으로 미술작품을 사용할 수 있도록 함으로써 미술 심리치료
와 미술치료라고 불리는 것을 모두 다루었으나 "진단보다 더 중요한 것은 미
술을 치유의 목적으로 사용하는 것이다. 창의적 표현의 단순한 경험도 치유
적 효과가 있다."(p.9)라고 언급했다. 다미코는 "미술의 경험은 정서적 또는
정신적인 정화를 제공한다."(p.9)라고 하면서 미술제작을 승화의 한 형태로
보았고, 이것이 문제 해결을 실천하는 방법이자, 궁극적으로는 더 큰 자제력
을 확립하는 방법이라고 언급했다.

빅터 로웬펠드(Viktor Lowenfeld)는 미술교육, 미술치료, 심지어 박물관
교육에서도 중추적인 인물이다. 다미코는 유대인이었던 로웬펠드가 나치 정
권에서 벗어나도록 강요당한 후에 그를 강사로 고용했으며, MoMA에서 그
와 자주 협업했다. 로웬펠드는 비엔나(Vienna)에서 시각 장애인, 부분 시력
을 지닌 아동에서부터 버지니아(Virginia)에 위치한 역사적인 흑인 대학교인
햄프턴(Hampton) 대학의 미술 교수라는 직책에 이르기까지 다양한 개인들
과 함께 일했기 때문에 이런 분야의 인종적, 교육적 장벽을 넘은 색다른 관
점을 갖고 있었다(Holt 2012). 사실, 로웬펠드의 거의 모든 경력은 현대사회
에서 소외된 이들에게 다가가는 데 쓰였다.

> 우리는 모두 태생적으로 어느 정도의 자질을 타고났으며, 그 누구에게도
> 가능한 한 모든 관심을 받아야 하는 자와 우리의 모든 노력을 기울일 가치
> 가 없는 자로 나누는 경계선을 그을 권리가 없다(Lowenfeld, Drachnik
> 1976, p.17에서 인용된 바와 같이).

로웬펠드의 경우 미술은 진단을 목적으로 하거나 직업 교육적인 방식으로

가르치는 것이 아니었다. 교육은 나이나 기능적 수준에 상관없이 각 개인만의 고유의 목소리를 자유롭게 표현하는 방법을 배울 수 있도록 격려하는 것이었다. 아동기와 창의적 성장을 위한 로웬펠드의 공헌은 미술교육 및 미술치료와 관련한 문헌 대부분에서는 명백하게 드러나지만, 사회적 행동 체제의 맥락에서 논의되는 경우는 그렇게 많지 않다(Holt 2012).

인종차별과 제도적 인종주의의 현실에 직면한 학생들과 함께 햄프턴에서 수행한 그의 연구는 나치의 점령 기간에 그 자신이 직면했던 내부와 외부, 우리와 그들에 대한 경계를 기꺼이 초월하려는 의지를 보여주었다. 가령, 예술에 대한 유럽 중심의 전통적 관점을 지양한 그는 현재 미국에서 변두리라는 위치보다 더 과거에 있는 유산(heritage)과 자주 접하기 위해 그의 학생들에게 아프리카에서 온 작품을 보여주고 학생들의 독창적 양식이 육성하는 것을 도왔다(Holt 2012).

탈시설화로 인해 장애인과 중증 정신질환자, 그리고 당시 교육수단에 적응하는 데 어려움을 겪은 이들의 요구를 해결할 수 있는 교육프로그램 및 기술에 대한 필요성이 더 커졌다. 1970년대 중반이 되어서야 장애인들은 다른 사람들과 동등한 *교육적인* 권리를 갖고 마침내 공교육을 받을 수 있게 되었으며, 일반적으로 미술 수업은 그들을 교육에 "포함"하는 과정의 첫 단계에 있었다(Wexler and Derby 2015). 로웬펠드의 업적은 특수교육의 발전에도 결정적이었다. 그는 1947년 논문, 「창의적이고 정신적인 성장(*Creative and Mental Growth*)」에서 어떻게 창의적 발달이 "정상적" 발달의 예후 단계로 나뉠 수 있는지를 밝혔다.

따라서 인지장애가 있는 사람의 작업을 "정상적인" 아동과 비교하게 되면 진단을 뒷받침하는 데 도움이 될 것이다. 로웬펠드가 다른 이론가들과 다른 점은 "인간의 발달은 매우 유연하고, 정상적인 것에 대한 엄격한 기준은 유효하지 않다."(1947, p.253)는 환원적인 방식으로, 그가 얼마나 매체의 사용에 있어서 주의를 기울였는지 알 수 있다. 로웬펠드는 단순히 어린이를 지적장애를 지닌, 다른 단계에서 발달할 수 없는 존재로 분류하는 대신, 창의성을 끌어내기 위해 *고유한* 개인에게 자극을 더 주거나 맞춤화하는 것이 교육자/치료사/조력자의 역할이라고 믿었다. 그러나 "지능의 발달이 늦은 개

인과 정상적인 개인의 작업에는 기본적인 차이가 없다."(p.253)는 로웬펠드의
관점과 다른 것은, 그것이 각 개인에게 접근하는데 사용되는 방법에 있다.
당시 로웬펠드의 작업은 거의 항상 교육자, 치료사, 예술가라는 역할의 한
단면을 보여주었다. 그는 함께 일했던 젊은 다운증후군 여성이 "집단의 활
동적인 구성원이 되는 것을 막았던 정서적, 정신적 고립에서 벗어나게 하려
고" 한 격려, 모형 제작 기법, 매체 선택의 과정을 회상한다(p.256).

하지만 미술치료와 미술교육의 분명한 교차점에도 불구하고, 두 학문 모
두 독특한 정체성을 확립하기 위해 논쟁하면서 세기 중반까지 고조된 둘의
관계는 경쟁과 고정관념이라는 몫만 떠안게 되었다. 1961년 미술교육 교과서
는 "모든 창작물은 어떠한 영향이나 간섭, 칭찬이나 보상 없이 제작되어야
한다. 그것을 절대로 친척, 친구 또는 다른 환자에게 보여주거나 보여서도
안 된다."(Keiler 1961, p.57)라고 하면서, 미술치료가 성공하기 위해서는 구
체적인 "조건들"이 필요하다고 요약했다. 그러나 우리가 보아왔듯이, 1961년
까지 대부분의 미술치료는 어느 한쪽이 기꺼이 인정하려 했던 것보다 실제
로 더 많이 미술교육과 밀접하게 연관되어 있었다. 다행히도, 그 깊은 골은
가까워지기 시작했다. 1972년 댄버스(Danvers)의 작품 전시회에 대한 1974
년 노트에서 미술치료사 숀 맥니프(Shaun McNiff)는 다음과 같이 언급
한다:

> '미술교육'과 '미술치료'의 구별은 두 분야에서 일하는 사람들이 경험을 공
> 유하고 미술을 통한 전인적 성장이라는 공동의 목표를 위해 협력하기를 희
> 망하면서 작아진다(1974, n.p).

두 분야의 영향력 있는 인사들은 설립 초창기에는 서로 거리를 두었으나,
세기 후반 무렵에 와서는 서로의 공통부분을 인정하지 않을 수 없었다.

미술관, 미술교육 그리고 미술치료

나는 최근에 맨해튼(Manhattan) 은퇴 모임에서 온 어르신들을 대상으로
MoMA의 1960년대 영구 소장품들을 둘러보면서 루이스 네벨슨(Louise

Nevelson)과 그녀의 교육에 대한 열정을 논하고 일화를 들려주었다. 1942년에 그녀는 작업치료를 위한 MoMA 전시에 자신의 디자인 중 한 점을 제출하여 5등을 수상했다. 관람자 중 한 명은 그녀가 작업치료의 초기 실무자 중 한 명이었다고 언급했는데, 그녀의 말에 따르면, "소녀들"은 "실크 드레스에 힐을 신고 립스틱을 바르라"는 지시를 받고, 퇴역 군인들과 미술을 포함하여 오락 활동을 하는 적극적인 군인들을 돕기 위해 버스에 투입되었다. 내가 이 일화를 꺼내는 이유는, 미술관이 우리 문화의 형성에 있어서 얼마나 강력한지를 보여주기 때문이다. MoMA는 20세기 초 미술관 프로그램과 전시들이 뉴욕 공동체와 결연하는 데 앞장섰을 뿐 아니라, 미술관 환경에서 미술과 함께하는 것이 얼마나 자신과 타인들을 연결하는 강력한 방법이 될 수 있는지를 보여주곤 했다. 그 참가자는 자신의 과거와 네벨슨의 과거를 연결할 수 있었고, 남은 우리에게도 직접적인 통찰력을 제공했으며, 그녀 자신에게는 의미 있는 연결고리를 제공하였다. 문화 기관들은 아웃사이더 아트와 미술치료의 발전에 큰 역할을 해 왔지만, 이러한 공헌은 간혹 이곳저곳에서 가볍게 언급되는 것 말고는 정식으로 언급되지 않는다. MoMA는 1920년대 후반의 설립 초창기부터 정기적으로 "독학 화가들"의 작품을 전시하고 계승했으며, 특히 퇴역 군인 및 아동과 함께 미술을 활용한 미술치료, 미술교육에 초점을 맞춘 전시와 워크숍을 다수 개최하였다.

아이들과 미술관

1938년부터 1959년까지 총 72회에 달하는 어마한 전시회들이 "젊은이들의 갤러리(Young People's Gallery)"에서 아이들의 작품을 전시하거나 전시하기 위해 MoMA에서 개최되었다. 매년 아이들이 현대미술을 배우고 자신만의 작품을 만드는 것에 중점을 둔 공휴일 축제가 열렸으며, 특히 전쟁 기간 내내 미술관은 전 세계 어린이들에게 교육적이고 표현적인 장치로 미술을 활용하고자 했다. MoMA의 프로그램이 미술을 만드는 것만큼 미술을 감상하는 법을 배우는 것이었다는 점은 중요하다. 일련의 전시회들은 아이들이 어디에 있든 현대미술에 노출될 수 있도록 전 세계 학교와 기관에서 작품을

"대여"하게끔 기획했다. 이러한 전시회는 교육적이면서도 체험적인 경험의 기회가 되었을 것이다.

1941년에 리드는 4세에서 16세 사이 아이들의 작품을 전시한 《영국회화 속 아이들(*Children in England Paint*)》 전시회의 선성위원회에 참여했다. 리드는 "인간 정신의 보편적 특성"과 "사회적 관습과 학문적 편견에 훼손되지 않은"(*Children in England Paint* 1941, p.1) 아동의 생득적인 표현에 주목한다. 실제로 이러한 전시 대부분은 보편적인 창의성과 창의적 실천을 보여주기 위해 외국 아이들의 미술을 미국 어린이들의 미술과 비교하고, 미술관 자체 전시는 물론이고 국외 순회 전시를 가질 예정이었다. 아이들이 미술에 참여하는 방법을 강구하고 앞장선 것은 비단 MoMA만이 아니었다. 1913년에 10명의 어린이를 초대하여 판화 전시를 기획한 보스턴 미술관의 큐레이터에 의해 1918년에 "어린이 아트센터(Children's Art Center)"가 만들어졌다. 흥미롭게도 이 아이들은 미술관 회원의 아이들이 아니라 "미술이 중요한 요소로 여겨지지 않는 환경에서 자라는 아이들 계층"(Caswall 1918, p.410)이었다. 선택된 인쇄물들은 더 많은 어린이를 참여시키고, 대체로 따분한 환경에 미술을 불어넣기 수단으로 지역 공동체와 "안보사업" 센터로 보내졌다. 아이들을 위한 채소밭, 거대한 창문과 아치형 문, 매번 바뀌는 전시회가 있던 이 센터는 오늘날 미술치료사들로부터 미술치료를 받는 많은 이들에게 이상적인 장소일 것이다.

MoMA와 전쟁

MoMA가 개발되던 초창기에 발발한 제2차 세계대전은 개최된 전시회와 기획된 프로그램에 모두 큰 영향을 미쳤다. MoMA는 전쟁 기금을 마련하기 위한 "미술품 판매" 외에도 퇴역 군인들의 요구에 부응하기 위한 전시회를 기획하고 프로그램을 만들었다. 그 중 첫 번째 전시는 기지에 주둔한 사람들이 "즉각적으로 제작한 진정한 군인 미술"(p.1)로, 1942년에 개최한 《미시간주 커스터 요새의 미 육군 삽화가들(*US Army Illustrators of Fort Custer, Michigan*)》이다. MoMA의 전시 책임자인 먼로 휠러(Monroe

Wheeler)는 보도 자료를 통해, 기지 방문과 미술 제작에 대한 헌신의 경험이 전시회의 원동력이라고 밝혔다. 전시 자료들은 기부되었고 스튜디오 공간들은 그 전시를 위해 확보되었으며 관심 있는 사람들에게는 강좌를 제공했다. 휠러는 캠프의 사기를 높이고 군인의 삶을 더 많은 대중에게 공개하고 육군 활동을 기록하고 보관하는 것이 이 전시의 유익함이라고 보았다.

우리의 목적에 부합하는 두 개의 중요한 전시회들이 1943년에 열렸다. 2월에 열린 《치료에서의 미술(The Arts in Therapy)》은 예술가, 장인과 일반인의 작업 및 치료 창작물의 개념과 퇴역 군인들의 회복에 활용할 수 있는 과정에 대한 개념으로 수상 위원회에서 선정한 작품을 공모하여 전시하는 형태로 구성되었다. 이 밖에도 비엔나 시각장애인연구소(Vienna Institute for the Blind)(로웬펠트 제공)의 작업, 뉴욕 벨뷰 병원의 정신과 부서의 작업, 뉴욕주 정신과 연구소와 병원(New York State Psychiatric Institute and Hospital)(나움버그가 대여)의 어린이 병동과 케인이 제공한 다소 흥미로운 명칭인 "치료실의 미술 상담사"(1943, p.5)는 영재의 사회적 적응을 위한 치료실(Clinic for Social Adjustment of the Gifted)의 작품들로 전시되었다. 이 장의 앞부분에서 언급했듯이 루이즈 네벨슨(Louise Nevelson)은 말 모양의 어린이용 카시트를 디자인한 장난감으로 5위를 차지했으며 루이즈 부르주아(Louise Bourgeois)가 제작한 깔개(rug)는 명예상을 받았다.

같은 해 6월에 열린 전시회인 《작업치료: 그 기능과 목적, 치료에서의 미술(Occupational Therapy: Its Function and Purpose, The Arts in Therapy)》은 작업치료의 효과에 중점을 두었다. 보도 자료는 "각 개인을 위해 특별히 처방된"(Occupational Therapy 1943, p.1) 것이라고 언급하면서 논의된 이점이 드러나는 환자의 작품을 보여주고 있다. 전시는 미술품을 활용하여 회복 중인 퇴역 군인들의 사진 외에도 "조현병"과 "정신장애 소년"(p.2) 등 시설에 수용된 환자들의 작품과 다른 신체 및 운동 장애인들의 작품도 전시하였다. 여러 섹션으로 나뉜 이 전시회는 미술치료의 초창기에 MoMA가 얼마나 관여했는지를 보여준다:

• 섹션 1: 작업 중인 환자들과 다음 각 섹션의 예를 보여주는 패널들

- 섹션 2: 벨뷰 병원의 전시들: 정신과 부문(각 작업 세트에 대한 하위 범주로 분류됨: 미술에서의 신체 이미지, 정신병리학적 문제들, 조현병 문제들)

- 섹션 3: 정신과 진료에서의 사례 자료

- 섹션 4: 실업자와 함께하는 작업

- 섹션 5: USO 센터(USO centers)에서 현역 군인이 수행한 작업

- 섹션 6: 코넬 의과 대학의 루이스 데스퍼트(J. Louise Despert) 박사가 수행한 작업 및 뉴욕주 정신과 연구소와 병원의 마가렛 나움버그가 수행한 작업

- 섹션 7: 빅터 로웬펠드가 시각 장애인 학생과 부분 시력장애를 지닌 학생들을 대상으로 한 작업

- 섹션 8: 표현의 자유를 통한 발달 및 적응, 영재 사회적응 클리닉(Clinic for the Social Adjustment of the Gifted)에서 케인의 주도하에 수행됨

1944년 MoMA는 귀국한 많은 퇴역 군인의 새로운 배움의 기회를 방해하는 "교육에 대한 국가적 과민반응"을 해결하기 위해 "참전용사 아트센터(War Veterans' Art Center)"(*Art for War Veterans 1945*, p.1)를 열었다. 이곳은 참전용사들을 미술에 익숙하게 할 뿐 아니라 "회화, 조각, 도자기, 산업 디자인, 보석, 실크 스크린 인쇄, 그래픽 아트 및 관련 주제"와 같은 활동을 포함한 미술 제작에 그들을 참여시켰다.

　센터 건립 첫해에 만들어진 작품을 선보인 1945년 전시회에는 439명의 참전용사가 다녀갔으며, 다미코는 이 전시회에서 "참전용사 아트센터의 가장 중요한 기능은 예술가들을 발굴하는 것이 아니라 퇴역 군인들이 자기 자신을 찾게끔 돕는 것이다."(*Art for War Veterans* 1945, p.2)라고 밝혔다. 이 센터의 "원칙들"은, 쉬운 프로젝트를 통해 퇴역 군인들이 성취감을 느끼도록 돕는 것, 퇴역 군인의 개인 양식과 목표를 찾게끔 개인지도를 하는 것, 형식

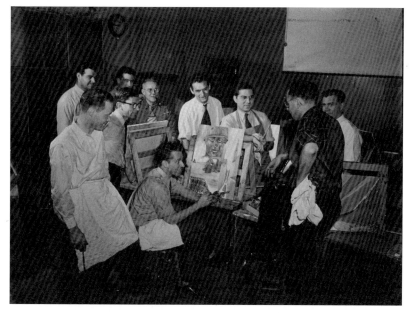

그림 3.4 작업하는 학생들. 1944~1948년. 참전용사들의 아트센터
(War Veterans' Art Center), 뉴욕 MoMA. 젤라틴 실버 프린트,
4x5″ (10.1 x 12.7cm). 빅터 다미코 신문, III.A.4. 뉴욕 MoMA 아카이브.
디지털 이미지 ⓒ MoMA/SCALA 라이센스 /아트리소스(Art Resource), 뉴욕.

적 기술보다는 창의적인 표현을 강조하고 미술에서의 "기본원칙"을 소개하
는 것은 퇴역 군인들에게 예비 직업의 가능성을 제공하고 더 편안하게 창작
할 수 있도록 돕는 것이었다(pp.2-3).

　　다미코는 퇴역 군인들의 작업 과정에서 하나의 양식적 표현을 발견했는
데, 그들은 미술 제작의 초기에는 "감정적 해방"(p.3)에 중점을 두었으며, 그
다음에는 자아의 발견과 상상의 시간을 가졌다. 이러한 과정들, 그로 인한
유익함과 결과는 작업치료, 미술치료 및 미술교육의 중복이 사회문화적 요
구와 함께 어떻게 증대하고 있는지 그리고 어떻게 문화 기관이 접근하는지
를 보여준다. 이 센터는 1948년 "폐관"되고 "대중 아트센터(People's Art
Center)"로 재개관하여, 아이들을 위한 지속적인 교육과 더불어 오늘날 지
역 사회 성인들에게 수업을 제공하고 있다.

1951년에 MoMA가 확장되면서 미술품 전시와 실습을 위한 새로운 상설 센터가 문을 열었다. 각 전시회에는 "내 나이 69세에 나는 당신의 미술 수업에서 신입생이라는 것을 깨달았습니다. 43년간의 제약 실무 후에 나는 회화를 배우려는 자극적이면서도 편안한 경험에서 깊은 만족감을 느낍니다."(아마추어 그림들(Paintings by Amateurs) 1955, p.3)와 같이 참여자들이 직접 한 이야기가 종종 뒤따르기도 했다. MoMA의 지원 활동은 현직에 있는 전문가들부터 학교 아동에 이르기까지 다양했으며, 각자에게 예술과 자아 탐색에 참여할 수 있는 독특한 기회가 주어졌다.

현대미술관 교육

미술치료와 미술교육의 교차점에 있는 유산은 오늘날에는 미술관의 교육부서를 통해 이어지고 있다. 강좌는 오래전에 유행이 지났고, 대신 대부분의 미술관에서는 "갤러리 토론"의 형식을 취하는데, 여기서 교육자는 작품을 둘러본 후 토론과 참여를 유도하려는 방편으로 참여자들의 반응을 끌어낸다. 이 모든 과정은 갤러리나 현장 스튜디오에서 미술제작의 구성 요소를 직접 체험하고 실험하게끔 되어 있으며, 이에 뒤따르는 논의는 미술사 지식이나 비판적 지식보다는 개인적인 발견과 자신과의 연결성에 중점을 둔다. 박물관 교육자가 되기 위한 특별한 "훈련"이 없으므로 교육자들이 참가자들의 참여를 독려하는 제일 나은 방법에 대한 "형식"도 따로 정해진 것이 없다. 이것의 여파에 관한 흥미로운 사례는, Olga Hubard(2015)에 의해 제시되었는데, 그녀는 미술치료사들 대부분이 잘 알고 있는, "이것이 당신의 기분을 어떻게 만드나요?"와 같은 질문과 함께 교육자로서의 자기 경험에 대해 논의한다.

그녀의 첫 번째 슈퍼바이저는 이 질문이 갤러리에서의 대화에서는 무용지물이라고 설명했지만 허바드(Hubard)는 자신의 실무를 통해 질문 방법을 알게 되면서, 질문하는 것의 중요성을 깨달았다. 그녀는 관람자의 감정 상태를 끌어내는 개념이 실제로 어떻게 더 미묘한 대화를 끌어낼 수 있느냐는 흥미로운 질문을 던졌다. 각 관람자는 고유한 방식으로 작품에서 영향을 받으므로, 작품을 볼 때 고유한 관점을 공유하면서도 뭔가 다른 것을 느끼게 될 것이다.

미술관은 또한 내부와 외부 문화의 연속적 범주와 관련하여 현대적 의미에서도 흥미로운 역할을 한다. 문화 기관의 정점일 뿐만 아니라 공동체 미술에 접근하는 통로로서 주요 포털인 미술관 교육프로그램은 원래 미술관이 전통적으로 문화를 누리는 계층만이 아닌 모든 공동체와 연결될 수 있게끔 그 중간 역할을 한다(Franco 1992). 다시 한번 말하지만, 미술에 관여한다는 개념은 그것이 제작이던 감상이든지 간에 어떤 배경을 지닌 개인에게든 더 큰 유익함을 줄 수 있다는 것이며, 인식하든 그렇지 않든 문화 기관에 대한 장벽을 허무는 중요성을 띠고 있다.

이론적 틀: 오늘날의 미술치료에 대한 정의

20세기 미술치료의 역사는 다양하며, 아직도 많은 부분이 상세히 탐구되지 않았다. 현대적 의미에서, 이러한 역사는 실무자들이 개인에게 접근법을 맞추고, *자신의* 훈련 수준에 가장 잘 맞고 가장 편한 실무방식을 전문적으로 다루는 다양한 이론적 틀을 허용해 왔다. 미술치료에 대한 수많은 "정의들"의 단점은 현대에 와서 이 분야를 정의하는 것을 점점 더 어렵게 한 것이다. 논의한 바와 같이, 미술치료와 아웃사이더 아트는 미술 제작의 개념과 치료의 개념에 초점을 맞춘, 다양한 해석과 정의의 스펙트럼을 설명하는 용어인 *상위개념*과 유사하게 생각될 수 있다. 사회사업과 같은 분야와 차별화되지 못한 것은, 미술치료가 *미술적* 측면이 아닌 *치료적* 측면을 역사적으로 수용하고 강조했기 때문이기도 하다. 미술이 없다면 이 직업은 어떤 다른 유형의 상담과 다를 바 없다.

Thompson(2009)은 다음과 같이 정의했다:

> 동시대 미술 실무로서의 미술치료는 예술의 원초성을 회복하고 예술적인 실천과 심리치료 사이의 균형을 이루기 위해 노력한다. 그것은 환자와 미술치료사에게 있어서 예술가라는 정체성의 적극적인 발전을 요구한다(p.159).

사람(예술가)에 관한 관심과 제품(미술작품) 사이의 이러한 모호한 "균형"은 용어의 정의와 결속을 어렵게 한다. 미술치료사가 놀이의 과정을 치료로서 또는 *미술 제작*으로서 생각하는 방식은 한 사람을 어떻게 예술가, 내담자 또는 환자로 보는지, 그리고 제작물을 미술작업, 진단 도구 또는 사례 자료로 어떻게 보는지 일러준다. 이는 전문적 수준에 있는 중점 사안이 무엇인지를 정의하고 거기에서 필요한 기술들, 교육 및 채용 기회를 보여준다는 것을 의미한다. Allen(1992)은 "아마도 미술치료사들이 관심을 두는 인간 현상은 미술제작과 그것이 인간의 행동과 정서적 삶에 미치는 영향"(p.25)이라고 기재했다. 심리학적 개념들과 기법들을 이해하는 것은 미술을 제작하고 감상하는 것과 관련된 일차적이고 이차적인 인간의 과정을 이해하는 데 필수적이지만, 이런 의미에서 미술치료는 정신분석에서 그러하듯 초현실주의와 밀접하게 연계된 것처럼 보일 수 있다(Hogan 2001).

아웃사이더 아트와 마찬가지로 미술치료는 연속적 범주로 볼 필요가 있다. 모든 미술치료 접근법을 통합하는 요소는 '미술이 포함되어 있다'는 것이지만, 미술이 정의되고 사용되는 방법은 치료사의 실무방향을 알려준다.

Schaverien(1989)은 다음과 같이 요약했다:

> 미술치료는 두 분야 사이의 위치에 서 있다. 미술에 뿌리를 두고 있는 미술치료는 정신분석과도 복합적으로 얽혀 있다. 따라서 미술치료는 미술사, 미학, 정신분석학, 심리치료에 뿌리를 두고 있다. 다른 미술치료사들은 언급된 각각의 위치에서 다양한 거리에 있는 길을 선택하는데, 누군가는 한쪽에 더 가깝고 누군가는 다른 한쪽에 더 가깝지만, 미술치료사와 심리치료사를 구분하는 것은 치료사의 예술에 대한 지식과 조형적 경험에 있다(p.155).

따라서 치료로서의 미술과 미술 심리치료로서의 미술이라는 극과 극 사이에 배치된 이 분야의 개념은 논쟁하고 탐구할 시기가 되었다. 그러나 미술치료가 다른 분야와 차별화되는 것은 미술이기 때문에, 우리의 고유한 접근을 강조하기 위해 장려되어야 할 것도 *미술*이다. Moon(2002)은 "미술을 우리 영역의 중심으로 받아들임으로써 우리는 미술치료사로서 진정성 있는 업무를 하게 된다."(p.32)라고 본다. 역사적으로, 미술치료 분야에서 가장 큰 논쟁은 그것을 치료로서의 미술로 정의하는가 아니면 미술 심리치료로 정의하는가? 사이의 균열이다(Stoll 2005). 이는 초창기의 두 곳, 즉 영국과 미국에서 공식적으로 이 분야를 설립하는 과정에서 볼 수 있는데, 영국과 미국에서 일어난 이 두 체제 간의 계속되는 다툼은 의견 차이와 계급의 분열로 이어졌다. 이것은 오늘날 해당 분야의 "공식적인" 정의, 특히 AATA의 정의에서 명백하게 남아있으며, 구체적 실무방식과는 상반되는, 마치 가능성 있는 결과와 기법을 상세히 너저분하게 적은 긴 리스트처럼 보인다. 말하자면, 많은 동시대 미술치료사들은 이 분야 내의 경계를 무너뜨려야 한다고 주장한다.

Alter-Muri와 Klein(2007)은 가변성과 유연성이 강조된 "포스트모더니즘" 관점에서 미술치료를 언급한다:

> 포스트모더니즘 관점은, 개인의 고결함과 공동체 가치 사이의 경계를 절충하고 집과 스튜디오의 구분을 모호하게 하며 치유와 사회적 역량 강화라는 전반적인 목적을 지닌 이미지 창작의 모든 형태를 검증하는, 다면적인 치료적 접근법을 알려준다(p.82).

이 접근법은 또한 미술치료에서 다문화주의가 논의의 주제가 되는 시대에 고려해 볼 만한 흥미로운 방식이다.

예술가로서의 미술치료사

입증된 바와 같이, 과거에 미술치료사들은 종종 정신건강, 미술, 또는 교육적 배경의 출신이 많았으며, 이는 오늘날 미술치료사들도 다르지 않다. 그러나 적어도 미국에서는 미술치료 교육과 훈련의 초점이 교육이나 미술이 아닌 정신건강에 맞춰져 있다. 따라서 미술치료에서 가장 소홀한 주제 중 하나는 미술치료사의 예술가로서의 정체성이다. 미술치료와 동시대 미술계의 분열이 탈경계의 촉진으로 이어지지 않았기에 미술치료사들은 동시대 미술의 담화에서 잘 언급되지 않는다. 그러나 미술치료사들이 예술가로서의 정체성을 지닐 것을 요구하는 이들 역시 치료로서의 미술의 맥락에서 일하는 경향의 사람들이다. 크레이머는 예술가라는 정체성이 작품 자체만큼이나 미술치료 분야에서 중요하다고 단언했다:

> 나는 여러분에게 시간제 일자리를 두고 다투라고 조언하는데, 이는 두 명의 시간제 직원이 한 명의 정규직보다 더 효율적으로 일하는 이상한 현상을 관리자들에게 교육하기 위해서다. 이로써 여러분은 자신만의 미술작업을 위한 시간과 에너지를 갖게 될 것이고, 당신 자신에 대한 헌신은 당신의 돌봄을 받는 이들에게 미술을 만들기 위한 열정을 불러일으키게끔 할 것이다(2000, p.24).

활발한 스튜디오 실무와 함께 미술치료사들은 그들의 실무를 강화하는 특별한 도구, 즉 "기술적 능력, 공감, 그리고 다른 사람을 돕는 데 필요한 미술에 대한 헌신"(p.120)에 다가가고, 활용 가능한 장비를 더 잘 갖추게 될 것이다.

Allen(1992)은 치료사와 예술가 사이에 공유된 미술제작의 효과에 대해 유익하다고 말했다. 앨런(Allen)은 미술치료사가 현장에서 작업하는 "레지던스 예술가"로 일하는 것이 "문제 해결, 위험 감수, 그리고 자기 성취"(p.27)를 포함한 미술제작의 단면을 내담자가 볼 수 있게끔 한다고 믿었다. Moon(2002)은 "우리의 작품을 공개적으로 전시하는 것과 관련한 자기개방은 치료 회기 내에서 자신을 개방하는 내담자들에 대한 공감으로 이어질 수 있다"(p.56)라고 하면서 미술치료사들이 그들의 작품을 정기적으로 전시하도록 격려했다.

미술치료와 미학

미학은 제작물이 미술의 한 작품으로 여겨질 때 자연스럽게 논의 일부가 되지만, 그렇다고 해서 그 작품이 반드시 정해진 미(美)의 기준이나 전통을 따라야 한다는 것을 의미하지는 않는다. 크레이머는 "좋은 예술"의 개념을 "키치(kitsch)"에 비교하면서 "환기하는 힘, 내적 일관성, 경제적 수단, 이 세 가지는 필수적인 요소이며, 이 중 하나라도 더해지거나 빠지면 작품의 질이 떨어진다. 이 세 가지가 잘 조화된 작품은 큰 만족감을 주는 내적 통일성을 전달한다."(2002, p.220)라고 하였다.

크레이머의 관점은 작품이 관람자에게서 끌어내는 성공의 반응 외에 무엇이 "좋은" 작업을 만드는지에 대한 경계가 고정되지 않다는 점에서 파스토와 프린츠혼 등을 상기시킨다. 크레이머가 미학을 다룬 유일한 미술치료사는 아니다. Henley(1992)는 "어느 학문이든 목적을 희석하지 않고 미술치료의 목적에 상응하는 미학과 미술평론의 모델을 구축할 수 있다."(p.153)라는 것을 발견했다. 그는 또한 미술비평이 미술치료 환경에서 제공할 수 있는 유익함도 보았다(2004). Alter-Muri와 Klein(2007)은 포스트모더니즘과 미술치료를 논의하면서, 미술치료사들이 그들만의 "미학 개념"(p.84)으로 여기는 것, 그리고 어떻게 이 선입견의 도식화가 미술치료 제작물을 미술로 여기거나 여기지 않는지에 영향을 주는지 주의할 것을 당부했다.

논의한 바와 같이, 원래 관람자는 자신의 관점과 살아온 경험을 실어 작품에서 "의미"를 찾거나, 자신의 반응을 알아내는 데 적용하기도 한다. 하물며 미술치료사나 전문가들도 그들이 작품에서 보고 싶은 것을 보는 경향이 있을 것인데, 이는 일종의 미학적 역전이라는 모순에 빠지게 한다. Schaverien(1989)은 미술치료사들이 "예술가/내담자", "치료사/관찰자", 그리고 "그림"(p.56)이 통합된 삼각형의 역전이에 취약하다고 언급하였으며, 이는 특히 분석 미술치료의 경우와 관련되지만 "예쁜(pretty)" 미술치료 그림을 성공의 척도로 우선시하는 경향에서도 볼 수 있다고 주장했다(Weiss 1992).

스튜디오 프로그램: 미술치료, 미술교육, 혹은 어떤 다른 것?

이런저런 이유로 전통적 맥락을 벗어난 예술가들의 스튜디오에서는, "미술치료"라는 용어의 사용이 더욱 까다로워진다. 발달장애인을 위한 스튜디오 주간훈련 프로그램에서 일하는 미술치료사로서 나는 솔직히 미술치료를 한 적은 없으나, 항상 미술치료를 사용해 왔다. 그러나 스튜디오 기반 실무에 관한 관심이 높아지고 있음에도 불구하고(Moon 2002; Allen 1995를 볼 것), 미술치료는 이전이나 지금이나 미술과 동떨어져 있기에 여전히 스튜디오 기반 실무는 미술치료의 큰 개념에서 모호한 위치에 있는 것으로 보인다. 2010년에 출판된 주디스 루빈(Judith Rubin)의 저서 『미술치료학 개론: 재료와 기법(Introduction to Art Therapy: Sources and Resources)』에는 스튜디오 프로그램에 대해 전혀 언급되지 않은 "실무 장소(Places We Practice)" 섹션이 있다. 여기서 짚고 넘어갈 것은, 스튜디오 미술치료의 이론적 틀과 이 책전반에 걸쳐 논의된 스튜디오 프로그램의 차이점이다. 1990년대에 팻 알렌(Pat Allen)은 "대안적 임상"(Allen 1992, p.22)으로서 또는 사회복지사로서증가하는 미술치료사의 역할에 대한 대처방안으로 스튜디오 미술치료 운동을 확립하면서 미술치료와 스튜디오 실무 사이의 역사적 연관성을 더욱 심화시켰다. 알렌은 케인, 헌툰, 얼트, 그리고 존스가 제시한 가치 있는 틀로의 회귀를 옹호하고 "임상적인 태도를 지나치게 강조하는 경향"(Vick 2003, p.12)을 거부하면서 미술 작업의 과정을 선호했다.

나는 비전통적 맥락에서 작업하는 전문 예술가들의 작품 제작과 홍보를 수월하게 하는 공식화된 프로그램을 설명할 때, 스튜디오 프로그램이라는 용어를 사용한다. 이 용어는 동시대 예술가들의 공용 스튜디오는 예외로 하며, 입원환자를 위한 오픈 스튜디오 프로그램에서부터 발달장애를 지닌 예술가들의 스튜디오에 이르는 모든 형태를 포함한다. 다소 역설적이지만, 내가 말하는 스튜디오 프로그램이 모든 미술치료 실무를 위한 스튜디오를 말하는 것은 아니다. 장애인을 위한 스튜디오 프로그램의 효과와 유익함을 탐구하는 데 상당한 시간을 보낸 앨리스 웩슬러(Alice Wexler)는 이런 센터들과 미술 과정이 "예술가 자신에 관한 서술과 자기표현을 수용함으로써, 미술과 교육이 이제껏 서구 문화의 기준에 따라 정의한 정상과 장애와 같은 용어의 경계선을 더욱 좁혔다."(Wexler and Derby 2015, p.128)라고 보았다.

스튜디오는 의학적으로나 사회문화적으로 장애인을 "평범하지 않은" 사람으로 표현하는 한계에서 벗어나 그들 또한 관심받을 가치가 있고 미술로 창의적인 표현과 의사소통을 할 수 있는 개인들을 위한 안전한 장소가 된다. 스튜디오가 지닌 부수적인 장점은 사회적인 것에서부터 경제적인 영역에 이르기까지 다양하다. 이는 예술가가 자신과 뜻을 같이하는 개인들이 공동체 안에서 예술적 비전과 개인적 양식을 계속 창작하고 성장시킬 수 있는 *지지적인* 환경을 제공한다. 따라서 스튜디오 프로그램은 미술교육, 미술치료 또는 단순한 미술 제작 이상의 것으로, 공동체 내에서 개인이 한 *개인으로서* 성장하도록 돕는 체계적인 접근법이다.

앞으로 논의하겠지만, 아웃사이더 예술가의 반복되는 정의 중 하나는 그들이 외부 환경이나 문화 환경의 영감을 받지 않은 개인이라는 것이다. 아르 브뤼 지지자들에게 이것은 긍정적인 특성으로 비쳤지만, 실제로 뵐플리와 같은 예술가들에게는 문화적 영향력을 무시한 채, 창작자가 주변 문화나 역사에 관여하거나 잊혀질 위험을 감수할 수 없게 하는 제한된 관점이기도 하다. 예술가의 작품에서 드러나는 어떤 성장이나 외부의 영향은 너무 앞서나가는 교육자나 조력자에 기인해야 했기 때문에, 테보즈와 다른 아르 브뤼 형식주의자들에게 스튜디오는 공포감을 조성했다. 이러한 안타까운 고정관념은 문화적인 사례들이 스며든 스튜디오 프로그램에서 배출된 다양한 동시대 미술작업을 쉽게 깎아내릴 수 있다.

그림 3.5 NIAD 아트센터의 갤러리에서 열린 《추상적 선호(*Abstract Preferences*)》 전시 전경, 2016년. 소장: NIAD 아트센터.

현대의 스튜디오 프로그램은 일반적으로 외부 방문객들을 두 팔 벌려 환영한다. 이는 갤러리의 역할을 하면서 더 많은 대중에게 작품을 판매하는 가장 좋은 방법이긴 하지만, 역사 전반에 걸쳐 숨겨져 있던 대다수 개인에게는 더 많은 관람자를 교육하는 부수적인 효과를 지니기도 한다. Per Wexler와 Derby(2015)는 "장애인 예술가의 작품을 의미 있는 경험과 개념을 표현하는 가치 있는 가공품(artifacts)으로 홍보함으로써 스튜디오는 관람객을 교육한다."(p.198)라고 보았다. 예술가들과 상호작용하고 다시 예술가들이 일반 대중과 상호작용할 수 있게 함으로써, 모든 개인은 동등한 입장에 서고, 예술가들은 예술적 창작가가 되고 방문객들은 감상자가 되는 뜻하지 않은 사건이 자연스러운 형태로 일어난다.

마지막으로 스튜디오 프로그램을 통한 판매는 재정적 전망이나 안정감이 거의 없거나 전혀 없는 동시대 사회복지 구조에 있는 개인들에게도 작품 판매를 통한 자립의 가능성을 허용한다. 이것은 미술치료사에게 치료사, 판매 중개인, 갤러리스트라는 이중 관계를 부여하는 것처럼 비춰질 수 있지만, 미술 제작과 판매가 주는 치료적 유익함은 더 폭넓은 미술치료라는 상위개념 아래 이 두 가지 역할을 연결할 수 있다. 또한 스튜디오 프로그램은 아웃사이더 아트와 미술치료의 관계를 더 논의할 기회를 제공하고, 두 영역에서의 정의를 확장한다. 스튜디오 미술치료사들에게 아웃사이더 아트는 미술계로 가는 다리를 제공한다.

"다른 것"이라는 라벨이 달린 예술가들의 착취당한 역사와 용어 선택과 관련한 뉘앙스를 고려하면, 스튜디오에 있는 미술치료사는 예술가, 갤러리, 수집가 또는 아웃사이더 아트의 영역에 있는 개인의 요구를 수월하게 들어줄 수 있다. 과거에 프린츠혼과 같은 정신과 의사들은 예술가 그리고 그의 작품을 홍보하거나 보존하는 중간자적 역할을 했다. 어떤 면에서, 동시대 미술치료사는 미술계에서 적절한 예술가의 대우를 보장하고 착취 가능성을 줄이는 "사례 관리자"로서의 역할을 맡을 수 있다.

프로그램 대부분은 예술가 자신이 만든 작품에 대한 진술을 구매자에게 제공하므로 그 정보는 종종 예술가의 양식이 갖는 형식적이고 주제적인 특성뿐만 아니라 예술가의 관심사 및 또는 과정에 중점을 두며, 임상에는 절대 중점을 두지 않는다. 이러한 진술은 대부분 불과 몇 줄이긴 하지만, 어떤 이들은 많은 동시대 예술가들의 관행에 필적하는 범위인 전체 정보 페이지를 공유하고자 한다. 따라서, 아웃사이더 아트가 발전하는 동안 지속됐던 착취와 그 끔찍한 세부 사항들에 대한 관음적 탐색과 쟁점 사안의 역사에 익숙해지는 것은, 미술치료사들로 하여금 예술가를 *예술가로서* 존중하고 비밀을 유지하는 것의 균형을 이루는 조심스러운 홍보가 얼마나 그리고 왜 중대한지 알려주는 데 도움이 될 수 있다. Spaniol(1994)은 미술치료 상황에서 만든 작품을 전시하는 실행계획에 관한 글을 썼으며, 그녀의 연구는 예술가들이 자신이나 그들의 작품과 관련한 정보를 유출하는 것을 방지하고, 자신만의 고유의 목소리로 더 큰 공동체와 연결되는 것을 강화한다.

결론

아웃사이더 아트의 개념에서 가장 우려되는 점은 미술 시장으로의 진입을 위해 미술작품이 예술가와 분리된다는 것이다(전기적 세부 사항은 제외함). 그렇다면 미술치료사들은 작품이 더 큰 미술계를 향해 감에 따라, 창작 후에 작품을 다루는 과정과 개인을 재연결함으로써 얻을 수 있는 유익함에 대해 더 깊이 들여다봐야 한다.

과거나 지금이나 미술치료사, 교육자, 예술가들은 작품 전시를 통한 동기부여라는 이점을 인식해 왔으며, 미술에는 대중의 인식을 바꾸는 힘이 있는 것도 사실이다. 사회적 변화를 촉진하는 미술의 개념은 오늘날의 많은 공동체 기반 환경에서 특히 중요하다. 뉴욕시의 지역문화회관들과 주간 프로그램은 정신질환자, 노숙자 등 다양한 문제를 지닌 개인들을 위해 미술치료 프로그램을 운영하고 있다. 20세기 초에는 이러한 개인 중 대다수가 전형적인 아웃사이더로 여겨졌을 것이며, 보호시설로 보내졌을 것이다. 그러나 공동체 중심의 정신건강 치료에서 그들은 더 공동체 중심적인 형태로 도움을 받고 있다. 이러한 경우에서도 미술의 제작은 계속 이어져 왔는데, 여기서 내가 말하는 제작물은 "키치(kitsch)"가 아니라 미학적 작품을 일컫는다.

미술치료 상황에서 창작된 작업과 담을 쌓음으로써 동시대 미술과 아웃사이더 아트는 이러한 제작물 중 많은 것과 차단될 위험성이 있다. 그러나 아웃사이더 예술가들이 점점 더 촉망받고 있는 오늘날 미술계와의 재결합을 위해서는 수용된 역사와 실무방식에 의문을 제기하는 미술치료사들의 노력이 요구된다. 분명한 것은, 미술과 미술이 아닌 것, 도구로서의 미술작품과 미적 대상으로서의 미술작품, 아픔과 건강함, 심지어 문화의 내부와 외부라는 연속적 범주는 미술치료의 순기능을 저해하는 동시대적 정의의 쟁점 사안으로 작용한다는 것이다. 이러한 모든 연속적 범주에 대한 실무자 각자의 개념이 결국 자신의 이론적 접근 방식을 찾게 하며, 언급한 바와 같이 이는 종종 상황에 따라 바뀌기도 한다. 따라서 스튜디오 환경에서 미술은 창작되고, 미학적 프로젝트로 활용되며, "환자"와 같은 정체성은 "예술가"와 같이 더 포괄적인 역할을 선호함에 따라 버려지기도 한다. 반면에, 개인 심리치료에서 성인 내담자와 함께하는 미술치료사는 당면하는 과정에 대해 미술작업이 부수적 역할을 한다는 것을 발견할 수 있다. 그러나 특히 미국에서는 미술치료를 정신건강의 맥락에서 더 심층적으로 통합하기 위한 더 큰 조치가 취해지고 있기에 미술치료사들은 이 분야를 고유하게 하는 미술에 의문을 제기하고 그 정당성을 뒷받침하는 광범위한 역사를 수용하는 것이 필요하다.

Chapter 4

정의와 용어에 관한
동시대의 쟁점 사안들

아웃사이더 아트

아웃사이더 아트의 용어 문제는 널리 쓰여 왔으나 미술치료와 관련해서는 상대적으로 덜하다. 그러나 아웃사이더 아트는 미술치료의 정의와 유사한 문제를 갖고 있어, 정의하기 너무 힘든 것에 이름을 붙이는 것은 당연히 어렵다는 난제를 낳았다. 따라서 내가 "창작의 전통적인 맥락 밖에 있는 예술가들의 작업"이나 아웃사이더 아트라고 생각한 것에는 다양한 부류의 꼬리표와 명칭이 달려왔다. 이 작품을 어떻게 정의할지와 여기에 자신만의 이름표, 그리고 사용에 있어서 올바른 이름표가 필요한가에 대한 논쟁은 계속될 것이며 아마도 이는 결국 아웃사이더 아트를 위해 가장 적합한 이름짓기 대회가 될 것이다. 아웃사이더 아트의 용어 문제는 연구의 초점이 작품 자체나 어떤 관습이나 통합된 특성에 의한 것이기보다는 어느 정도 창작자에게 맞추어졌다는 사실에 기인한다(Fine 2004; Rexer 2005). 예술 장르의 구성 요소를 정의할 때 작가의 전기를 가장 중요하게 여기면, 창작자를 전기적인 맥락에 맞추는 것 외에 어떻게 이름표를 달겠는가?

정신의학과 예술에 기반을 두고 발전한 아웃사이더 아트의 파편화된 역사도 이러한 문제점들의 원인이 됐다. "민속 예술"이 초창기 미국 작품에 대한 가장 적절한 명칭일 수도 있으나, 체코 농부들의 생산품에 적용될 때 이것은 뭔가 완전히 다른 것을 의미할 것이다. 우리가 보아 온 바와 같이 "원시 미술"은 대체로 비서구적인 환경에서 창작된 부족의 생산물이나 실용적인 제작물로 오랜 시간 여겨져 왔으나 20세기 초에는 독학 예술가들을 언급할 때도 사용되었다. 또한 Cardinal(1994)과 같은 이들은 아웃사이더 아트에 적합한 용어를 찾는 것과 관련한 모든 문제가 사실은 이 작업을 바라보는 우리만의 관점과 연결된다고 추측한다. 그는 이름짓기의 어려움에 대해 "이는 아마도 다수가 낯설어하거나 사회통념에 어긋나는 것으로 인식할 수 있는 열정을 정의하고 드러내기 위해 보여지는 것에 대한 당혹감을 포함한 모호하고 복합적인 감정의 징후를 보이는 것"(p.22)이라고 언급한다. 아웃사이더 아트에 이름을 부여하고 그런 꼬리표를 분류하는 이가 관람객이라고 볼 때, 명칭에 대한 감수성은 우리에 대한 언급뿐 아니라 우리가 *왜* 이 작품을 좋아하느냐는 우리만의 감정투사에 근거할 가능성도 있다.

1990년에 오하이오주에 있는 마이애미 대학교 미술관에서 열린 전시회인 《동시대 미국의 민속 예술, 나이브 아트 그리고 아웃사이더 아트는 주류에 속하는가?(Contemporary American Folk, Naive, and Outsider Art: Into the Mainstream?)》는 미술관 큐레이터들이 적합한 용어의 문제를 다룬 방식 중 하나를 보여준다. 도록에서, 슈윈들러는 일반 대중과 더 큰 미술계의 사고방식을 보여주는 각 용어의 제한된 범주를 우회하는 방법의 하나로 전시 제목에서 세 가지의 용어를 모두 사용할 것을 논의했다(Metcalf and Schwindler 1990). 어떤 면에서 이것은 창작자와 그들의 작품과의 관계에 대한 관람객들의 토론을 부추기고 특정 예술작품에 특정 용어를 붙이는 것을 관람객에게 맡겼다고 볼 수 있다.

아웃사이더 아트가 더 큰 미술계 내에서 호칭이 붙여지는 것이 전혀 필요하지 않다고 보는 이들도 있다. 게다가 오늘날에는 많은 아웃사이더 예술가들의 작품을 세계적인 예술박람회의 동시대 슈퍼스타들 사이에서 볼 수 있으며 주요 미술관들은 전문적인 직원을 고용하여 그 작품들을 보유하기 시작했다. 아마도 전세계에서 가장 중요한 아트페어 중 하나라고 볼 수 있는 《프리즈 마스터스(Frieze Masters)》의 2016년 방문객들은 런던의 '만물 박물관(The Museum of Everything)'이 재현한 뒤뷔페의 '아르 브뤼의 집(le Foyer de l'Art Brut)'을 경험할 수 있었을 것이다.

Rexer(2005)와 같은 몇몇 학자들은 하나의 "아웃사이더" 단체를 다른 단체와 차별화하고자 전문용어를 아예 없애거나 뒤뷔페가 아르 브뤼를 정의한 것과 같이 더 제한적으로 사용하길 원한다. 전통적인 맥락 밖에서 창작된 모든 형태의 예술을 포괄적 용어 아래에 똑같이 두면서, 각각의 예술은 애초에 그들을 흥미롭게 만든 특유의 매력을 잃게 된다. 이 작업과 관련한 용어와 정의가 더 광범위해질수록 관람자에게는 그들만의 연상 내용과 의미를 명칭에 투영할 기회가 더 많아지는 것은 당연하다. 따라서 아웃사이더와 같은 포괄적인 용어로 인해, 인종차별의 제도화로 통상적 관습의 "밖"에서 작업하던 이전의 노예인 빌 트레일러의 작품은 발달 장애 예술가들이 낮주간 프로그램에서 만든 작품인, 자칭 남서부의 "마녀" 옆에 전시되었다.

많은 학자와 평론가들에게 각 예술가의 차별성은 간과한 채 그들을 단지 "아웃사이더"라는 항목 아래 묶는 것은 모두를 불평등하게 하는 것이다. 또한 역사를 통틀어 이 작품을 설명하기 위해 사용된 거의 모든 용어는 언제 어디서나 모든 이들에게 적용될 수 있다.

Sondheim(1989)은 다음과 같이 기록했다:

> 용어들이 미술계의 담론구성체와 같은 문화적 관습의 제도화 주변부에서 허우적거린다. 그 용어들은 우리 모두에게 적용될 수 있는 '민속'에서부터 '원시적인'(그야말로 경멸적인) 것을 거쳐 '독학', '타고난', '아웃사이더' 등 진실일 수도 아닐 수도 있는 속성들을 구분하는 것에 이르고 있다. 만약 이러한 용어들이 제거될 수 있다면 방문자가 "속한" 관습적인 "미술계"로부터 상대적으로 고립된 예술가들만을 언급할 수 있을 것이다(p.33).

또한 호칭을 붙인다는 것은 매우 제한적이고, 특히 표현의 창의적 행위에 관한 언급에 있어서는 위험의 우려도 있다. 아웃사이더 아트에 관한 논쟁거리는 호칭이 더 이상 적용되지 않을 때 어떻게 할 것인가이다. 오늘날 많은 아웃사이더 예술가가 주요 미술관에 소속되어 있고, 큰 값에 작품이 팔리고 주요 국제 전시에 참여한다고 해서 그들이 아웃사이더에서 인사이더로 변하는가? "인사이더 예술(insider art)"이라는 호칭은 없는데, 그렇다면 이 예술은 무슨 항목으로 들어가야 하는가? 아마도 아웃사이더라는 명칭의 불확실한 수명과 영구성 때문에 이 예술가들은 어떤 면에서 그들의 고유한 맥락을 보존하기 위해 양식적으로나 개념적으로 진화하지 않는다는 개념이 생겨났을 것이다. 특히 이것이 아웃사이더 아트나 아르 브뤼의 창작자로 불릴 수 있는 다수의 사람에게 적용되는 것은 위험할 정도로 제약적인 사고다. 사실, 아웃사이더 아트는 미술치료사나 교육자들이 빛을 발할 수 있는 분야로, 스튜디오 프로그램에서 종사한 사람이라면 예술가들의 삶의 조건이나 배경과는 무관하게 그들이 성장한다는 사실을 단언할 수 있다.

예술가의 일대기를 작품의 진정성과 연결하는 문제는 안타깝게도 몇몇 수집가들에게는 내용이 더 추잡할수록 더 가치 있다는 것을 의미하는 것이었다. Cardinal(2009)은 "아웃사이더 아트는, 창작자의 비정상적인 전기적 맥락에서 그들을 괴짜, 부적응자, 반항아, 미치광이, 죄수, 은둔자 등으로만 여기는 경향이 있다."(p.1460)라고 지적한다. 아웃사이더 아트를 설명하기 위해 역사적으로 사용된 명칭 중에 우리는 심지어 교도소 예술에서 조현병 예술에 이르는 것까지도 볼 수 있는데, 이것은 형식적인 고려 사항 이상으로 작업에 영향을 미치도록 하는 창작자의 인지된 드라마다. 독학 미술에 관한 Fine(2003)의 문화기술적 연구는 이러한 감정이 얼마나 만연해 있는지 보여주며, 이는 "수집가들이 그들이 좋아하지 않는 작품을 구매한다는 것에 대해 부끄럼이 없다는 것은 참 놀랄만하지만, 그것이 바로 이 이야기의 매력이다."(p.172)라는 것에서 알 수 있다.

정의에 관한 역사적 문제들

미술의 역사에서 변화를 정의하는 것은 그 자체로 모호한 개념이지만 특히 아웃사이더 아트는 시간, 양식 혹은 주제에 의해 정의되지 않았기에 이것이 무엇인지에 대한 정의가 부족하여 늘 어려움을 겪어 왔다. 대신, 이런 작품들과 연결된 요소를 구별하는 것은 창작자의 배경에 있었는데, 때로는 아웃사이더의 광범위함이 문화 자체로 일반화하기는 했으나 주류 미술계의 밖에 있는 모든 이들을 대표하기도 했다.

자신이 항목별로 분류한 아르 브뤼를 구체적으로 정의하려는 뒤뷔페의 양면성은 오늘날에도 계속되는 이 논쟁에 일부분 이바지했는데, 그는 아르 브뤼를 구체적으로 정의하는 대신 무엇을 아르 브뤼로 여길지에 관한 "기준들"을 만들었으며, 이는 자유롭고 주관적인 근거를 바탕으로 형성되었다(Cardinal 1994; Peiry 2001). 뒤뷔페는 어떻게 해야 문화에 동화되지 않으면서 뭔가 훼손되지 않은 무언가를 맞이할 수 있는지 이해하게끔 접근한다.

문화에 관한 Dubuffet(1988)의 가장 큰 불만은 "이름 짓기(naming)" 풍조였다. 이는 이해하기 쉽고 구체적으로 분류하고 싶은 충동으로 인해 창의적인 작품들에 갖가지 라벨을 달고 분류하였기에 그는 이름 짓기에 동참하기를 꺼렸다. 여기서 잘못된 것은, 이 작품들이 자신 이전에 발견되지 않았다는 뒤뷔페의 순진한 믿음에 있다. 게다가 우리가 본 바와 같이, 유럽 중심의 문화 전통이나 미술계 밖의 예술 세계와 정신의학계에서 만든 작품의 전례가 있다. 뒤뷔페 이전에 이 작품들은 자체적인 이름을 갖지 않았으나 예술로 "적합하게" 여겨지지도 않았고 그 창작자들을 예술가로 여기지도 않았다. 이 작품들에 이름을 붙이고 그룹으로 나눔으로써 뒤뷔페는 아르 브뤼를 문화에 속하게 *했다*. 그러나 그는 또한 광범위한 세계화를 향해 나아가는 유럽과 미국의 사회문화적인 변화를 따라갔으며, 오늘날 미술과 미술사의 민주화를 향한 요구는 절정에 이르렀다. 뒤뷔페 이외에도 아웃사이더 아트를 정의해 온 다른 두 명은 이후에 아르 브뤼 컬렉션(Collection de l'Art Brut)의 책임자가 된 마이클 테보즈(Michel Thévoz)와 이 예술에 관해 글을 써 온 주요 인물인 영국의 미술사가 로저 카디널(Roger Cardinal)이다.

테보즈는 아르 브뤼에 대한 후자의 본래 관점을 유지한다는 점에서 뒤뷔페의 주요 후계자임이 틀림없다. 그는 서구 문화가 미적인 대상을 "파괴"하는 것에서 비롯되었다는 개념과 비슷한 고민을 공유하고(1994), 뒤뷔페가 이의를 제기한 문화에 동화되지 않으면서, 아르 브뤼에 라벨을 붙이고 정의하는 것에 대한 그의 어려움에 공감했다:

> 서구 문화가 단지 미학적인 것에 주목한다는 사실만으로도, 표현의 다른 형식을 왜곡하는 것처럼 보인다. 사실 완전한 파괴였던 전 단계로부터 약탈의 한 단계로 전환됨으로써 인류학적이고 심미적인 호기심이 관심 있는 대상들을 구하고 보존하는 이점을 가지게 되었다. 그러나 문화적인 식민화가 약해졌는데도 그 결과는 바뀐 것이 하나도 없다(Thévoz 1995, p.18).

테보즈에게 아르 브뤼는 정의되지 않은 채로 두는 것이 가장 좋은 것이었으며, "정의에 얽매일 수 없는 것에 주어진 이름"(1995, p.210)처럼 정의를 대체한 것에 대한 완벽한 경의의 표현이었다. 그러나 테보즈의 헌신은 뒤뷔페가 했던 것, 즉 인사이더 문화에서 완전히 배척된, 고립된 창작자의 개별성을 칭찬하면서 정작 창작자 개개인의 현실은 간과한 채 이상(ideal)만을 보여주기 위해 그들을 활용했던 위험에 똑같이 처하게 했다.

이런 이유로 테보즈는 치료적이고 의학적인 개입, 특히 미술치료를 가장 노골적으로 반대하는 사람 중 한 명이 되었다(Rosen 2007; Thévoz 1995). 탈시설화, 공동체 보호와 의학적 치료로 나아가는 과정에서 아르 브뤼 창작자의 "이념"이 위험에 빠지게 되었기에, 테보즈는 보호시설에서 머무는 것이야말로 진정한 개인의 창의적 욕구가 번영할 수 있는 최적의 조건이라고 보았다.

그러나 뒤뷔페와 마찬가지로 Thévoz(1994)도 아르 브뤼가 그 어떤 창작자도 *진심*으로 보여줄 수 없는 개념적 이상에 더 가깝다는 것을 인정했다. 또한 카디널은 아웃사이더 아트 장학제도라는, 아마도 가장 위대한 영구적인 유산을 만들었다. 그는 용어 자체의 기원에 대해서도 신뢰했다:

> 나의 편집자는 *아르 브뤼*만이 부르기 가장 적절한 단어임에도 불구하고 속표지와 겉표지를 영어로 인쇄되는 것이 어떻겠냐고 제안했는데, 이는 영어권 독자들에게 *아르 브뤼*가 잘 어울리지 않을 수도 있다는 두려움 때문이었다. 1972년 이후로 아웃사이더 아트라는 용어는 그 자체로 삶을 이끌어왔으며, 다양한 방식으로 남용됐고, 때로는 전문용어로서의 유용성을 제대로 발휘하지 못했다(Cardinal 2009, p.1459).

뒤뷔페와 테보즈와 마찬가지로 Cardinal(1972)은 그의 시도가 "아웃사이더에 대해 제한된 규칙을 끌어내는"(1994, p.33) "불합리한" 또 하나의 과정이 될 것이라는 점을 알았기에 해당 분야를 섣불리 정의하지 않았다. 그러나 카디널이 아웃사이더 아트를 미술사에서의 다른 한 때로 취급한 것은 창작을 향한 내적 추진력(1994, 2009), 그리고 주로 독학을 하거나 때로는 주류 문화권 밖에 있는 예술가들(1972, 1994, 1997, 2009)의 "가공하지 않은" 창의력(1972, 1997)을 포괄하는 정의를 압축할 뿐 아니라 그것의 정당화를 지속시키는 효과를 가지게 되었다. 카디널이 아웃사이더 예술가를 정의하면서

"가장 중요한" 요소로 여긴 것은 "그들은 표현적 충동을 지니고 있어야 하며, 관습적인 예술역사의 상황에 대항하면서 그 충동을 감시받지 말고 형체로 나타내야 한다."(1994, p.30, 원저자가 강조함)라고 언급한다. 따라서 우리는 아웃사이더 아트, 순수 회화와 미술치료 사이의 경계를 넘나드는 프린츠혼의 형상화, 심지어 크레이머의 승화와도 연결되어 있다.

용어에 있어서, 분명 카디널은 그의 편집자가 아웃사이더 아트라는 용어를 사용하자고 제안했을 때 전문용어를 마련한 것은 아니다. 그의 전임자들과 마찬가지로 Cardinal(1972)이 그 분야를 정의하는 가장 쉬운 방법은 무엇이 아닌지 이해하는 것이었다. 아웃사이더 아트는 공동체의 전통이나 특정한 관람객을 위해 탄생한 것이 아니었으므로 민속 예술이 아니었다. 아웃사이더 아트는 대부분 관람객을 위해서가 아니라 예술가 자신을 위해 만들어졌으므로 대중 예술이라고 볼 수 없었다. 이들은 전통적인 규범과 기준에 영향을 받았던 일요화가도 아니었고, 교사, 부모님과 친구들이라는 관객을 위해 창작품을 만든 아동 미술로도 분류할 수 없었다. 마지막으로, 카디널은 원시미술조차도 특정한 문화적 규범과 의례에 묶여있다고 보았다. 따라서 카디널의 도움으로 주류 밖에서 창작된 예술의 연속적 범주가 존재했었다는 개념이 알려지게 되었다. 창작의 개별성은 모두 다르지만, 그 맥락이 전통적인 예술가들, 고등 미술교육의 하나, 스튜디오 방문과 갤러리 네트워크 등과 같지 않다는 것은 연속적인 실마리가 되었다.

아웃사이더 아트가 명확하게 정의되기를 피한다는 말은 어떤 예술 양식, 학교 혹은 운동, 심지어 예술 자체의 정의에서도 적용될 수 있다. 그리고 여기에 미술치료자들과 교육자들이 아웃사이더 아트에 더 관심을 가져야 하고, 학자들, 판매상들과 평론가들이 스튜디오 프로그램의 작업물에 관심을 가져야 할 이유가 있다. 아웃사이더 아트는 시간과 장소에 근거한 운동이나 학파가 아니라 장기간에 걸친 예술의 기표이기 때문에 정의 내리기를 거부하며 끊임없이 진화하고 새로운 정의에 개방적이다. 정의 내리는 것에 대해 학제적으로 토론하는 것은 중요하지만, 아웃사이더 아트가 지닌 난제는 우리가 문화와의 관계에 근거하여 각각의 예술가에게 라벨을 붙이려고 하고 (우리가 이것을 정의했듯이), 결국 그들을 다른 사람으로 나타내거나 우리와는 다르게 본다는 점에 있다. 따라서 우리는 창작자들보다 높은 권력층이 되어 버린다. 게다가 사회의 변두리 끝에 있는 개인의 위치를 미화시켜서 표현하는 것은, 매우 가혹한 삶이라는 실제 현실을 때로는 있는 그대로 보여주지 못하고 낭만적인 이상에 빠지기 쉽게 한다. 말하자면, 위대한 창작물은 문화 밖에서 굶주린 예술가가 죽고 살기 위해 작업하면서 탄생한다. Weiss(1992)는 예술작품뿐 아니라 그와 같은 많은 작품(특히 정신병원에서 만들어진 작품)이 고통의 표현, 소통에 대한 시도, 인정받고 싶은 울부짖음이라는 점을 우리에게 상기시킨다. 그런 예술의 가치를 정하는 이들이 종종 잊고 있는 것은 바로 이 고통이다(p.4). 미술치료사들이 담화에서 더 목소리를 내는 것이 중요한 이유는, 우리가 소통을 위해 예술작업을 다루는 데 본질적으로 적합하며, 현대 돌봄시스템에 실제로 능숙하기 때문이다.

무엇으로부터의 외부인가?

아웃사이더 아트를 설명하기 적절한 용어를 찾는 데 있어 가장 큰 문제 중 하나는 이 창작자들을 "주류" 예술과 차별화하는 것이 무엇인지 우선 파악하는 것이다. Lippard(1994)는 이러한 혼란에 대해 다음과 같이 설명한다:

> 이런 예술가들은 무엇으로부터의 '외부'에 있는가? 그들만의 사회적 배경으로 부터? 때로는 그렇지. 주류로부터? 대개 그렇지. 사실 이들은 미술계 내부에서 활동하는 최고의 예술가들처럼 진정한 인사이더이다. 그들은 내면을 들여다보기 때문에 주로 돈 있는 척 자기 겉모습만 꾸미는 사회로부터 무시당하고 버려진 것이다(p.5).

Zolberg(2010)는 내부에 있지 않기로 선택한 "아웃사이더"와 "변두리" 환경에서의 창작품이나 집단에서 유래한 "아웃사이더" 간의 차이점을 매우 잘 구분하고 있다. 젤버그는 전자, 즉 "예술적 특성에 대한 관습적인 기준, 그들의 미술계에서 설립된 단체, 그리고 예술가들이 순응할 것으로 기대되는 관습적 관행의 거부"를 선택한 사람들을 설명하기 위해 Becker(1982)의 "이단자(maverick)" 개념을 인용한다(Zolberg 2010, p.100). 반면, 우리가 거의 통상적으로 아르 브뤼의 후손과 연결 짓는 후자의 아웃사이더 예술가들은 "예술 전문직에 포함되지도 않고 그렇다고 해서 이단자처럼 일부러 거부하지도 않는다"(p.100). 문제는 본질적으로 무엇이 "변두리"고, 무슨 맥락에서 비교되고 있는지가 "정상"의 기준이 될 것이다(Rhodes 2000).

한편, 가난하거나 소수인종이었기 때문에 소외되었다는 사실을 제외하고는 역사 속에서 이런 예술가 대다수를 "예술"의 맥락에서 벗어나게 한 적은 없다. 이에 관한 좋은 예는 빌 트레일러로, 그는 지금은 아웃사이더의 "거장"으로 알려졌음에도 항상 예술가로 존중받았다. 2016년에는 사실 문화권 밖에 존재하는 누구도 상상하기 어렵기에, 아웃사이더의 많은 정의를 더 광범위한 미술사적 맥락이나 미술계의 맥락 밖에서 작업하는 창작자로 보는 것은 당연하다(Blodgett 1976; Davies 2009; Fine 2004; Gomez 2010; Rexer 2005; Tuchman and Eliel 1992). Danto(1997)는 "'아웃사이더'는 주어진 시간에 주어진 미술계 일부가 되지 않고 예술을 창작하는 사람들을 의미한다."(p.35)라고 하면서 이에 관해 가장 잘 설명했다. 아웃사이더는 일할 수 있고 교육을 받을 수도 있지만, 여전히 미술계 밖에 존재한다.

하지만, 미술계처럼 폐쇄적인 구조 밖에 있다는 것은 무엇을 의미하는가? 가끔 이것은 예술가로서의 경력에 대한 열망이 없고, 예술가로서의 자기 개념이 없는 예술가나 창작자로 정의되기도 한다(Ardery 1997; Boriss-Krimsky 2000-2001; Dubin 1997; Fine 2003, 2004; Maclagan 2009; Rexer 2005). 왜냐하면 이런 예술가들은 "대중적인" 관람객을 위해 창작하거나 "팔리는" 작품을 제작하는 등 주류 예술가들을 힘들게 하는 영향에서 벗어난다고 여겨지므로 모든 인간에게 존재하는 가공되지 않은 창의적 잠재력을 활용하고 자유롭게 표현할 수 있다. 그러나 간혹 관람객이 없다는 것은 이런 예술가들을 우쭐하게도 하고, 다시 이들의 의지를 떨어뜨리게도 한다.

Rhodes(2000)는 "수많은 경우 민속 예술과 나이브 아트의 관습 밖에서 작업하는 독학 예술가들은 그들의 작품을 향한 관람객을 염두에 둔다."(p.17)라고 기록한다. 뵐플리는 자신의 작업에 가치를 부여하고 관심받는 것을 즐기고 그와 그의 작업을 돕는 "보조"를 고용한(Peiry 2001) 아르 브뤼의

"거장"이다. 이 관람객이 자기 자신이든 자기 밖의 인물이든 간에 이러한 환원적인 정의에도 불구하고 의지를 없애는 것은 이 작품의 창작자가 받아 마땅한 존중을 받지 못하게 한다. Fine(2004)은 그의 폭넓은 현장 연구에서 "독학 예술가들은 그들의 경력을 쌓는 것에 있어서 매우 적극적일 수 있다. 어떤 예술가들은 자기 작품이 논의되는 심포지엄에 참여하기도 한다. 다른 예술가들은 전시기획에 적극적으로 참여하기도 한다."(p.128)라고 밝혔다. 시카고 예술가 리 고디(Lee Godie)는 그녀의 작품 판매와 홍보를 모두 직접 다루었는데, 그녀의 작품을 홍보하고 자신의 그림을 사는 사람을 대한 것도 그녀였다. Dubin(1997)은 "그녀가 그렇게 함으로써 기존의 평론가들과 갤러리를 우회했다. 자기 자신의 결정자였던 고디는 과연 탁월했다"(p.47).

이 정의에 관한 문제는 많은 아웃사이더 예술가들이 다시 목소리를 내는 것을 점점 힘들게 한다. 창작 과정이나 특정 창작품을 만든 동기에 대해 정작 그들은 알지 못한 채 누군가가 작품의 창작 동기를 결정하는 것은 판매상, 연구자와 임상의들의 몫이 되어 왔다. 아웃사이더 아트의 많은 경우 예술가 자신의 최종 작품에 대해 거의 신경 쓰지 않거나 무심하게 여겼기에 야외 조각과 환경예술 작품은 그냥 환경에 내맡겨졌고, 작품은 모조리 파괴되었으며, 현존하는 작품은 다음 작업을 위한 재료로 사용되는 식이었다. 이 때문에 대다수의 아웃사이더 예술가에게 중요한 것은 작품의 결과가 아니라 과정에 있다는 생각이 떠오르게 되었다.

그러나, 정의와 관련한 이러한 사고방식의 문제점은 "주류" 예술가들 안에서는 이와 똑같은 과정을 밟지 않는다는 점이다. 심지어 Pickford(1967)는 "세잔도 그의 많은 작품을 파괴하고 보존하는, 유사한 양면성을 보여주었다"라고 기록하였으며, 뒤뷔페는 그의 오랜 유산을 관리하기 위해 대다수의 초기 작업을 파괴했다(Foster 2001).

마찬가지로, 우리가 아웃사이더 예술가를 관람객 없이 고립된 채 창작하는 개인으로 정의할 때(Cardinal 2009; Dubin 1997; Peiry 2001), 우리는 또한 이 고립되고 기이한 방식으로 작업해 왔고, 작업하고 있는 대다수의 "주류" 예술가를 간과하게 된다. 일본 예술가인 쿠사마 야요이(Yayoi Kusama)는 보호시설에서 살기 위해 몸소 사회로부터 떠나 있었으며, 조지아 오키프

(Georgia O'Keefe)는 서구 미술을 선호하는 뉴욕 미술계를 떠나버렸다. 사실, 특정 소비계층의 관람객을 위해 특정한 목표를 가지고 작업하는 상업작가와 인기 예술가를 제외하고는 아마도 고립된 방식으로 창작하는 예술가들이 대다수라고 주장할 수도 있을 것이다.

결정자들(Gatekeepers)

아웃사이더 아트에서 계속 강조되는 것은, *정의 내려진* 아웃사이더는 그들의 작업에 관심 두는 인사이더에게 의존해야만 한다는 것이다. 그러나 이것은 미술사나 동시대 미술계에서의 과도기적 운동과 실제로 어떻게 다른가? 사회적으로 볼 때, 미술계 내부에는 일반적으로 작품에 가치를 두는 이들이 있고, 예술가를 중요하게 여기는 이들도 있다. 그가 첼시(Chelsea)에 있는 스튜디오에서 작업을 하든 농장에서 작업을 하든 말이다. Anthony(2012)는 작업을 고르고, 표현하고, 글로 쓰고 홍보하는 예술의 인사이더들, 그리고 작품을 "가치 있게" 여기고 "문화적 권력"을 지닌 미술계 외부의 구조를 사회학적인 관점에서 이해한다. 작품 자체만으로 그 작품의 장점을 판단할 수 있다는 개념이 이상주의적이긴 하지만, 창작자의 전기나 삶의 환경과 같은 것은 미술계 인사이더들의 시선을 끌며, 이들은 이후에 그 대상을 상품에서 예술의 단계로 가져간다. 무엇보다도, 예술가가 결정자에게 눈도장을 찍을 수 있는 기회를 얻으려면 어떤 무대에서든지 활동해야 한다. 대다수 갤러리가 예술가에게 제안서를 달라고 먼저 요청하지 않는데, 어떻게 그 문을 뚫고 들어갈 수 있겠는가? 순수 회화 석사학위가 지난 10년간 급증한 것은 예술가가 큐레이터의 시선으로 정통성을 얻을 수 있는 주요한 방법의 하나기 때문이다.

아마도 인사이더가 작품을 판매한 가장 좋은 사례는 1960년대 팝아트의 발전일 것이다(Hopkins 2000). 레오 카스텔리(Leo Castelli)는 몇 년간 존스(Johns), 라우셴버그(Rauschenberg), 로젠퀴스트(Rosenquist)와 워홀(Warhol)의 작품을 재빨리 입수한 후 일련의 홍보, 전시회와 판매를 통해 작품의 가치를 올리고 오늘날까지도 지속되는 미술 시장을 만들었다. 카스텔리의 예술가들은 단지 그의 갤러리를 통했기 때문에 가격이 올라갔으며, 인사이더로서 그의 지원은 예술가들의 창작물에 가치를 부여했다. 카스텔리 같은 갤러리에게 있어서, 재정적으로나 다른 방책으로 예술가의 작품을 홍보하는 순전한 능력은 평론가가 뭐라고 말하든 간에 예술가가 직접 작품에 대해 말하고 매매한다는 것을 의미했다. 예술가의 평판은 이제 본질적으로 학자와 평론가가 아니라 판매상과 수집가가 부여한 (재정적) 가치와 연계되었다.

팝아트 시장이 흥미로운 점은 이 예술이 민속 예술과 아웃사이더 아트의 부흥을 가장 많이 연상시키는 "인사이더" 운동일 수도 있다는 것이며, 작품을 이해하기 위한 특별한 지식이나 계층을 필요로 하지 않았다는 것이다(Cherbo 1997). 그러나 평론가와 미술관의 문화적인 인사이더들은 이를 두 팔 벌려 환영하지 않았다. 이들의 작품을 팔기 위한 시장을 마련하고 판매상을 결정자의 입지로 굳힌 이는 카스텔리와 그의 동료 판매상들이었다.

갤러리와 딜러들은 권위를 위해 그들의 명성을 쌓을 책임이 있으며, 이는 예술가들이 작품에서 표현하는 것에 권위를 주고, 그다음에는 구매자들이 작품을 결정할 때 더 확신을 느끼게 해 준다(Schonfeld and Reinstaller 2007). 미술 시장을 크게 두 개의 시장, 즉 작품이 처음으로 시장에 소개되는 첫 번째 시장, 그리고 예전에 그 작품 이 판매된 이력을 통해 재판매의 가치 판단이 결정되는 두 번째 시장으로 나뉜다고 볼 때, 첫 번째 시장에 진입하는 모든 예술은 여전히 무명 작가들의 작품이기에 반드시 갤러리나 딜러로부터 인정받고 홍보돼야만 한다. 우리는 지금 아웃사이더 아트와 함께 이런 상황이 일어나는 것을 보고 있다. 반면, 앤드류 에들린(Andrew Edlin) 갤러리, 리코/마레스카(Ricco/Maresca) 갤러리, 캐빈-모리스(Cavin-Morris) 갤러리와 같은 뉴욕의 갤러리들처럼, 아웃사이더와 인사이더 예술가들을 모두 홍보하는 안정적이고 중요한 갤러리와 딜러들도 있으며, 오늘날 동시대 갤러리들은 "아웃사이더"라는 이름을 그렇게 명시하지 않으면서 작품을 소개한다. 뉴욕에 있는 JTT 갤러리는 캘리포니아 리치몬드에 있는 NIAD 아트센터(NIAD Art Center)에서 작업하는 예술가인 말론 뮬렌(Marlon Mullen)의 작품을 대표한다. 흥미롭게도 종종 「아트포럼(Artforum)」같은 잡지에 나오는 동시대 작품을 재해석하는 뮬렌의 작업은 다른 세계적 아트페어처럼 아웃사이더 아트페어에도 잘 어울린다.

뉴욕의 비영리단체인 화이트 칼럼스(White Columns)의 책임자 매튜 힉스(Matthew Higgs)는 전통적인 맥락 밖에 있는 작품, 특히 스튜디오 프로

그림 4.1 〈무제(*Untitled*)〉, 말론 뮬렌, 2014년. 캔버스에 아크릴, 30x24″. 작가,
뉴욕의 JTT 뉴욕갤러리, 캘리포니아 리치몬드의 NIAD 아트센터 소장
(컬러 도판 5를 볼 것)

그램의 작품에 대한 인식을 고취하는 데 있어서 중요한 역할을 한다. 현재 마리안 보에스키 갤러리(Marianne Boesky Gallery)는 손튼 다이얼의 작품을, 제임스 푸엔레인츠 갤러리(James Fuenreintes Gallery)는 로니 홀리(Lonnie Holley)의 작품을 대표한다. 이 글을 쓰는 순간에도 "아웃사이더"의 작품을 홍보하고자 다수의 새로운 기업들이 속출하고 있지만, 이제 동시대적 상황은 그들에게 발언권을 주고 있다. 아웃사이더로 불리는 예술가들의 작품에 대한 인사이더들의 결정론적(gatekeeping) 효과와 관련하여 가장 우려되는 것 중 하나는 아웃사이더 아트를 착취한 불행한 역사가 있었다는 점이다(Peiry 2001; Sondheim 1989). 인사이더 예술가들은 종종 그들의 작품과 함께 축하받기 위해 미술계 내부로 초대받았지만, 아웃사이더 예술가들은 창작이 끝나고 나면 작품에서 제외되거나 작품을 보여주고 고찰하는 데 목소리를 내지 못하는 경우가 많았다. 이에 대해 Rexer(2005)는 "'아웃사이더 아트'는 역사가, 평론가, 수집가들의 창작품이자 예술가를 *제외한* 모든 이들의 창작품이다."(p.12)라고 언급했다. 이 모든 것은 지난 20년간 변화해 왔지만, 초기의 아웃사이더 아트의 딜러들과 감식자들은 예술가의 전기에 주로 초점을 맞추었으며, 그런 점에서 예술가 자신은 진술, 글이나 논의의 형식에 참여하지 않았고 딜러는 "일화적인 자료에서 얻은 부수적인 정보만을 찾아내서 사회적인 행동과 심리적인 상태 등과 관련하여 축적된 자료"에서 만들어진 이야기를 사용했다(Cardinal 1994, p.29).

　따라서, 종종 우리와 "다른 사람"의 신비로움을 고조시키기 위해 가장 추잡한 이야기를 찾아내는 것은 딜러들의 최고(재정적인) 관심사가 되어갔다. 동시에 Ardery(1998)는 이 예술가 중 대다수가 그런 추잡한 이야기가 지닌 매력을 모르지 않았다고 지적하면서, 어떤 이는 계속해서 진실을 과장한 뒷이야기를 만들고 받아들였다. 가령 아내와 아이들을 "유기"한 죄로 무기징역을 받은 톨슨(Tolson)은 관람자가 듣고 싶어 하는 이야기가 무엇이든 간에 살인자, 지역적 영웅, 폭력배였던 그의 이야기에 사람들이 "더 고상한" 의도를 부여하는 것을 행복해했다. 그러나, 최근 몇 년 사이에 눈에 띄게 성장한 "인사이더"의 새로운 형태는 유명 인사(celebrity)를 의미한다. 레오나르도 디카프리오(Leonardo DiCaprio)가 산 작품 한 점이 인스타그램에 올라

오면, 그것이 얼마나 독창적이지 않든 지루하든 상관없이 *디카프리오*의 명성이 새로운 수준의 가치를 부여했기에 다른 사람들도 그 작품에 주목할 것이다. Schroeder(2005)는 마돈나(Madonna)가 신디 셔먼(Cindy Sherman)의 MoMA 전시회를 어떻게 "후원했는지" 기록하면서, 이 전시가 오늘날 그녀의 상징적인 영화 스틸 연작을 더 많은 대중에게 알렸으며, 그렇게 함으로써 "셔먼이 유명한 예술가로 부상하는 것을 보장하게 되었다."(p.1298)라고 언급했다.

　예술에 대한 마돈나의 지지가 중요한 이유는 무엇인가? 왜냐하면 그녀는 동시대적인 형태의 "문화적인" 권위를 부여받았으므로 *대중*은 그녀의 의견이 중요하다고 생각하고 그렇게 행동한다. 아웃사이더 아트의 관점에서 이런 유명 인사의 지지가 미술계와 더 많은 대중 사이에서 더 훌륭한 인지도로 이어진 측면도 있다. 1984년에 밴드 REM은 자신들의 앨범 "심판(Reckoning)" 표지에 하워드 핀스터(Howard Finster)의 그림을 실었으며, 이듬해, 토킹 헤즈(Talking Heads)는 그들의 앨범 "작은 생명체들(Little Creatures)" 표지에 핀스터의 작품 중 하나를 사용했다. 이 두 음악 그룹들은 남부 민속 예술과 아웃사이더 아트가 생소했을 관객의 눈에 핀스터의 작품을 심어주고자, 성장하는 그들의 문화적 권위를 내어 주었다. 어떤 의미에서, Zolberg와 Cherbo(1997)의 설명처럼 거기에는 미시적이고 거시적인 차원에서 발생하는 "다수의 결정자"가 있으며, 그렇게 함으로써 "인사이더와 아웃사이더의 구분은 다층적이고 다차원적으로 되어 가고, 종류보다는 정도의 문제로 개념화되어야 한다."(p.5). 다시 말해서, 결정자의 의미는 가변적이며 아웃사이더인지 인사이더인지는 상황에 따라 달라짐을 알 수 있다.

전기적인 것에 초점을 맞추다

아웃사이더 아트를 자신의 관심 분야로 삼는 것은 작품 자체보다 창작자의 전기에 더 무게를 둔 것으로 볼 수 있다. 그러나 우리가 알고 있듯이, 창작자가 내면에 접근할 수 있든 없든, 이를 촉발하는 것은 창작자의 전기에 있다. 아웃사이더 아트, 미술치료 그리고 미술사의 단면과 관련해서는 다시 한번 논의할 가치가 있다. Anderson(2014)이 조사했듯이, 예술가의 전기에 초점을 두는 것은 종종 예술작품보다 더 중요한 역사적 배경을 지닌다. 대플리니우스(Pliny the Elder)(c. ad77)에서 조르조 바사리(Georgio Vasari)(1550)에 이르는 것을 넘어 그녀는 "자기 모습을 찾는"(p.155) 놀이가 "예술가의 작품이 특유의 성격적 특성에 따라 형성될 것이라는 개념을 굳건히 하고 인식 가능한 사건의 종류를 묘사하는 것"(p.154)과 같은 습성을 가졌다고 본다. 중요한 것은, 이런 전기에 대한 대부분의 통찰은 *가십거리*에 불과했으며, 독자들은 작가의 전기에 "사로잡혀", "모든 가난한 소년들이 그들만의 일에 성공하는 것을 기뻐한다"(Eisler 1987, p.77) 것이다. 이 다툼의 영역은 더 큰 쟁점조차 무시하는데, 정말로 중요한 예술가를 예술작품에서 배제하는 것이 말이 되는가? 가령, 빌 트레일러의 작품은 인종차별, 격리와 노예제도 등 그가 겪은 모든 주제를 *다룬다.* 백인 예술가들이 트레일러와 똑같은 주제를 다룬다면, 트레일러의 작품이 지닌 효과나 지속적인 힘은 갖지 못할 것이다.

반면에, 작품이 의미하는 바를 해석하는 것이 중요한 목표라면, 예술가의 전기를 이해하면서 비판적인 관점에서 작품을 보는 것은 균형 잡힌 고찰이 될 것이다. 그들의 작업에서 보았듯이, 예술가의 독특한 경험을 이해하기 위해서는 그들의 사회문화적 배경, 역사 그리고 그들을 더 좁은 준거 틀에 "배치"할 수 있는 기타 인구학적 정보를 포함하여 예술가에 대해 가능하면 많이 고찰하는 것이 필요하다. Eisler(1987)는 우리가 작가의 전기에 관심을 기울이지 못했던 인식의 원인이 될 수 있는 몇몇 사실에 주목한다. 그것들은 특히 20세기에 두드러진 현상이었는데, 미술 중개인들은 현존하는 작가보다 조절이 가능한 마케팅 스토리를 가진 사망한 예술가들을 선호하기 시작했고, 정신분석학은 아이러니하게도 비평가들과 학자들로 하여금 전기에 덜 집중하게 만듦으로써 분석가들의 먹잇감이 되지 않도록 하는 결과를 가져왔다. 논의된 바와 같이, 미술평론을 위한 렌즈로서의 정신분석학은 절대 주류의 수용을 얻지 못했다.

그러나 아웃사이더 아트의 역사에서도 전기는 또 다른 의미를 지니는데, 이는 예술작품에 주목하게 만든 "인사이더"의 전기다. 가령, 우리가 뒤뷔페를 생각할 때, 그가 예술가였다는 점, 더 정확하게는 인사이더 예술가이자 아르 브뤼의 옹호자였음을 기억하는 것은 중요하다. 뒤뷔페가 영향력을 비판하고 그의 초기 작품들을 파괴한 시도에도 불구하고 아르 브뤼에 대한 뒤뷔페의 올바른 평가를 그의 예술에 끼친 영향과 분리하는 것은 불가능하다 (Foster 2001).

전기는 또한 예술가의 브랜드를 만들어내기도 한다. 사랑스럽기보다는 혐오스러움이 더 클지 모르는 동시대 미술가 제프 쿤스(Jeff Koons)는 그 자신이 브랜드이기 때문에 성공했다. 그의 예술은 대중 소비주의의 절정이라 할 만큼 과감하게 상업적이지만, 그의 작품을 갈망하는 국제적인 투자자들은 여전히 수백만 달러를 쓴다. 예술가이자 브랜드 관리자를 보여주는 최초의 현대적 사례는 아마도 피카소(Picasso)와 뒤샹(Duchamp)일 것이다. 이들은 비평적이고 학제적인 관점으로부터 어떻게 예술가의 진화된 페르소나나 브랜드적 기질이라는 전기에 관심을 덜 두게 하는지에 대해 흥미로운 결론을 내렸다.

Eisler(1987)는 피카소의 "역할극"이 예술가를 인간으로 이해하려는 평론가와 학자들의 시도를 좌절시켰다고 보면서, 어쩌면 전기는 작업을 이해하는 데 있어 중요한 요소가 아니라는 개념에 더 많이 기여했는지도 모른다고 보았다. 지나고 보면 피카소의 전기는 그의 작품과 밀접하게 연결되어 있으며, 평론가와 학자들을 가지고 노는 이런 방식은 그의 모든 작품과 그의 알려진 성격과 딱 들어맞는다는 것은 분명하다. 2004년의 한 연구는 어떻게 한 예술가가 브랜드를 관리하는 사람으로서, 하나의 브랜드로서, 특히 성공적인 예술가로서 일하는지 조사했는데, Schroeder(2005)는 앤디 워홀, 바바라 크루거 그리고 신디 셔먼이 어떻게 그들의 작업과 떼래야 뗄 수 없게끔 "존재하는지" 보여준다고 하였다. 슈뢰더가 말했듯이 워홀은 "자기 자신을 최후의 소비재로 대량 생산했던"(p.1294) 것이다. 종종 아웃사이더 아트를 "정의하는" 특징은 예술가들이 자기 자신을 예술가로 인식하거나 다른 사람들에게 그렇게 인식되는 것에 관심이 없다는 것이다. 그러나, 이 환원적인 정의는 자신의 욕망, 꿈과 희망을 지닌 이런 "아웃사이더들"의 소속감을 앗아간다. 나는 뷜플리를, 동시대적 맥락에서는 LAND 갤러리의 마이클 펠류를 떠올린다. 1세기나 떨어져 작업한 이 두 예술가는 매우 큰 흥미를 갖고 더 많은 이들과 자신들의 작업을 공유하며, 이런 관심이 그들 자신과 연결되기를 매우 원한다. 펠류가 스스로 지은 별명인 "예술의 대부"는, 고립된 채 작업한 다거와 같은 이들보다는 워홀의 개념과 더 잘 맞는다. 그렇다면, 전기를 고려하는 것은 모든 예술가, 특히 사회 문화나 사회 활동적인 주제를 다루는 이들을 이해하는 데 도움이 될 것이다. 트레일러의 경우, 그의 전기는 그의 작품 주제와 이를 다루는 방식을 *정당화하고*, 그에 따라 더 높은 수준의 진정성을 부여한다. 동시대적인 관점에서 보자면, 고향인 멕시코 시티를 표현하기 위해 전통적인 기법을 사용하는 피아 카밀(Pia Camil)의 작품을 떠올릴 수 있겠다. 그녀의 독특한 경험에 근거하여 더 높은 개념적 토대가 스며든 그녀의 작품은 이런 전기적인 세부 사항들에 의해 향상된다.

용어 문제의 역사

아웃사이더 아트를 명확하게 정의하는 것은 그만큼 어렵기에 미술사가 시작된 이래로 주류를 벗어난 작품에 적합한 라벨을 다는 것은 난제가 되어 왔다. 아웃사이더 아트의 경우, 작품은 주로 창작자의 삶의 경험만큼 정의될 수 있기에, 종종 자기 삶을 독립적인 용어로 보는 하위 범주가 적용되기도 한다. 안타깝게도 이는 Wexler(2005b)가 "용어와 분류의 소용돌이"(p.255)라고 부른 것으로 이어졌으며, 거의 합의에 다다르지 못한 채 문헌의 페이지마다 어떤 용어가 가장 적합한지 토론하고 있다.

아르 브뤼(Art Brut)

이 작품들에 원래 부여된 이름은 뒤뷔페의 아르 브뤼였으며, 가장 근접하게는 "가공되지 않은 예술"로 번역되었다. 많은 순수주의자, 특히 오랜 전통을 지닌 유럽에서는 여전히 아르 브뤼를 가장 이상적인 용어로 보고 있다. 카디널이 아웃사이더 아트라는 용어를 사용한 것이 아르 브뤼의 "영어식" 번역을 의미했다는 점을 생각할 때, 그냥 원래의 평가 기준으로 돌아가자는 요구도 있다. 다시 말해, 아르 브뤼의 정의는 자발성, 가공되지 않은 창의력,

창작을 위한 내적 충동(Dubuffet 1988; Cardinal 1972, 1994; Davies 2009; Ferrier 1998; Minturn 2004; Peiry 2001; Rhodes 2000; Rosen 2007; Tansanella 2007; Thévoz 1994를 볼 것), 교육의 결여(Cardinal 1972; Minturn 2004; Peiry 2001), 그리고 문화적 맥락, 특히 미술계를 벗어난 창작물(Dubuffet 1988; Cardinal 1972, 1994; Davies 2009; Ferrier 1998; Minturn 2004; Peiry 2001; Rhodes 2000; Rosen 2007; Tansanella 2007; Thévoz 1994를 볼 것)과 같은 요소들을 내포한다. 그러나, 이런 원래의 정의들은 유럽 중심적 세계관에 고정되어 미리 정해진 맥락에 이런 예술가들을 제한하고 축소하는 것으로 보일 수 있으며, 이는 이 예술이 주류 예술의 역사적인 맥락 안에서 오래 버티지 못하도록 하는 것으로 보인다. Dubuffet에게 있어서 문화의 영향을 받지 않았다는 것은 이런 예술가들을 "순수"의 상태로 격상지만, Foster(2001)가 지적하듯이, 여기에는 이 예술가들이 문화의 영향을 받지 않았다는 사실로 무시하는 무의식적 영향이 있다. 사실 이들은 문화에 의해 버려지지 않은 경우가 더 많았고, 대부분 그들의 삶은 현실 세계에 많은 기반을 두고 있었다. 따라서 현대 예술가들이 이 작업을 추구하면서 스스로 관습을 깨는 것을 정당화하고자 뭔가 다른 라벨을 붙인다는 사실은, 미술 제작이 더한 고립을 초래하거나 그들을 파멸시키는 것이 아니라, 형태와 자아의 재통합을 위한 시도라는 비전통적 예술가들의 생각을 수용하지 않는 것이다. 따라서, 아르 브뤼라는 명칭은 대개 아르 브뤼 컬렉션의 작품을 일컬을 때 사용되었다.

민속 예술(Folk Art)

민속 예술은 역사에 걸쳐 가변적으로 사용되어 온 용어의 완벽한 예시로, 이는 시간과 장소에 따른 많은 연관성과 다양한 정의를 내포한다. 민속 예술은 20세기 초 무렵 서양에서 번성했던 민족학과 인류학 연구와도 겹친다. 그러나 이 용어의 광범위함과 보편적인 사용의 다양성은 아웃사이더 아트의 맥락에서 사용하기에는 곤란한 것으로 여겨지고 있다. 민속 예술은 일반적으로 특정 집단 내에서 공동체적 영향이나 전통적인 영향을 미치는 예술로 정의되며, 그 집단의 구성원을 위해 만들어진다. 따라서 이는 한 문화의 "외부"로 인식될 수도 있으나, 그것은 문화에서 유래한 전통적인 표현의 전형을 보여준다(Metcalf and Schwindler 1990; Rexer 2005). 따라서, Metcalf와 Schwindler의 관점에서 민속 예술은 사실 "아웃사이더 아트의 반대"(1990, p.15)에 속한다. 왜냐하면 민속 예술은 더 광범위하게 공유된 문화를 일컫지만, 아웃사이더 아트는 모든 종류의 문화로부터 *배척된* 것을 일컫기 때문이다. Rexer(2005)에게 민속 예술은 미학적인 목적이 아니라 장식적이거나 실용적인 목적에 중점을 둔 것으로, "공동체 지향적이고, 공예에 기반한 전통"(p.38)과 더 관련되었다. 심지어 뒤뷔페조차도 아르 브뤼가 "민속 예술"의 정의와 다르다는 점을 분명히 했다. 이 장의 뒷부분에서 우리는 민속 예술이라는 라벨이 예술가를 문화적 고정관념으로 전락시키는 불행한 결과들에 어떻게 사용되었는지 알게 될 것이다.

원시미술(Primitive Art)

"원시적"이라는 단어의 사용은 불어 원시적인(*primitifs*)에서 유래한 것으로, 19세기에 "순전히 미술사적인 용어"(Rubin 1984, p.2)로서 처음 등장하게 되었다. 아프리카 부족의 물건을 원시미술로 여기기 전에는 이탈리아의 원시미술, 중세 플랑드르의 원시미술 그리고 르네상스 이전에 창작활동을 한 사람들이 있었다. 1935년에 벤슨은 원시주의의 세 가지 "범주"가 역사 전반의 예술작품에 반영되고 있다고 언급하였다. 이 세 가지는 그로츠(Grosz)의 "단순한 구상 같은, 재현적인 접근", 피카소의 작품에서 가장 잘 보이는 바이외 태피스트리(Bayeux tapestry)와 같은 "추상과 구상의 조합", 그리고 "기초 형태에 기반한 패턴의 사용"(p.77)이다. 벤슨은 이런 요소를 역사 전반에 걸쳐 반복적으로 계속 보았기 때문에 "원시적인" 것은 인간 삶의 복잡성을 보여주기 위한 필수적인 방법이라고 본다. 하지만, 몇 년 동안 원시적인 것은 작품과 창작가를 단순하거나 무지한 것으로 부적절하게 표기하는 용어인 "야만적인" 것과 동의어가 되어갔다. Lippard(1990)는 "기존의" 공동체에서 이국적으로 여겨진 미술품을 두고 "원시적"이라고 표기한다고 보았다. 또한 원시적인 예술이 아마추어의 솜씨이거나 천진난만하다는 뜻과 동의어라는 생각은 틀렸으며, "미술계에서 설명한 것처럼 이 예술이 늘 기이하고 순진한 양식을 지니며, 관념적인 것에 사로잡힌 것은 아니다."(p.25)라고 하였다. 20세기 후반까지 서구 문화를 벗어난 작품을 묘사할 때 "원시적인"이라는 용어는 거의 사용되지 않았다.

나이브 아트(Naïve Art)

19세기에 "소박한(naïve)"이라는 용어는 "일요화가"와 미술교육을 받지 않고도 뛰어난 작품을 제작한 루소 같은 예술가를 설명하기 위해 사용되기 시작했다. 이는 일반적으로 독학하고 교육받지 못한 사람들의 작품으로 여겨지는 아웃사이더 아트가 문화적 전통과 교육의 한계로부터 자유로운 예술의 원초적 형태라는 생각에 어느 정도 기름을 부은 셈이다. 그러나, 우리는 종종 "순수함"(Fine 2004)과 "순진함"(Blodgett 1976)과 같은 용어들이 나이브 아트를 설명할 때 사용되는 것을 보게 되며, 두 경우 모두 "소박함"이라는 용어를 동반하여 이와 관련된 조합들이 종종 작품 자체의 현실, 작업물과 그것이 창작된 맥락과 충돌하는 경우를 보게 된다. 이런 용어들은 이 창작자들이 나머지 "인사이더들"이 삶으로 받아들이는 현실을 모른다는 결과를 암시하고 있다. 정신질환을 앓는 창작자들의 사례에서 밝혀진 바와 같이, 이런 예술가들이 많은 경우 "인사이더"로 구성된 대부분의 예술 감상자들이나 교육받은 전문가 계층보다도 더 "실재" 삶의 모진 현실과 직면했다는 바로 그 사실을 이 용어가 없애버린다. 게다가 그들의 창작에 대한 전념은 취미를 초월한다.

Peiry(2001)는 다음과 같이 언급했다:

아르 브뤼 창작자들은 순진하거나 소박한 것과는 거리가 멀다. 예술에 대한 이 작가들 개개인의 헌신은 그들의 창작물에서 명백하게 표현된 반항, 모방과 유머뿐 아니라 수년에 걸쳐 완성된 수천 점의 작품이 이를 증명한다(p.264).

남부 흑인 민속 예술(Southern Black Folk Art)

민속 예술의 호칭을 한 단계 더 앞서가게 한 것은 미국을 배경으로 특정 작품들에 "흑인 민속 예술"이라는 명칭을 붙인 것이었다. 그러나 이 이름 아래 모인 예술가들에게 행해진 제도적이고 조직적인 인종차별은 그들이 사회와 미술계의 "주류에서" 존재하는 것을 가로막는 요소가 되었다. 20세기의 상당 부분은 어떤 유색인종 예술가의 작품이든 인종이라는 기준 아래 놓여 있었다. 포터는 1942년에 쓴 글에서, "니그로 미술" 분야는 20세기 이전에 생겨난 흑인 예술가들의 작품에 대한 포괄적 지식이나 이해하려는 시도의 부족으로 힘든 시기를 보냈다고 지적한다. 이것은 노예화된 개인들에게 "노예에게 강요된 익명성"(p.10)을 이겨내기 위한 어떤 시도도 절대 주어지지 않았으며, 모든 아프리카계 미국인을 "노예"나 "자유"로 축소함으로써 주목할 가치가 없게 했기 때문이다. 이들의 예술작품이 어떤 주목을 받은 경우는, 주인이나 소유주처럼 내부에 속한 누군가가 개인 창작자를 장려하고자 홍보했거나 수용했을 때인데, 이는 아웃사이더 아트를 내부로 끌어들이는 과정과 거의 흡사하다. "흑인 미술", "여성 미술" 또는 기존의 역할에 근거하여 다른 어떤 서술적 용어로 라벨을 다는 것은, 여러 측면에서 어떤 것이든 "아웃사이더"라고 이름 붙이는 문제점과 불편함의 원인이 되었다. 그리고 이런 작품들을 "민속" 창작물로 지칭하는 문제로도 돌입하게 된다. 20세기 초 흑인 예술가들에게는 의지할 만한 민속 유산도 없었으며, 모든 노예나 해방된 공동체 안에서 민속 예술의 전통을 확립한 이도 없었다. Porter(1942)에게 있어 당시 모든 흑인 시각 예술가는 "둘 중 하나. 그들은 대개 예술적 훈련의 취지에 편협하게 대처하거나 인종적 전통에 구애받지 않고 단순하고 순진하게 일한"(p.30) 이들이었다.

따라서 이런 시각적 결과물들이 "민속" 예술이었다는 것은, 특정인들을 아웃사이더의 위치에 두고자 많은 측면에서 편협하게 내린 정의였으며 불필요하게 환원적이기도 했다. 가령, 남북 전쟁 당시 미국 흑인 개개인의 새로운 역할과 그 미지의 과정을 말 그대로 정의한 트레일러의 경우, 어떻게 그의 작업이 "민속"으로 여겨질 수 있었을까? 그렇다. 그는 인종과 관계된 주

그림 4.2 〈무제-파란색 테두리에 인물과 구성(*Untitled-Figures and construction with blue border*)〉, 빌 트레일러, 약 1941년. 마분지에 포스터물감과 연필. 소장: 미국 민속미술관/아트 리소스(Art Resource)

제를 다루었지만 그렇게 하기 위해서는 새로운 시각적 언어를 만들 필요가 있었으며 그의 선택은 "백인" 예술과 어깨를 나란히 하는 예술을 만들거나

"인정받은" 노예가 목소리를 내는 것이었다. Bernier(2013)가 언급하듯이, 트레일러는 "남부 흑인 공동체 내에서 노예가 된 사람들, 그리고 대부분이 문맹인 이들의 파괴된 감정, 정치적이고 신체적인 현실에 다른 방식의 시각적 형태를 부여"(p.267)하고자 했다.

트레일러와 같은 목소리를 냈던 이들이 이전에는 *없었기에*, 뒤샹처럼 관습과 경계를 무너뜨리려는 다른 이들과 비슷하게, 그도 이런 주제와 그의 생생한 경험을 담을 새로운 언어를 창조하고 있었다. 그런 의미에서, 트레일러의 작품은 민속 예술의 정의에 잘 맞지 않는다. 왜냐하면 그가 어떤 공동체를 위해 이 작업을 하는지가 모호하고, 그가 작업하기 위해 활용하는 기존의 전통이나 표현 방식이 따로 없기 때문이다. 트레일러는 기존의 어떤 패러다임도 사용하지 않고 자신만의 작업을 고수하였으며, 작아진 그의 공동체, 즉 흑인 노예였던 그의 동료들조차 "인사이더" 공동체보다 조금이라도 더 낫게 작업을 수행하는 방법을 알지 못했을 것이다. 트레일러의 경우, 그의 전기도 포함하는 것이 그를 공평하게 평가하는 것이다. 누군가는 그가 노예라는 자아에 대한 자신의 개념을 절대로 흔들 수 없었다고 주장할 수 있는데, 이는 그의 작품에서 있는 그대로 명확하게 보인다. 따라서, 우리는 그에게 이 사실을 기념해 주고, 그가 자신의 과거와 미국의 과거라는 부분을 논의하고자 자신만의 색다른 시각적 언어를 발전시켰다는 사실에 대해 감사를 표해야 하지 않을까?

예술가를 감원하지 않고, 창작자들 간의 차별성을 명명하는 지역, 계층 또는 삶의 체험으로 공유된 경험의 개념을 재구성하려는 추세가 늘고 있다. 따라서, "흑인 민속 예술"이라는 라벨을 크리스티(Christie's) 경매회사의 카라 짐머만(Cara Zimmerman) 같은 전문가가 사용하는 "버밍엄-베서머 학파(Bessemer-Bessemer School)"처럼 더 예술적인 용어로 대체하면, 그들의 독특한 삶의 경험에 대한 어떤 특정한 가치 판단 없이도 이러한 개인 작가들을 미술사에 적절하게 배치할 수 있게 된다.

독학 미술(Self-Taught Art)

동시대적으로 볼 때 독학 미술은 아웃사이더 아트보다 더 구미에 맞는 용어
처럼 보이지만 여기에도 평론가와 지지자들이 있다. 독학 미술의 창작자들
을 "정의"함에 있어서 중요한 점 중 하나는 이들이 미술교육을 받지 않았기
때문에 독학 미술이라는 용어가 되었다는 것이다(Ardery 1997; Blodgett
1976; Boriss—Krimsky 2000–2001; Dubin 1997; Fine 2004; Gomez 2010;
Maclagan 2009; Peiry 2001; Rhodes 2000; Tuchman and Eliel 1992를 볼
것). 그러나, 이 생각은 처음부터 문제점과 한계점을 가지고 있었다. 가령,
Uhde(1949)의 관점에서, 독학 미술은 루소 같은 작가를 설명하기에 적합하
지 않다. 역사를 통틀어 독학 미술가로 유명한 예술가는 수없이 많다(Uhde
1949). 이브 탕기(Yves Tanguy)는 미국에서 지낸 자기 경험을 이야기하면서,
자신이 그림을 그리도록 고무시킨 1924년 초현실주의 연극(*La Revue
Surrealiste*)을 알기 전까지 그는 "'대학'에서조차 붓을 잡은 적이 없다"
(Masson *et al.* 1946, p.22)라고 밝힌다. 탕기는 지금의 찬사 수준에 이르도
록 계속해서 도운 브르통과 같은 초현실주의 화가들과의 인연이라는 유리한
점이 있었지만, 예술을 향한 그의 여정이 우리가 논의한 많은 예술가와 다
르지 않다는 점은 여전히 중요하다.

    Danto(1997)는 독학이라는 용어가 현재와 역사 전반에 걸쳐 많은 예술
가에게 "아무리 용어를 확장해도 아웃사이더로 여겨지지 않는 사람"(p.36)
으로 적용될 수 있다고 본다. 어떻게 보면, 이 용어가 지닌 모든 투명성과 정
치적 공정함을 위한 용어의 확장은 예술가들과 그들이 표현하고자 하는 작
품을 정확하게 서술하는 것을 쓸모없게 만든다. 아니면, 특히 동시대 맥락
에서 이 작품을 논의할 때 독학이 맞는 명칭일 수도 있다. 그리고 예나 지금
이나 전시 도록에 예술가의 교육 이력을 기재하는 경향이 있기에, 독학은 연
구 분야의 전기적인 정보를 정확하게 보여준다. MoMA의 기록물을 살펴보
면, 거기에는 소속된 예술가의 모든 교육 이력 사항이 기재되어 있으므로
예술가의 전기에서 "독학"이라는 용어가 사용된 것을 알 수 있다. 따라서 만
약 소속된 예술가가 예술을 정식으로 공부한 것이 아니라면 그들은 독학으

로 표기되었을 것이고, 심지어 누군가는 이런 독학 이력을 작품의 장점으로 보고 미술관을 대표하여 작가를 호평하는 것으로 볼 수도 있다.

Fine(2004)이 "그 예술가는 공식적인 예술교육을 받지 않았기 때문에 예술적 관습 밖에서 활동한다는 것의 의미를 모두 '알고 있다.'"(p.32)라고 지적하듯이, 독학 미술은 예술가들과 일반 대중도 쉽게 이해할 수 있다. 사회학자인 파인에게 이 용어는 논쟁의 여지가 가장 적으며, 그는 자신의 글에서 이 용어를 사용하기도 한다(Fine 2003, 2004). 그러나, 예술에 있어서 가르침을 받는다는 것은 무엇을 의미하는가? 이는 아마도 동시대 미술의 맥락과 현대 미술교육에서 가장 명료하게 설명될 것이다. 미술교육의 초창기에, 가르친다는 것은 누군가가 "거장"의 작품과 전통적 양식을 반복적으로 베껴 그리도록 훈련하는 것과 같은 의미였다. 그러나 20세기 초에 이르러 이런 관점은 기술과 상반되는 자유로운 표현을 장려하는 교육 형태를 선호하게 되면서 버려지게 되었다. 또한, 오늘날 국제적인 동시대 예술의 맥락에서는 MFA가 없는 것이 새로운 MFA라고 주장할 수 있다.

동시에, 교육에 접근하기 힘든 사람들에게 독학을 적용하면, 더 편협한 라벨이 될 수 있다. 트레일러 같은 사람이 백인으로 살아왔거나 다른 시대에 태어났다면 예술을 공부하지 않았을 거라고 누가 말할 수 있겠는가? 트레일러이든 플로리다 하이웨이맨(Florida Highwaymen)이든 독학이라는 맥락에서 아웃사이더 예술가들을 언급할 때, 교육적 자원에 대한 기회의 부족은 고려 대상이 아니다(Anthony 2012). 이와 동시에, 아웃사이더라는 상위 개념 아래 있는 모든 예술가가 실제로 훈련받지 않은 것이 아니다. 나는 스튜디오 프로그램에 참여하는 몇몇 예술가들이 지역 대학의 미술 수업을 듣는다는 것을 알고 있다. 따라서, 독학 미술이 특정 예술가를 설명하는 특정 용어로서의 장점은 갖고 있으나, 궁극적으로 아웃사이더 아트와 같은 포괄적인 기능은 하지 않는다.

직관 미술(Intuitive Art)

비전통적인 예술가의 작품을 설명할 때 직관 미술은 많은 이들이 더 정치적으로 공정하고 정확하다고 여기는 대중적인 대안이 되었다. 그러나 직관이라는 용어가 갖는 문제점은 이 용어의 사용이 지역에 따라 변한다는 것이다. 가령 시카고(Chicago)에서 인튜이트(INTUIT)는 '직관적 아웃사이더 아트센터(The Center for Intuitive and Outsider Art)'라는 박물관을 의미한다:

> "직관적 아웃사이더 아트"란, 주류 미술계에서 거의 영향력을 내세우지 못하는 대신 그들만의 독창적이고 개인적인 상상력에 자극받은 예술가들의 작품을 일컫는다. 여기에는 아르 브뤼, 비전통적인 민속 예술, 독학 미술 그리고 환영 예술로 알려진 것들이 포함된다(INTUIT 선포문).

그러나, 자메이카(Jamaica)에서 직관 미술은 독학한 자메이카 예술가들이 창작했다는 생각에 기반한, 다른 형태의 변두리 예술로부터 분리된 자체적인 작품을 일컫는다. 그들은 사회 각계각층 출신으로서 수많은 서구의 기준들과 다르게 "관광객"용이나 상업 작가로 여겨질 이들의 작품을 폄하하지 않는다(Poupeye 2007). 이 라벨이 갖는 문제점은 특히 전통적 양식과 주제가 와해 된 이후로 모든 예술가의 작품에 많은 부분을 적용할 수 있다는 것이다.

교도소 미술(Prison Art)

교도소 미술은 아웃사이더 아트라는 상위개념 아래 있는 다른 라벨의 좋은 예시뿐 아니라 창작자의 매우 특수한 신분을 보여주기도 한다. 교도소 미술이라는 호칭은 여러 가지 이유로 매우 중요하다. 우선 이런 작품들은 전반적으로 한정된 매체와 정보원을 설명하기도 하며, 탈시설화 이전 시대에 뒤뷔페와 다른 화가들이 높이 평가했던 이들, 즉 격리된 채로 작업을 했던 이들과 가장 유사하다. Cardinal(1997)은 교도소 미술이 "말 그대로 독학 미술의 가장 확실한 하위개념"이라고 보았으며, Prinzhorn(1922)은 이 미술이 특정 공동체를 위해 특정 공동체 안에서 창작되었으므로 더 전통적인 맥락에서 정의된 민속 예술의 한 형태로 여겼다. 이에 더해, Kornfeld(1997)는 "만약 그들이 주류 예술가라면, 교도소 내 '전문학교'의 일원이자 거물이 된다."(p.4)라고 하면서 교도소 안에서 예술작품을 요구하고 지시하는 판로가 어떻게 형성되는지 설명한다. 수감자는 교도소 밖에서 인정받는 "예술"을 위해서가 아니라 자신의 내적 만족과 교도소라는 제한된 환경에서 매우 필요로 하는 장식품과 일용품을 위해 창작한다.

흥미롭게도, 콘펠드는 "교도소에서 사람들이 가장 감탄하고 가장 큰 값어치로 여기는 예술가는 전문가 수준의 세심한 음영 처리로 인물을 묘사할 수 있는 이들이다."(p.10)라고 언급하면서 교도소 미술의 이상적인 특징이 전통적이고 사실적인 감각을 지닌 미술이라는 점을 밝혔다. 물론, 교도소 밖의 미술 애호가들이 추구하는 것은 기술적인 솜씨가 아니라 자유로운 표현이었다. 어떤 면에서 창작하는 것과 이를 수용하는 목적이 다르다는 점은, 특히 20세기 초의 "원시적인" 예술과 부족 예술에 대한 취급과도 유사하다. 다시 말해, 우리는 창작자와 수집가를 통해 하나의 대상에 다르게 의도된 활용 목적과 인식을 알게 된다.

일상 미술(Vernacular Art)

일상(vernacular)은 주로 미술평론의 "내부"에서 통상적으로 사용하는 용어가 되어갔다. Lippard(1990)가 언급하듯이, 이것은 "'집에서 만들었다'라는 의미를 지니며"(p.77), 스튜디오/MFA/갤러리라는 배경을 벗어나 작업한다는 개념을 나타낸다. 일상 미술은 종종 독학과 마찬가지로 교육, 세력과 문화적 관계라는 요소들을 고려하지 않은 채 분리된 위치에 창작자들을 둔다는 문제점을 지닌다. 일상이라는 용어는 사진술을 통해 널리 보급된 것으로, 아마추어 사진가들이 일상의 장면을 찍을 때 지칭하는 용어로 자주 언급된다. 흥미롭게도, 일상 사진은 익명의 사진가를 지칭할 때도 사용되므로 아웃사이더라는 용어 대신 사용하기에는 결이 다른 어려움이 뒤따른다.

환영 예술(Visionary Art)

환영은 때로는 아웃사이더 아트를 대체하는 용어로, 때로는 아웃사이더의 하위개념으로 사용되는 용어 중 하나다. 역사적 의미에서, 환영은 예술가의 내적 자아에서 샘솟는 것으로 보이는 예술작품을 설명하고자 사용된 *가장 오래된* 용어일 것이며, 영적인 환희에 압도된 사람들의 글이나 블레이크와 같이 상상의 장면을 그리는 예술가들에게 가장 일반적으로 적용된다. 1990년대 초, 연방정부의 후원으로 미국환영미술관(American Visionary Art Museum)이 설립되었으며, 말했듯이 정부는 여러 가지 측면에서 환영 예술을 "정부가 승인한" 항목에 둔다는 성명서까지 발표했다. 절대로 라벨로서 "인정받지" 못했던 이 예술에 매력을 느끼게 한 것이 뒤뷔페의 오랜 영향 때문인지 아니면 사회문화적 자극에 근거한 것인지가 궁금해진다.

아웃사이더 아트(Outsider Art)

지금까지 가장 많이 사용된 명칭은 아웃사이더 아트로, 이는 뒤뷔페의 아르 브뤼를 대체하는 영어 중에서 가장 적합하다고 여겨졌다(Cardinal 1972). 아웃사이더 예술가들은 예술학교에 다니지 않고, 인사이더 갤러리에 충성하지 않는 미술계로 여겨지는 것과는 딱히 어울리지 않는다. 어떤 점에서, 이 용어는 *외부* 기준에 적합한 작품에 대해 "포괄적"이며, "*아르 브뤼*보다 더 광범위한 영역에 속해 있으며, 독학 미술, 환영 예술, 동시대 민속 예술과 같은 용어의 확장을 포함한다."(Maclagan 2009, p.14). 아웃사이더 아트를 "상위개념으로 활용"하는 것은, 뒤뷔페가 수집했던 시설의 개인보다 더 많은 개체 수가 포함된 아르 브뤼를 더 제한적으로 정의하는 문제를 많은 부분에서 해결해 준다. 그러나 이렇게 차이점을 기반으로 용어를 정의하고 라벨을 다는 것은, 많은 이들이 아웃사이더를 불편한 용어로 여기게끔 하였다. 좀 더 일반적인 평론은 아웃사이더 아트의 배타적 성격(Fine 2004), 관련된 오명(Rosen 2007), 모든 형태의 변두리 미술에 수십 년간 적용되어 희석된 의미(Rexer 2005; Rhodes 2000; Tansanella 2007), 그리고 이와 연관된 의미의 모호함(Boriss-Krimsky 2000-2001; Lippard 1994)을 포함한다. Fine (2004)의 언급처럼, 라벨이라는 것은 특히 현대의 세계적 맥락에서 보편적으로 이해 가능한 것이어야 하는데, 그들이 분류한 작품에 대해 상호 의견을 교환하는 경우라면 더더욱 그렇다. 어떤 점에서는 이 점이 "아웃사이더"라는 용어가 이처럼 오래 존재하는 이유이기도 하다. 그러나, 용어라는 것은 또한 정치적으로 명확해야 하며, 예술가의 정보와 사생활을 윤리적으로 대할 뿐 아니라 아웃사이더라는 용어를 사용하기 난해할 때, 특히 이 용어의 대상이 되는 이들이 공격당하기 쉽다는 점을 고려할 때, 왜 이 이름을 붙이는가에 대한 설명이 충분해야 한다.

나는 아웃사이더 아트라는 용어가 비록 불안정하더라도, 현재로서는 사용하기에 적합한 포괄적 용어라고 믿는다. 다른 사람들이 제시했듯이, 이 용어는 누가 어디서 어떤 판단을 했는지에 따라 긍정적이고 부정적으로 보일 수 있는 차이점을 어느 정도 강조한다. 그러나 나는 이것이 정상 상태라는 고정관념에 개인이 동화되게 하고 그 개인을 수용하는 데 있어 필수적인 요소라고 본다. 소위 아웃사이더로 불리는 사람들이 개별적 차이를 존중받으면서 문화 안에서 목소리를 내는 것은 그들 자신에게 힘을 실어줄 뿐 아니라 관람자와 미술계 인사이더들이 내부와 외부의 개념에 대해 정의 내리고 관련짓는 것을 재고하게끔 할 수 있다. 이는 위계적인 위치라기보다는, 내부에 있는 사람들이 "외부"에 있다고 보는 사람들을 존중하고 높이 평가하는 것을 가능하게 한다.

스튜디오 프로그램이 그러하듯 예술가들을 더 큰 미술계의 틀 안으로 다시 데려옴으로써 우리는 정상 상태라는 더 큰 문화적 구조와는 반대로, 자신만의 독창적인 개인 경험에 근거하여 높이 평가할만한 작업을 하는 이들에게 더 많은 권한을 부여할 수 있을 것이다. 아웃사이더 아트와 미술치료를 더 광범위한 미술계 안에 융합시킴으로써 얻는 이점 중 하나는 이제 이 맥락 내에서 차이의 표현을 명명하는 것이, 개개인의 고유한 특성들에도 불구하고가 아닌 그 특성들과 함께 더 큰 사회로의 수용을 허용한다는 것이다. 아웃사이더 용어를 사용하는 것과 관련한 일부 문제는 이 용어를 사용하는 측에서 계획한 관련성에 좌우된다. 그러므로 외부(outside)라는 것이 답답한 미술계를 벗어난 것을 의미하는지 아니면 더 큰 사회의 바깥을 의미하는지뿐 아니라, 왜 이를 수용할 수 있다, 혹은 없다고 생각하는지 등은 이 용어가 자신과 어떤 관계를 맺는지를 고려하는 각 개인에게 달려 있다.

내가 지적했듯이, 논쟁에는 수많은 정당한 이유가 따르기 마련이다. 정신건강의 맥락에서 인사이더(우리)와 아웃사이더(그들)의 구분을 장려하는 협회들은 공동체 재통합과 같은 오늘날 정신건강의 목표와 상충할지도 모른다. 미술치료 문헌들은 이런 관점을 가장 빈번하게 공유하고 있다(Haeseler 1988; Mango 2001를 볼 것). 비록 미술치료의 밖에 있는 개인들이 대개 이런 주장을 펼치긴 하지만, 차이점을 알리는 것이 되리어 힘을 실어줄 수 있다는 주장도 제기되고 있다(Lentz 2008; Lippard 1994를 볼 것). 나의 경우에, 동시대 사회에서(적어도 미국에서) 종종 경시되는 인생 방향과 직업을 선택하는 어떤 예술가든 오늘날의 아웃사이더로 보는 리파드의 사고방식을 따르는 경향이 있다. 학교에서 예술 관련 자금과 예술교육을 삭감하는 것은 예술이 처벌받지 않고도 우리 사회에서 사라질 수 있다는 생각이 얼마나 만연해 있는가를 보여준다.

꼭 라벨이 있어야만 하는가?

이 글을 쓰게 되면서 결국 나는 왜 전문 용어가 필요한지, 그리고 그것이 꼭 영구적일 필요가 없다는 것을 깨달았다. 내가 "비전통적인 맥락에서의 창작"을 사랑하는 만큼, 이것은 문학작품에서 되풀이되는 것도 적합하지 않고, 전시회나 경매에서 말하기 쉬운 것도 아니다. 아웃사이더 아트 시장은 틀림없이 성장하고 있으므로, 이 작업의 경계를 정의하고 분류해서 시장을 창출 및 촉진하고 관련된 연구를 할 수 있게 해야 한다. 라벨은 작품 매매와 홍보를 돕고, 관람객에게 호소력을 높이기도 한다(Fine 2004). 이런 작품들의 보존과 연구를 위해서는 일반적으로 합의된 용어 역시 필수적이다. 오랜 기간 딜러로 일한 랜달 모리스(Randall Morris)는 다음과 같이 언급했다:

우리 지식의 저장고에서 작업 전체가 사라진 것은, 예술 기구에 이를 설명할 올바른 단어가 없었기 때문이다. 전 세계에서 신성하고 세속적인 환경작품이 매주 파괴되는 이유는 그들의 중요성이 절대로 이해받지 못했기 때문이다...우리는 아웃사이더다. 우리는 삶의 모든 방식을 통치하고 침해하며 그들에게 우리의 이름을 부여한다. 이름을 지음으로써 우리는 이것을 소유한다고 생각한다(Lippard 1994, pp.6-7에서 인용된 바와 같이).

유감스럽지만, 라벨을 단다는 것은 대상에 명칭을 부여할 능력을 지닌 엘리트 계층을 거의 필요로 하므로(Rexer 2005), 우리가 사용하는 용어는 종종 실제 창작자들이 선택한 것이 아니라 "위에서부터 필연적으로 부여된" 것이다(Lippard 1994, p.13). 그러나, 이러한 작품에 이름을 붙이고 연구함으로써 정당화하지 않으면 그 작품들은 역사 속에서 사라져 버릴지도 모른다. 만약 모르겐탈러가 뵐플리의 작품을 보존하지 않고 보여주지 않았다면 세상은 절대로 그의 천재성을 알지 못했을 것이다. Poupeye(2007)는 자메이카에서, "직관력이 뛰어난 사람을 성인의 반열에 올리는 것은 사실 종종 놀라운 미술 작품을 창작하고 그에 노출되는 기회를 만들어냈는데, 그렇지 않았더라면 이를 통해 혜택받았던 예술가들의 작품이 존재하지 않았을 수도 있다."(p.82)라고 보면서 고유의 전문화된 언어를 요구함과 동시에 이 작품의 논의를 통해 유사한 혜택을 언급한다. 토론, 공유, 심지어 라벨을 다는 것도 미술사적 맥락에서 작품을 통합하는 데 필요한 구성 요소다. 뒤뷔페와 다른 이들이 이 작업을 수용한 방식을 생각해 볼 때, "아웃사이더"라는 용어가 유지되는 논거 중 하나는 거기에는 "타자"에 대한 부정적 인식이 없었다는 것이다.

따라서, 무엇이 "정상적"이고 무엇이 "다른" 것인지에 대한 정의는 거의 사회문화적 관계에 근거한 것으로, 현대에는 그저 관람자가 그들만의 느낌을 투사하는 것과 연결되기도 하며, 문화적 관점만을 수용함으로써 다름에 대한 인식을 부정적으로 만들 수도 있다. 가령, Fine(2004)은 "나는 이것을 불쾌하게 생각하지 않는다. 이런 사람 중 일부는 왕따라는 것을 알지만, 나는 이것이 추잡한 미술계를 벗어났다고 보며, 부정적이기보다는 긍정적임을 알게 된다."(p.31)라고 익명의 수집가와의 대화를 인용하면서 아웃사이더라는 용어가 기존 미술계에서 벗어난 창작자의 입지를 강화하는 데 온전히 수용될 수 있다고 보고 있다.

Danto(1997) 역시 비슷한 견해를 갖고 있다:

내 생각에 아웃사이더 아트는 모든 용어가 배제된 상태를 뜻하기 때문에 권리가 부여된 것과 권리를 빼앗긴 것 사이의 정치적 경계에 해당하지 않는다. 진정한 아웃사이더는 미술계의 제도적 틀을 완전히 벗어난 사람이다 (p.33).

그러나 단토 역시 아웃사이더 아트보다 더 좋은 용어가 있었을지도 모른다는 것에는 동의했다.

Fine(2004)은 우리가 똑바로 직면하든 그렇지 않든, 우리 사회 영역에 존재하는 "타자"의 공동체를 보존하기 위해 라벨을 활용하여 이 예술의 경계를 설정하자고 촉구했으나, 리파드는 이에 대해 "차이는 더 이상 차이로 덮이지 않으며, 문화적 권위는 허사가 되고 말 것이다."(1994, p.10)라고 대응했다. 이런 두 가지 관점은 모두, 주류와 분리하는 데 중점을 두기 위해 부정적으로 이용하는 것이 아니라, 이런 창작자들의 배경을 차별화시키는 바로 그 타자성을 보존해야 하는 이유를 설명한다. 시카고에 있는 미술관인 프로젝트 온워드(Project Onward)에서 스튜디오 프로그램을 만든 롭 렌츠(Rob Lentz)는 차이를 알리고 수용한다는 점에서 "이 용어는 학자들과 평론가들 사이에서 논쟁거리다. 이 정의는 우리 프로그램에 참여하는 예술가들에게 중요한 차이를 전한다."(2008, p.14)라고 인정한다.

결론: 아웃사이더 아트와 미술치료

탈시설화와 함께 치료적 대우의 궁극적인 "목표"인 공동체로의 *재통합*이 이루어졌으나, 심지어 이런 부분에서도 내부와 외부라는 패러다임이 만들어졌다. 미술치료는 20세기 후반 동안 인기가 급상승했는데, 이는 모든 인간을 대상으로 한 공동체 기반의 프로그램이라는 매력적인 선택의 기회 덕분이다

(Robson 1999). 따라서, 공동체 재통합이라는 목표와 함께, "아웃사이더"라는 용어가 이런 개인들에게 적용될 때도 신중해지기 시작했다. "정상화" (Mango 2001)가 치료의 목표가 되어 가면서 아웃사이더와 같은 라벨은 그들에게 분리와 환멸이라는 개념을 갖고 왔다. 사실, 오명에 대한 두려움은, Haeseler(1988)와 같은 몇몇 미술치료사들조차 낙인찍히는 것이 더 우려되어 내담자의 전시회와 완전히 멀어지게 만들었다. 따라서, 아웃사이더 아트와 미술치료 사이의 관계를 양쪽에서 다루는 것에 대한 두려움도 대체로 존재한다. 논의한 바와 같이, 예술가들이 모두 동시대의 전문직에 종사하고, 동시대의 용어에서 제시되는 사례들이 많아지듯이 스튜디오 프로그램은 많은 면에서 동시대 예술, 아웃사이더 아트, 미술치료 그리고 미술교육의 경계를 넘나들고 있다. 아웃사이더를 인정받기 위하여 미술계 인사이더들에게 도움을 요청하는 존재라고 순수히 정의하지 않는 한, 그들이 아웃사이더가 된다는 개념은 실제로 적용되지 않는다. 다시 말해, 연속적 범주를 변화시키는 것은 내부와 외부와 같은 용어의 결합이며, 이런 점에서 전 세계 인구의 대부분은 미술계의 아웃사이더라고 할 수 있고, 점차 증가하는 인사이더들은 이것이 나쁘지 않다고 말할 것이다.

아웃사이더 아트와 관련하여, 라벨을 달아야 할지 말아야 할지, 그리고 어떤 라벨을 달아야 할지 결정하는 것은 매우 까다로운 것임은 틀림없지만, 아웃사이더 아트는 예술이 아닌 것으로 여겨졌던 것에서부터 정신질환을 앓는 예술가의 "문제점들"을 실제로 표현하는 것에 이르기까지, 혹은 관람자와 수용자의 상당히 다른 문화에서부터 오늘날 동시대 미술의 하위영역에 이르기까지 우리가 조사했던 모든 연속적 범주의 최대치에서 존재해 왔다. 20세기에 아웃사이더 아트라는 라벨 달기와 이에 관한 관심이 없었다면 여기까지 올 수 있었을까? 미술치료와 아웃사이더 아트와의 관계는 다양해졌지만, 예술을 현대 삶의 필수적인 구성요소로 만드는 것이 무엇인지 진정으로 이해하려면 비전통적 맥락의 창작을 포함하여 모든 형태의 동시대 미술과 재결합하는 것이 중요하다.

Chapter 5

의미의 연속적 범주

이 책을 통해, 아웃사이더 아트와 미술치료의 의미 변화와 관련된 개념들을 과거에서 지금까지 탐색했으며, 그 결과 미술과 미술이 아닌 것, 도구로서의 미술작품과 미적 대상으로서의 미술작품, 아픔과 건강함, 그리고 문화의 내부와 외부는 무엇이며 이것이 의미하는 바는 무엇인지를 연속적 범주에서 결론지었다. 이를 통해 우리는 왜 미술치료와 아웃사이더 아트가 정의의 쟁점들에 시달리는지를 알 수 있을 뿐 아니라 이 모든 용어와 그 용어와의 연관성이 의미할 수 있는 것, 그리고 멈춰 있는 한계점을 넘어서는 더 넓은 관점도 파악할 수 있었다.

미술과 미술이 아닌 것

Prinzhorn(1922)이 제시했듯이, 미술을 정의하는 전반적인 문제는 이것이 미술이 아닌 것의 반대라는 결과를 낳았다는 것이다. Monseré(2013)가 "미술에 대한 모든 정의에는 미술만의 애매함이 있다."(p.327)라고 지적하듯이, 오브제를 미술로 보는 이 과정은 당연히 주관적이며, 각 개인과 함께 변화하는 미술의 "애매함"을 보여준다. 따라서, 뒤샹의 레디메이드(ready-mades)에서부터 다거의 서사적 작업에 이르기까지 이를 감상하는 개인과 이론가들은 그 오브제가 "미술"인지 아닌지에 대한 자기만의 개념을 갖게 될 것이며, 그것은 미술의 더 큰 연속적 범주에서 자리하게 될 것이다. Paul Crowther(2003)는 누가 작품에 미술이라는 지위를 부여하는 결정권을 가졌는지에 대해 "정상성"과 "배타주의"의 의미를 들여다보고, 저명한 평론가인 아서 단토(Arthur Danto), 로저 프라이(Roger Fry), 그리고 클라이브 벨(Clive Bell)이 제기한 미술의 "정의"를 검토했다.

크라우더의 결론에 따르면, 규범성은 반드시 수용에서 나와야 하기에 배타주의 없이 미술을 정의할 방법은 없다. 대개 미술은 문화 인사이더에게서 먼저 인정받고, 그리고 나서 더 많은 대중에게서 받아들여져야 하므로, 어떤 점에서는 아웃사이더 아트를 정의할 때와 같은 과정으로 볼 수 있다. 미술에 있어서 이것은 서구적 산물이었으며, 미술의 전통적 정의를 가정할 때 서구적 미술 관점이 우세하다는 것을 의미한다. 흥미롭게도, 크라우더의 분석에서 "미술"의 정의에 가까운 것은 사실 서양인들이 아닌 *비서구인*의 작품이었다. 왜냐하면, 살펴본 바와 같이, 서양의 예술가들과 문화 인사이더들은 그들의 새로운 표현형식과 시각 언어를 위해 이국적인 오브제와 가공품을 바라보았기 때문에 그것들은 차용을 통해 서양 관람객들이 더 잘 이해할 수 있는 언어로 "번역되었다". 우리는 이제 (서구적 측면에서) 비서구적인 작품들과 전통적인 맥락을 벗어난 작품에 미술이라는 명칭을 붙일 가치가 있다고 보겠지만, 그것들이 없었다면, 미술의 현대적 개념 또한 몰랐을지도 모른다.

과거에서부터 아카데미 미술은 전통적 표현 기준을 정의하는 궁극적인 잣대로 사용돼 왔다. 아웃사이더 아트를 연구한 많은 개척자는 이 미술이 아카데미와 맞지 않았기 때문에 탐색한 것이다. 흥미롭게도, 역사적 맥락에서 "아카데미"의 설립은 예술가들이 후원, 길드(guild), 그리고 도제식 교육에서 벗어나게 했으나, 여전히 그들의 작업은 외부의 권력에 의해 검증받고 있었다. 어떤 의미에서 이것은 자유로운 표현으로 돌아가기 위한 첫걸음 중 하나였다(Zolberg 2010).

더욱이, 전 세계를 대상으로 한 세계 박람회와 같은 행사에서 각 국가를 대표하기 위한 플랫폼을 받으면서 각 국가는 그들만의 개성적인 양식을 지닐 필요가 있었다. 이는 창의적인 표현 수단인 미술의 후기 개념을 좌절시키는 요소로 여겨지겠지만, 아카데미의 개념은 전문직업으로서 그리고 문화 기관으로서 미술의 합법성을 확립하는 데 결정적이었다. Eisler(1987)도 이와 비슷하게 보고 있는데, 그 역시 세계적인 전시의 출현으로 인해 "거장"이 등장한다고 보았다. 각 나라가 지역화된 미술 "양식"을 개발해야 했던 것처럼, 그들 또한 그 양식을 가장 잘 보여주는 표현들, 즉 자기 국가만의 "거장"으로 여겨지는 예술가들을 찾아내야 했다.

　인사이더가 아웃사이더를 포용하는 결정론적 효과와 진품 효과에도 불구하고, 국립 아카데미의 형태든 지역 갤러리의 형태든 간에 지금껏 본 바와 같이 그것이 미술로 불릴 수 있는가 없는가는 궁극적으로 관람자의 반응에 달려 있다. 관람자들은 경험, 지식, 그리고 많은 다른 변수를 기반으로 자신에게 연상되는 것을 작품에 투사하는 것이 현실이다. 따라서 "서구 사회에서 원시에 대한 개념은 우리 모두의 내면에 있는 원초적인 힘과 낯선 땅에서 온 외계인의 힘을 동시에 그리고 역설적으로 나타낸다."(Rosen 2007, p.129)와 같이, 많은 학자는 우리 안에 있는 인간의 타고난 잠재력을 아웃사이더가 반영하기 때문에 우리가 이 연구에 역사적으로 반응해 왔다고 믿는다.

　Ferrier(1998)는 "아르 브뤼와 정신질환자들의 미술은 그들의 본성상 우리들의 삶과 직접적으로 관련된 문제들을 제기한다."(p.203)라고 본다. Wexler(2005a)는 포스트모더니즘의 맥락에서 아웃사이더 아트가 "예술적 관습의 자의성을 상기시키는 미술"(p.215)이라고 보고, Rexer(2005)는 "아웃사이더 아트는 모든 미술의 근간이 되는 특정한 경험을 가능하게 하고, 그 결과 우리는 미술의 여러 형태에 있어서 더 관대해질 수 있다. 아웃사이더 아트는 미술이 세상을 세운다는 것을 우리에게 가르쳐 준다. 그것이 바로 미술의 힘이다."(p.43)라고 하면서 아웃사이더 아트가 모든 미술에 더 쉽게 접근하는 기능을 가졌다고 본다.

　이 책의 서론으로 돌아가서, 하나의 사물을 미술로 정의할 때 가장 성공적인 지표는 아마도 내용과 주제를 독특한 시각 언어로 만드는 작가의 능력일 것이다. 이것이 바로 다른 유명한 예술가 "스타일로" 그린 풍경화나 복제품이 미술 시장에 진입하지 못하는 이유이다.

　스튜디오 프로그램에서 작업하는 두 명의 동시대 예술가는 앞서 언급한 NIAD의 말론 뮬렌(Marlon Mullen)과 LAND 갤러리의 마이클 펠류 주니어(Michael Pellew, Jr.)로, 이들은 고유한 언어와 양식의 훌륭한 예를 보여준다. 펠류의 작업은 그가 인물을 표현하는 자신만의 양식을 개발했다는 점에서 독창적이다. 그는 대중문화를 옹호하면서 이러한 인물들, 즉 동시대의 유명인과 역사적 인물을 모두 분류해서 그린다. 작품을 통한 펠류의 대화는

그림 5.1 〈E! 엔터테인먼트 플래터(*E! Entertainment Platter*)〉,
마이클 펠류 주니어, 2016. 작가 및 LAND 갤러리 소장. (컬러 도판 6을 볼 것)

일방적이지 않다. 많은 연예인이 그의 작품을 찾아 의뢰하고 있으며, 그는
'페이퍼 매거진(*PAPER Magazine*)', '바이스(*VICE*)'와 같은 대중문화 매체로
부터 사랑받고 있다. 펠류는 동떨어져서 작업하지 않고, 영향력을 지닌 사람
들(influencers) 및 그가 영향을 미치는 사람들과의 직접적인 대화를 통해
창작한다.

오늘날 미술과 미술 오브제에 대한 개념은 단순히 미학적 또는 형식적인
것만을 고려하는 것에서 벗어나 의미의 개념으로 스며들었는데, 이는 데미
안 허스트(Damien Hirst)와 제프 쿤스(Jeff Koons)와 같은 유명 예술가들을
떠올리면 알 수 있다. 이들은 보조팀과 함께 통일된 개념과 주제에만 의존
하여 실제로 창작물에 손 하나 대지 않고 거대한 전시회를 열었으며, 7명에
게 작품을 판매하기까지 했다. 더욱이, 이제껏 본 바와 같이 인사이더들, 즉

전통적 미술계의 개인들은 급성장하고 있는 현대미술을 두고 심지어 "미술이 아닌 것"으로 본다.

아웃사이더 아트는 오늘날의 미술사 안에서 충분히 분류될 가치가 있다. 아웃사이더 아트와 일반적인 미술의 가변적인 정의는 미술치료 환경에서 만든 작업에 라벨을 붙인 경우도 포함한다. Parr(2006)는 아웃사이더 아트와 미술치료를 모두 포함하는 연속적 범주에 관해 언급하면서 그 두 개를 극과 극에 두었다. 나는 이 두 영역이 같은 미술의 연속적 범주에 놓이는 것이 가능하다고 본다. 이 두 개의 각 영역에서 만들어진 작품들은 더 큰 미술의 맥락에서 가지각색의 위치를 차지할 수 있다. 더 광범위한 미술계에서 아웃사이더 아트와 미술치료 영역의 창작물이 갖는 역할을 논의할 때, 그들 사이의 연관성을 완전히 이해하기 위해서는 세 가지 맥락에서 모두 수용된 역사를 재고할 필요가 있다.

미술작품: 용도, 미학 그리고 개념

미술작품은 역사적 정의를 통해 크게 변동되는데, 벽에 걸린 유화에서부터 동시대 설치미술에 이르기까지 미술작품이 무엇인지, 그리고 무엇이 될 수 있는지에 대한 의미가 확연히 달라졌다. 살펴본 바와 같이, 하나의 오브제를 미술로 정의하는 것은 종종 그 오브제의 목적을 어떻게 인식하냐에 달려 있다. 그러나 철학자 임마누엘 칸트(Immanuel Kant)는 관람자가 작품을 볼 때, "개인적 관심사와 연상되는 반응을 포기하고 미학적 목적이나 실용성과 무관하게 오롯이 작품만을 생각할 때"(Barrett 2000, p.33) 성공적인 관람을 경험할 수 있다고 보았다.

아웃사이더 아트와 미술치료에서 미술작품이 필수적인 이유는 두 영역에 해당하는 작품들은 미술계에서 취급하는 전통 미술작품과는 달리 다양한 방식으로 다루어지기 때문이다. 관람자나 창작자의 시각에서, 스펙트럼의 한쪽 끝에는 그 작품이 실용적인 목적을 가졌다는 관점이 있고, 다른 쪽 끝에는 그 작품을 미학적인 미술작품으로 보는 관점이 있다. 또한 그 작품은 미술의 과정이라는 의미에서 또 다른 양극성을 갖게 된다. 미술치료에서 어떤 틀은 작품에만 중점을 두며, 다른 틀은 과정에만 중점을 두지만, 대부분은 그사이 어디엔가 위치한다.

아웃사이더 아트에서 미술작품의 다른 구성 요소는 두 가지로 나뉜다. 예술가들은 자기 작품이 미술로서의 개념을 갖지 않았다고 정의하기도 하는데, 궁극적으로 아웃사이더 예술가라는 라벨을 그들에게 달게끔 하는 것은 창작물 자체가 아니라 바로 그들의 창작 과정과 맥락에 있다. 제작물을 미술이라고 보는 것은 매우 주관적이고 가변적인 개념이라는 것이 입증되었으며, 이후 완성된 창작물도 마찬가지다. 임상이나 미술적 근거에 따른 미술치료 이론 간의 주요한 차이점 중 하나는 바로 미술작품의 취급이다.

Gilroy와 Dalley(1989) 이러한 다양성을 보여준다:

> 가공품 자체는 특정 감정이나 역동을 설명하기 위해, 언어적 상호 작용을 돕기 위해, 그리고 평가 및 진단의 도구를 위해 다양한 방식으로 사용된다. 그중 일부는 "미친 사람들의 미술"로 승격되어 갤러리와 전시회에 합류하기도 한다(p.xiv).

이 진술은 미술치료의 역사에서 계속 중복되는 아웃사이더 아트 외에도 미술치료에서 미술작품을 취급하는 연속적 범주를 입증하는 데 도움이 된다. 제작자는 종종 작품이 인식되는 방식을 바꿀 수 있다. 따라서 우리는 정신과 의사들이 창의적인 환자들을 사회적으로 기능하도록 하고, 그들을 "병든" 또는 환자가 아닌 예술가로 대우하는 것을 보았다. 미술치료사가 제작물을 하나의 미술작업으로 볼 때, 내담자나 소비자들도 이처럼 예술가가 되어 간다. 그러나 미술치료에서 창작물의 "목적"이 지닌 가변성은 다른 창작물의 가변성과 그리 다르지 않다. 관람자들, 특히 미술이 자산인 수집가들 역시 창작의 맥락에 상관없이 예술가가 의도한 메시지나 목적을 근본적으로 바꾸는 힘을 가지고 있다. 이는 바바라 크루거(Barbara Kruger)의 작품만 봐도 알 수 있는데, 크루거의 작품들은 동시대의 소비자 문화를 직접적으로 다루고 있다. 사회문화적 주제를 언급하고자 하는 그녀의 목적에도 불구하고, 그녀의 작품들이 수집가나 딜러들의 손에 맡겨질 때, 그것들은 사치품과 판매용 상품이 되고, 이는 바로 그녀의 작품이 다루고 있는 주제가 된다(Schroeder 2005). 예술가인 *그녀*는 일단 그것이 상품이 되고 나면 작품에 대한 *그녀의* 관점을 바꾸지 않지만, 수집가에게 그 가치는 다른 개념이므로 크루거는 이런 맥락에서 적절한 예가 된다.

아웃사이더 아트와 미술치료 둘 다 미술작업의 과정은 분명 필수적이며, 어떤 면에서는 완성된 미술작품에만 중점을 두는 것의 대안이 된다. 미술치료의 모든 정의에서 중요한 것 중 하나이자 정신과 의사들이 환자의 미술작업에 관심 두게 된 이유 중 하나는 미술이 치유적으로 기능한다는 생각 때문이었다. 살펴본 바와 같이, "치유"라는 개념은 그 자체로 가변적이며, 정상상태의 개념과 사회문화적인 목적에 근거한다.

따라서, 어떻게 하나의 제작물이 창작물도 될 수 있고 치유 과정의 증거도 될 수 있겠는가? 라며 "치유"가 미술에서 뭔가 경멸적인 것으로 여겨졌던 시기가 있었다. 그렇지만 최근 몇 년간 더 총체적인 관점에서 미술을 보려는 시도가 있기에, "치유"라는 과정을 통한 창작물이 만들어지고 있다. 2003년에 보스턴의 현대미술학회(Institute of Contemporary Art)에서 개최한 전시회에서, 큐레이터인 제시카 모건(Jessica Morgan)은 요셉 보이스(Joseph Beuys)와 리지아 클라크(Lygia Clark)의 작품을 개념적 틀로 사용했는데, 이는 그들이 "예술의 치료적 잠재력에 대한 믿음"(Morgan 2003, p.12)을 공유했기 때문이다.

보이스와 클라크는 "협소한 미술계와 오브제 만들기를 뛰어넘어 미술의 중요성을 주장하고, 사회적, 심리적, 치료적, 정치적 목적을 포함한 창의적 과정을 신중하게 계획하고 확장시켰다."(p.13). 클라크는 자신의 작업 과정에서 치료적 주제를 다루었을 뿐 아니라, 미술작품을 사용하여 1960년대와 1970년대에 집단 "치료적" 세션을 이끌었기에, 주류미술과 미술치료 사이의 교차점에 있는 독특한 사례가 된다.

클라크는 위니컷(Winnicott)의 중간대상이라는 개념에 관심을 가졌으며 작품 제작과 후반부 작업(Davila 2003)에 있어서 그것이 끌어내는 행위의 관점에서 대상을 탐구하고, 이를 자신의 집단 세션과 그녀의 작품 제작에 적용했다. 클라크의 미술은 본질적으로 치유로서의 미술이라는 개념과 융합되면서도, 작품의 역할과 그것이 가질 수 있는 다른 인식과도 융합되어 있다. 살펴본 바와 같이, 정신건강과 미술 분야의 개인들은 예술가가 자신과 연결될 수 있는 수단으로 창작물을 만드는 과정을 보아왔다.

그 예로, 시설에서 자기치료(self-therapy)의 한 형태로 미술작업을 한 초창기 사례가 있다. 정신건강 전문가들이, 미술작업이 환자들에게 잠재적인 치료적 역할을 한다고 보기 시작한 것은 20세기 초부터였기 때문에, 초창기 환자들의 작품은 매체, 지원, 또는 인정의 부족에도 불구하고 창작하기 위한 내적 충동을 보여준다. Kornfeld(1997)는 수감자들의 미술에 관한 자신의 연구에서, 미술작업을 "감금이라는 비인격적 취지에 대항하는"(p.9) 방어적인 "치료제"로 볼뿐만 아니라 창작자들과 그들의 관람자라 할 수 있는 모든 동료 죄수들에게는 "영적이고 실제적인 생존에 중요한 것"으로 보기도 한다. 그녀는 미술이 폭력이라는 형태로 분노를 표출하는 것을 막고, 매우 고립되고 외로운 시기에 마음을 다잡게 되었다고 말하는 수감자들을 여러 번 인터뷰하였다. 그러나 살펴본 바와 같이 그들 또한 기관 내에서는 교환을 통해 얻은 제품을 사용했다.

아웃사이더 아트와 미술치료에 대한 과거와 오늘날의 개념에 있어서, 미술작품의 개념, 즉 그 용도와 목적은 여러 역할을 한다. 동시대 미술치료에서 미술의 개념은 여전히 진단 또는 해석 자료를 위한 구성 요소라는 것이 안타깝다. 미국 미술치료 대학원 학생들에게는 "미술치료 평가" 수업만이 필수로 여겨지고, 대학원 과정에는 스튜디오 미술 과정이 부족하여 여전히 미술에 중점을 두지 않고 있다는 것을 알 수 있다(American Art Therapy Association 2007). 그렇다면, 어떤 면에서 미술치료 대학원 과정은 일부 학생들이 미술치료를 하는 개인의 창작물에 담긴 미술에서의 미학이나 표현을 더 이상 보지 못하고 오히려 병리적인 것만을 보도록 가르치는 것일 수도 있다.

여기서 우리는 또한 미술작품에 대한 미술치료사의 접근 방식이 미술과 미술이 아닌 것의 연속적 범주에 놓여, 그것의 "기능"에 대해 최종적으로 알려주는 것도 볼 수 있다. Alter-Muri와 Klein(2007)이 논의한 바와 같이, 개인 미술치료사들은 미술과 미술이 아닌 것에 대한 자신의 선입견을 품고 미술치료 맥락에서 창작된 작업에 접근한다. 따라서 어떤 미술치료사들은 작품이 완성되기도 전에 미술이 아니라고 볼 수도 있으며, 오로지 개인 내담자의 증상이나 병리적 표현에만 관심을 둠으로써 미술치료 맥락 안에서 미학이나 질적인 것을 고려하는 것이 어려워지게 된다. 그러나 내가 입증했듯이, 사람들에게 "미술"로 가장하여 창작하도록 요구하면서 모든 미학을 무시하는 것은 개인이 창작 활동에서 얻을 수 있는 많은 잠재적 혜택을 없애버린다.

만약 그 작품이 치료사와 내담자 사이에서 감추고 간직해야 하는 무언가가 되어 버리면, 권한 부여, 창의성에 대한 칭송, 심지어는 예술가의 역할과 긴밀하게 연결될 가능성은 줄어들어 버리고, 미술에 대한 개념은 일상생활에서 사라지게 된다. 더 나아가, 아웃사이더 아트, 미술치료, 심지어 순수 미술에는 예술가의 대체인 창작물 자체에 대한 다양한 인식이 존재하고, 다시 예술가의 마음속에는 미술과 미술이 아닌 것의 연속적 범주가 생성된다. 많은 이론가는 아웃사이더 예술가가 자신을 예술가라고 생각하지 않으며 자기 창작물을 예술로 생각하지 않는다고 본다. 그러나 이는 오늘날 전 세계 스튜디오 프로그램의 예술가들이 마치 결함이 있는 것으로 보일 수 있는 매우 모순된 생각으로, 특히 뵐플리와 같은 아르 브뤼 예술가들은 자기 작품에 가치를 부여하고, 자신이 유명한 예술가라고 자부했다. 말할 것도 없이, 크루거와 클라크와 같은 예술가들의 작품은 미술작품의 "기능"이 예술가와 수집가 모두에게 어떻게 다른 의미를 갖는지를 보여준다. 따라서 창작자와 관람자 모두의 관점에서 볼 때, 사실 모든 미술작품은 이 실용주의와 미학의 연속적 범주 안에서 다양한 위치를 갖는다.

아픔과 건강함, 그리고 문화의 역할 : 정상 상태의 기준

아픔과 건강의 연속적 범주를 볼 때, 우리는 문화의 안팎에서 만들어진 정상 상태의 기준을 갖고 이야기한다. 그러나 살펴본 바와 같이, 이러한 개념을 정의하는 것은 미술을 정의하는 것과 같이 가변적이며, 항상 변화하는 여러 요소의 영향을 받는다. 아웃사이더 아트와 미술치료에 있어서는 특히 많은 미술치료사가 지역 사회 환경에 종사하기 때문에 여러 이유로 "주류"에서 벗어난 사람들에 대해 언급하는 경우가 많다. 쉼터에서 주간 재활프로그램에 이르기까지 그들이 미술치료를 제공하는 개인들은 자신을 질병, 장애, 나이 등 뭔가 "다른 것"으로 체크하는 것의 영향을 받는다. 따라서 미술치료에 접근하는 모든 사람이 이런 미묘한 차이에 대해 이해하면서 "치료"를 위해 미술치료를 하는 것은 아니기에, 미술치료 상황에서의 치료와 치료 목표의 개념을 연속적 범주에서 생각할 필요가 있다. 발달장애인에게 있어서 "정상 상태"는 HIV/AIDS 감염자의 "정상 상태"와 다르기 때문이다.

아픔과 건강함, 제정신과 제정신이 아닌 것의 개념은 정신의학과 미술의 역사에서 다루어져 왔다. 뒤뷔페, 클레 및 그 외의 사람들이 믿었던 것처럼 정신질환은 그 자체로 연속적 범주였으며 아르 브뤼의 창작자는 자발적이든 아니든 그 상태로 창작할 수 있었다. 어떤 의미에서 그들은 아웃사이더 아트가 인사이더로서 더 큰 미술계와 사회 안에서 보고자 하는 변화를 만드는 데 도움이 될 수 있고, 미술작품과 개인의 정상 상태에 대한 기존의 기준도 무너트릴 것으로 믿었다. 그렇게 함으로써, 이런 예술가들은 그들이 반대하는 더 큰 문화적 사고와 구조를 해결하고자 했다. 따라서, 미술이 기존 체제를 바꿀 가능성이 있다는 것은(예술가들이 있는 경우) 미술치료사들도 정신건강에 대한 기존의 더 큰 개념을 변경할 수 있다는 것을 의미한다. 정신건강의 역사에서 볼 수 있듯이 개인의 미술이 주목받기 시작하면서 의사는 그들을 각기 다른 방식으로 인식했다.

아웃사이더 아트와 미술치료에서 계속 보이는 주요한 차이점 중 하나는, 미술치료의 치료 요인에서 비롯된다. 간단히 말해서, 어떤 종류의 치료방법이든 그 "목표"는 개인을 치유하거나 어떤 식으로든 안정시키는 것이다. 특히 미국의 소비자 기반의 정신건강에서 많은 치료법의 주요 목표는 공동체 재통합이며, 많은 경우 누군가를 정상 상태로 되돌리는 안정감은 더 큰 "정상적" 지역 사회에서 가능하다.

반대로, 아웃사이더 아트에 대한 역사적 관점을 충실히 따르는 것은, 더 넓은 공동체를 벗어나 고유한 창조적 표현을 만드는 것이 목표였다. 그 순수주의자들은 어떠한 통합에도 저항했다. 많은 경우, 치료는 "도움이 필요한" 사람의 개인적 선택으로 인식되지만, 사실 지역 사회 프로그램에서 미술치료사와 함께하는 많은 개인이 치료사를 만나고자 스스로 선택한 것은 아니다. (그리고 때로는 그들의 가족이) 의료, 혜택, 사례 관리자, 음식, 지원 및 고용 기회를 받기 위해 요구된다. 이 시나리오는 민간심리치료사를 찾는 개인과는 상당한 차이가 있으며, 별개의 경우로 다루어져야 한다. "안정감"이라는 개념을 미술제작의 유익함으로 볼 때, 우리가 언급하는 내적 안정감은 사람마다 그 자체로 뭔가 다른 안정감을 의미한다. 따라서 교도소, 다른 기관 또는 지역사회 스튜디오에서 이루어지는 미술작업의 목표는 개인이 자기 내면의 안정감을 찾는 것에 있다.

Cardinal(1972)과 다른 연구자들은 아웃사이더 예술가들의 작업을 두고, 작가가 작품을 만드는 과정을 통해 안정을 찾는 일종의 자기치료라고 말했고, Kramer(2000)는 모든 미술이 치료적이라고 믿었다. 심지어 분석적 또는 진단적 관점에서 이를 연구한 이들도 미술작업의 안정화 기능을 알아보았다. 가령, 크리스(Porter 1996에서 인용된 바와 같이)는 비록 그들의 작품을 끝내 미학적이라고 인정하지 않았으나, 정신질환자들의 작업이 "자구노력(self-rescue)"(p.48)의 시도였음은 인정했다. 마찬가지로 Pickford(1967)는 고야와 반 고흐와 같은 예술가들이 자가치료의 한 형태인 미술을 통해 안정되었다고 보았다. 따라서 모든 미술은 진단, 병리학 또는 치료의 최종 목표와 같은 것을 꼭 필요로 하지 않더라도 전인적인 의미에서 치료적이라고 볼 수 있다.

우리가 봐 왔던 바로 그 치료의 개념은 역사적으로 계속 변화했으며, 많은 관점을 통해 보아 온 것이다. 의료 모델에서의 치료는 완치를 의미하며, 완치에 치료의 궁극적인 목적이 있다. 그러나 현재의 정신건강 시스템에서 절대적인 완치란 없으며, 오히려 장기적인 지원이 필요한 것이 오늘날 많은 개인이 처한 현실이다. 따라서 미술치료의 최종 목표는 무엇인가? 라는 질문이 꼭 필요하다. 스튜디오 프로그램 환경에서의 개인은 처방이나 완치의 차원에서 치료받는 것이 아니라 그보다는 미술작업 과정을 통해 자신과 소통할 기회를 얻고, 자신의 특별한 요구와 능력에 맞는 역할로 더 큰 지역사회와 소통할 기회를 얻고자 치료를 받는다.

그림 5.2 리치몬드에 위치한 NIAD 아트센터에서 작업하는 예술가들, 캘리포니아. 소장: NIAD 아트센터.

스튜디오 미술은 미술치료의 맥락에서 다시 한번 더 많은 논의가 필요한 부분이며, 그 속에서 스튜디오 미술은 어쩌면, 폭넓은 사회문화적 정상 규범에 융화되는 선택권은 없지만, 여전히 그에 대한 목소리를 낼 자격이 있는 개인들을 위해 역할을 제공해줄 수도 있다.

내부 문화와 외부 문화

위에서 언급한 연속적 범주, 즉 미술과 미술이 아닌 것, 미술작품에 대한 개념, 아픔과 건강의 개념을 결정하는 요소는 많은 면에서 그들이 유래한 문화의 전후 사정에 근거한다. 현재 아웃사이더 아트는 광범위하게 쓰여 왔고 더 광범위한 미술사적 맥락으로 되돌아갈 필요가 있음에도 불구하고 더 큰 미술계에서 그들만의 시장을 형성했다. 아웃사이더 아트가 주요 미술 역사 운동에 미친 영향이 증명하듯이 이는 애당초 주류 미술계를 벗어나지 않았다.

뉴욕시만 보더라도, 미술치료사와 함께 일하는 인구는 문자 그대로 확실히 더 큰 문화 속에 존재한다. 그러나 그들은 종종 이 문화에 진정으로 속해 있지 않고 문화의 변두리에 존재한다. 심지어 큰 사회복지 환경에서 지원되는 주간훈련 프로그램이나 유사한 프로그램에 참석하는 개인만 보더라도, 자선 축제에서 혜택은 받지만 초대되지는 않듯이, 개인은 종종 문화의 한 구성원으로서 적극적으로 참여하고자 초대되지 않고, 문화의 수혜자로 휩쓸려 가 버린다.

스튜디오 프로그램과 같은 접근 방식을 통해 이러한 개인들은 그들만의 표현을 정당화하고 문화적 공여자로 인정받을 기회를 얻는다. 더 나아가, 역사적으로 문화 기관의 정점에 있는 미술관은 포괄적인 구상을 통해 지역사회 구성원을 미술로 끌어들이는 데 앞장서 왔다. MoMA에 대해 앞에서 논의했듯이, 미술관은 아웃사이더 예술가들과 비전통적 창작자를 홍보하는 것 외에 미술치료의 성장에도 이바지해 왔다. 점점 더 많은 미술관이 이 작업을 받아들이고 있으며, 교육 및 접근 프로그램이 확장됨에 따라 내부 문화와 외부 문화의 이분법이 무너지고 있다.

연속적 범주로서의 아웃사이더 아트와 미술치료

아웃사이더 아트와 미술치료는 기본적으로 보편적 창의성, 표현 수단으로서의 미술, 시각적 의사소통의 한 형태로서의 미술, 심지어 사회적 지지나 변화를 위한 도구로서의 미술과 같은 유사한 개념을 핵심으로 공유한다. 그러나 아웃사이더 아트와 미술치료는 모두 구체적인 정의는 피하고 포괄적인 용어로서 더 많이 기능한다. 정의를 구체화하지 않음으로써 우리는 다양한 영향과 개념의 가변성을 계속해서 허용하게 되고, 이 때문에 과거나 오늘날 미술계에서 이러한 맥락의 작품을 배치하는 힘든 싸움에 직면한다.

미술치료와 아웃사이더 아트를 미술의 더 큰 연속적 범주에 대한 유동적이고 고정되지 않은 것으로 생각하는 것(실제로 이 연속적 범주를 따르는 모든 작품을 생각하는 것)은 동시대 미술과 미술사가 미술치료에서 어떤 역할을 할 수 있고, 미술치료가 동시대 미술에서 어떤 역할을 할 수 있는지를 이해하는 이상적인 출발점이 된다. 어떤 의미에서 우리는 아웃사이더 아트와 미술치료의 정의에 대한 논쟁을 긍정적인 단계로 볼 수 있는데, 이는 정의할 수 없는 이러한 쟁점 사안들에 대해 유동적인 대화를 나누는 것만이 유일한 방법이라는 점에서 그러하다.

아웃사이더 아트와 미술치료가 더 연결되는 데 필요한 단계는, 각 분야에서 지속되어 온 고정관념 그리고 미술과 정신건강에 있어서 구시대적인 관점을 없애는 것이다. 여기에는 미술과 관련된 미술치료 문헌에서 이론적인 근거를 늘리고, 미술 관련 출판물과 행사에서 전시회에 이르기까지 미술계에서 미술치료사의 존재를 부각하는 것이 포함된다. Allen(1992), Kramer(2000), Moon(2002)과 같이 개인 미술치료에서 미술작업에 더 치중하는 이들은 미술치료와 관련된 일부 고정관념을 다루는 데 도움이 될 수 있다. 그리고 미국에서 이것은 진단 수업보다는 스튜디오 수업을 우선순위로 하는 것을 의미할지도 모른다.

당연한 것이지만, 많은 미술치료사가 "임상화(clinification)" 증후군에 걸려 자신의 미술작업을 소홀히 하면 동시대 미술계에서 그들의 존재감이 사라지는 결과를 낳는다. 이는 또한 많은 미술치료사가 환자의 작업을 보여주고, 스튜디오나 갤러리에서 그들의 실무를 하는 것을 주저하게 한다. 그러나 만약 미술치료사가 자기 작업을 만들고 보여주는 데 전념하지 않는다면 어떻게 내담자로부터 같은 것을 기대할 수 있겠는가? 미술계의 언어에 익숙해지고, 창작의 비전통적인 맥락에서 미술이 더 광범위한 미술사의 전개에 어떻게 들어맞는지 이해하는 것은 미술치료사가 자신의 시각적 언어를 키우는 데 더 편안함을 느끼게끔 한다.

아웃사이더 아트와 미술치료가 모두 성장하고 발전함에 따라, 이 둘의 관계 그리고 현대미술과미술사에서 이 둘의 역할을 강화하는 것이 바람직하다. 지금까지 논의한 바와 같이, 미술치료사는 많은 경우 동시대적 의미에서 현존하는 아웃사이더 예술가들과 함께 일하는 사람들이며, 그들 중 다수는 인정받을 자격이 있음에도 결코 인정받지 못하고 있다. 그러나 가장 중요한 것은 이렇게 폭넓어진 대화를 통해 더 많은 각계각층의 사람들이 역사의 위대한 거장에서부터 오늘날에 이르는 미술작업을 그들 역시 할 수 있고 동참할 수 있다고 느끼게 한다는 것이다.

참조(REFERENCES)

Adamson, E. (1984) *Art as Healing*. London: Coventure.

Allen, P. (1992) 'Artist in residence: An alternative to "clinification" for art therapists.' *Art Therapy: Journal of the American Art Therapy Association 9*, 1, 22–29.

Allen, P. (1995) 'Coyote comes in from the cold: The evolution of the open studio concept.' *Art Therapy: Journal of the American Art Therapy Association 12*, 3, 161–166.

Alter-Muri, S. and Klein, L. (2007) 'Dissolving the boundaries: Postmodern art and art therapy.' *Art Therapy: Journal of the American Art Therapy Association 24*, 2, 82–86.

American Art Therapy Association (2007) *Masters Education Standards*. Alexandria, VA: American Art Therapy Association. Available at www.americanarttherapyassociation.org/upload/masterseducationstandards.pdf, accessed on 12 June 2016.

'American Folk Art—Buffalo.' (1932) *The American Magazine of Art 25*, 2, 122–125.

Anderson, G. (2014) 'Artlore: An introduction to recurring motifs generated by the study of fine art.' *Folklore 125*, 145–160.

Anthony, A.K. (2012) 'Racialized authentication: Constructing representations of the Florida Highwaymen.' *The Sociological Quarterly 53*, 394–421.

Ardery, J.S. (1997) '"Loser wins": Outsider art and the salvaging of disinterestedness.' *Poetics 24*, 329–346.

Ardery, J.S. (1998) *The Temptation: Edgar Tolson and the Genesis of Twentieth-Century Folk Art*. Chapel Hill, NC: University of North Carolina.

Art for War Veterans (press release) (1945) The Museum of Modern Art Exhibition Records, [297]. The Museum of Modern Art Archives, New York.

Barrett, T. (2000) *Criticizing Art: Understanding the Contemporary (2nd edition)*. Mountain View, CA: Mayfield Publishing Company.

Becker, Howard S. (1982) *Art Worlds*. Berkeley: University of California Press.

Benson, E. (1935) 'Forms of art: I.' *The American Magazine of Art 28*, 2, 70–77.

Bernier, C-M. (2013) 'Unseeing the unspeakable: Visualizing artistry, authority and the anti-slave narrative in Bill Traylor's drawings (1939–1942).' *Slavery and Abolition 34*, 2, 266–280.

Beveridge, A. (2001) 'A disquieting feeling of strangeness?: The art of the mentally ill.' *Journal of the Royal Society of Medicine 94*, 11, 595–599.

Blodgett, R. (1976) 'Art: Collectors flock to folk art.' *The New York Times*, 12 September, pp.II33, VII42.

Boriss-Krimsky, C. (2000–2001) 'Self-taught art: Who are the outsiders in "outsider art"?' *Art New England 22*, 1, 15, 75.

Bowler, A.E. (1997) 'Asylum Art: The Social Construction of Aesthetic Categories.' In V. Zolberg and J.M. Cherbo (eds) *Outsider Art: Contesting Boundaries in Contemporary Culture*. New York: Cambridge.

Breton, A. (1936) 'Preface.' In *The International Surrealist Exhibition*. London: Women's Printing Society, Ltd.

Brockbank, E.M. (1933) 'Manchester's lead in the humane treatment of the insane.' *The British Medical Journal 2*, 3793, 540.

Brockbank, W. (1952) 'Bicentenary of the Manchester Royal Infirmary.' *The British Medical Journal 2*, 4775, 88–90.

Buchloch, B.H.D. (2014) 'The dialectics of design and destruction: The *Degenerate Art* exhibition (1937) and the *Exhibition International du Surréalisme* (1938).' *October 150*, 49–62.

Cahill, H. (1936) 'Introduction.' In *New Horizons in American Art*. New York: The Museum of Modern Art.

Cardinal, R. (1972) *Outsider Art*. New York: Praeger.

Cardinal, R. (1994) 'Toward an Outsider Aesthetic.' In M. Hall and E.W. Metcalf, Jr. (eds) *The Artist Outsider: Creativity and the Boundaries of Culture*. Washington, DC: Smithsonian Institute.

Cardinal, R. (1997) 'Foreword: A Brief History of Prison Art.' In P. Kornfeld *Cellblock Visions: Prison Art in America*. Princeton, NJ: Princeton University.

Cardinal, R. (2009) 'Outsider art and the autistic creator.' *Philosophical Transactions of the Royal Society 364*, 1459–1466.

Caswall, M. (1918) 'The children's art center.' *The American Magazine of Art 9*, 10, 408–412.

Celant, G. (1996) 'A Visual Machine: Art Installation and its Modern Archetypes.' In R. Greenberg, B.W. Ferguson, and S. Nairne (eds) *Thinking About Exhibitions*. London: Routledge.

'Cheadle Royal Celebrates its Bicentenary.' (1966) *The British Medical Journal 1*, 5502, 1532–1534.

Cherbo, J.M. (1997) 'Pop Art: Ugly Duckling to Swan.' In V. Zolberg and J.M. Cherbo (eds) *Outsider Art: Contesting Boundaries in Contemporary Culture*. New York: Cambridge.

Children in England Paint (press release) (1941) The Museum of Modern Art Exhibition Records, [156.1]. The Museum of Modern Art Archives, New York.

Cocks, G. (1997) *Psychotherapy in the Third Reich: The Göring Institute*. Piscataway, NJ: Transaction Publishers.

Coward, H. (1985) *Jung and Eastern Thought*. Albany, NY: SUNY.

Crockett, C. (1958) 'Psychoanalysis in art criticism.' *The Journal of Aesthetics and Art Criticism 17*, 1, 34–44.

Crowther, P. (2003) 'Cultural exclusion, normativity, and the definition of art.' *The Journal of Aesthetics and Art Criticism 61*, 2, 121–131.

Cubbs, J. (1994) 'Rebels, Mystics, and Outcasts: The Romantic Outsider Artist.' In M. Hall and E.W. Metcalf, Jr. (eds) *The Artist Outsider: Creativity and the Boundaries of Culture*. Washington, DC: Smithsonian Institute.

D'Amico, V. (1943) 'Art therapy in education.' *The Bulletin of the Museum of Modern Art 10*, 3, 9–12.

Danto, A. (1997) 'Outsider art.' *The Nation 26*, 4, 33–36.

Davies, D. (2009) 'On the very idea of "outsider art."' *British Journal of Aesthetics 49*, 1, 25–41.

Davila, T. (2003) 'The Therapeutic Relationship: Lygia Clark.' In J. Morgan (ed.) *Pulse: Art, Healing, and Transformation*. Boston, MA: ICA.

Dax, E.C. (1953) *Experimental Studies in Psychiatric Art*. Philadelphia, PA: J.B. Lippincott Co.

Digby, A. (1983) 'Changes in the asylum: The case of York, 1777–1815.' *The Economic History Review 36*, 2, 218–239.

Drachnik, C. (1976) 'A historical relationship between art therapy and art education and the possibilities for future integration.' *Art Education 29*, 7, 16–19.

Dubin, S. (1997) 'The Centrality of Marginality: Naïve Artists and Savvy Supporters.' In V. Zolberg and J.M. Cherbo (eds) *Outsider Art: Contesting Boundaries in Contemporary Culture*. New York: Cambridge.

Dubuffet, J. (1988) *Asphyxiating Culture and Other Writings* (Trans. C. Volk). New York: Four Walls Eight Windows.

Dubuffet, J. (2003) 'Anticultural Positions – 1951.' In J. Flam and M. Deutch (eds) *Primitivism and Twentieth-Century Art: A Documentary History*. Berkeley, CA: University of California. (Original essay published 1951).

Eddy, T. (1815) *Hints for Introducing an Improved Mode of Treating the Insane in the Asylum: Read Before the Governors of the New-York Hospital, on the 4th of fourth-month, 1815*. New York: Samuel Wood and Sons.

Eisler, C. (1987) '"Every artist paints himself": Art history as biography and autobiography.' *Social Research 54*, 1, 73–99.

Esman, A.H. (2004) 'Ernst Kris and the art of the mentally ill.' *International Journal of Psychoanalysis 85*, 923–933.

Ferrari, S. (2011) 'Gombrich, art and psychoanalysis.' *Journal of Art Historiography 5*, 1–10.

Ferrier, J.L. (1998) *Outsider Art*. Paris: Terrail.

Fine, G.A. (2003) 'Crafting authenticity: The validation of identity in self-taught art.' *Theory and Society 32*, 2, 153–180.

Fine, G.A. (2004) *Everyday Genius: Self-Taught Art and the Culture of Authenticity*. Chicago, IL: The University of Chicago.

Flam, J. and Deutch, M. (eds) (2003) *Primitivism and Twentieth Century Art: A Documentary History*. Berkeley, CA: University of California.

Fol, C. (2015) *From Art Brut to Art Without Boundaries: A Century of Fascination through the Eyes of Hans Prinzhorn, Jean Dubuffet, Harald Szeemann*. Milan: Skira.

Foster, H. (2001) 'On the modernist reception of the art of the mentally ill.' *October 97*, 3–30.

Franco, B. (1992) 'Evolution of the Field: Historical Context.' In *Patterns in Practice: Selections from the Journal of Museum Education*. Washington, DC: Museum Education Roundtable.

Freud, S. (1916) *Leonardo da Vinci: A Psychosexual Study of an Infantile Reminiscence* (Trans. A.A. Brill). New York: Moffat, Yard, and Co. (Original essay published 1910).

Gibson, J. (1987) 'Surrealism before Freud: Dynamic psychiatry's simple recording instrument.' *Art Journal 46*, 56–60.

Gilroy, A. and Dalley, T. (eds) (1989) *Pictures at an Exhibition: Selected Essays on Art and Art Therapy*. London: Tavistock/Routledge.

Goldwater. R. (1967) *Primitivism in Modern Art: Revised Edition*. New York: Vintage. (Original work published 1938).

Goleman, D. (1984) 'Psychotherapy and the Nazis.' *The New York Times*, 3 July. Available at www.nytimes.com/1984/07/03/science/psychotherapy-and-the-nazis.html, accessed on 04 January 2017.

Gombrich, E.H. (1966) *The Story of Art: 11th Edition*. London: Phaidon.

Gomez, E. (2010) 'The new outsiders.' *Art and Antiques 33*, 1, 74–81.

Haeseler, M.P. (1988) 'Outsider art: A point of view.' *American Journal of Art Therapy 26*, 3, 83–88.

Haftmann, W., Hentzen, A., and Lieberman, W.S. (1957) *German Art of the 20th Century*. New York: The Museum of Modern Art.

Hancock, T. (1810a) 'On Lunatic Asylums.' *The Belfast Monthly Magazine 4*, 20, 162–166.

Hancock, T. (1810b) 'On Lunatic Asylums.' *The Belfast Monthly Magazine 4*, 22, 344–347.

Hancock, T. (1812) 'Dr. Hancock's Account of the Asylum for Lunatics, at York.' *The Belfast Monthly Magazine 8*, 45, 256–260.

Hansen, L. (1998) 'Metaphors of mind and society: The origins of German psychiatry in the revolutionary era.' *Isis 89*, 3, 387–409.

Harrison, C., Frascina, F., and Perry, G. (1993) *Primitivism, Cubism, Abstraction: The Early Twentieth Century*. New Haven, CT: Yale.

Haslam, J., Ridge, B., and Conolly, J. (1823) *Sketches in Bedlam, or, Characteristic traits of insanity as displayed in the cases of one hundred and forty patients of both sexes, now, or recently, confined in New Bethlem including Margaret Nicholson, James Hatfield, Patrick Walsh, Bannister Truelock and many other extraordinary maniacs who have been transferred from Old Bethlem : to the above are added a succinct history of the establishment, its rules, regulations, forms of admission, treatment of patients, & c. & c*. London: Sherwood, Jones and Co.

Henley, D. (1992) 'Aesthetics in art therapy: Responding to art from pre-school to post-modernism.' *The Arts in Psychotherapy 19*, 153–161.

Hogan, S. (2001) *The Healing Arts: The History of Art Therapy*. London: Jessica Kingsley Publishers.

Hogarth, W. (1833) *Anecdotes of William Hogarth: Written by himself*. London: JB Nichols and Son.

Holt, A. (2012) 'Lowenfeld at Hampton (1939–1946): Empowerment, resistance, activism, and pedagogy.' *Studies in Art Education: A Journal of Issues and Research 54*, 1, 6–20.

Hopkins, D. (2000) *After Modern Art: 1945–2000*. Oxford: Oxford University.

Hubard, O.M. (2015) '"How does this artwork make you feel?" A "no-no" question in art museum education?' *Journal of Aesthetic Education 49*, 2, 82–98.

Hugnet, G. (1989) 'The Dada Spirit in Painting.' In R. Motherwell (ed.) *The Dada Painters and Poets: An Anthology (2nd edition)*. Cambridge: Belknap/Harvard.

Hugnet, G. and Scolari, M. (1936) 'Dada.' *The Bulletin of the Museum of Modern Art 4*, 2/3, 3–18.

Hyslop, T. (1916) 'Post-Illusionism and Art in the Insane.' *The Art World 1*, 1, 34–38.

INTUIT: The Center for Intuitive and Outsider Art (n.d.) *History and Mission.* Available at www.art. org, accessed on 12 August 2016.

Jones, D. (1983) 'An art therapist's personal record.' *Art Therapy: Journal of the American Art Therapy Association, 1,* 1, 22–25.

Jung, C.G. (1966) *The Spirit in Man, Art, and Literature* (Trans. R.F.C. Hull). Princeton, NJ: Princeton University.

Junge, M.B. (2010) *The Modern History of Art Therapy in the United States.* Springfield, MA: Charles C. Thomas.

Jungels, G. (1985) 'The art of healing: The work of Edward Adamson.' *Art Therapy: Journal of the American Art Therapy Association 2,* 2, 73–82.

Kaiser, F. (2012) *Degenerate Art: The Exhibition Guide in German and English.* Berlin: Ostara Publications. (Original work published 1937).

Kandinsky, W. (1977) *Concerning the Spiritual in Art* (Trans. M.T.H. Sadler). New York: Dover Publications. (Original work published 1911).

Keiler, M.L. (1961) *The Art in Teaching Art.* Lincoln, NE: University of Nebraska.

Kiernan, J.G. (1892) 'Art in the insane.' *The Alienist and Neurologist 13,* 244–275.

Klee, P. and Klee, F. (1964) *The Diaries of Paul Klee, 1898–1918.* Berkeley, CA: University of California.

Kornfeld, P. (1997) *Cellblock Visions: Prison Art in America.* Princeton, NJ: Princeton University.

Kramer, E. (1971) *Art as Therapy with Children.* New York: Schocken.

Kramer, E. (2000) *Art as Therapy: Collected Papers.* London: Jessica Kingsley Publishers.

Kramer, E. (2001) 'Art and emptiness: New problems in art education and art therapy.' *American Journal of Art Therapy 40,* 1, 6–15.

Kramer, E. (2002) 'On quality in art and art therapy.' *American Journal of Art Therapy 40,* 4, 218–222.

Kris, E. (1952) *Psychoanalytic Explorations in Art.* New York: International Universities.

Lentz, R. (2008) 'What we talk about when we talk about art therapy: An outsider's guide to identity crisis.' *Art Therapy: Journal of the American Art Therapy Association 25,* 1, 13–14.

Liebrich, R. (1888) *Turner and Mulready: The Effect of Certain Faults of Vision on Painting, with Especial Reference to their Works.* London: J. and A. Churchill.

Lipman, J. and Winchester, A. (1974) *The Flowering of American Folk Art: 1776–1876.* New York: Penguin.

Lippard, L. (1990) *Mixed Blessings: New Art in a Multicultural America.* New York: The New Press.

Lippard, L. (1994) 'Crossing into Uncommon Grounds.' In M. Hall and E.W. Metcalf, Jr. (eds) *The Artist Outsider: Creativity and the Boundaries of Culture.* Washington, DC: Smithsonian Institute.

Livingston, J. and Beardsley, J. (1982) *Black Folk Art in America: 1930–1980.* Washington, DC: Corcoran Gallery.

Lombroso, C. (2010) *The Man of Genius.* Whitefish: Kessinger Legacy Reprints. (Original English translation published 1895).

Lowenfeld, V. (1947) *Creative and Mental Growth; A Textbook on Art Education.* New York: Macmillan.

MacGregor, J.M. (1989) *The Discovery of the Art of the Insane.* Princeton, NJ: Princeton University.

MacGregor, J.M. (1990) 'Marginal Outsiders: On the Edge of the Edge.' In S. Carr, S. Farber, A.S. Weiss, *et al.* (eds) *Portraits from the Outside: Figurative Expression in Outsider Art.* New York: Groegfeax.

Maclagan, D. (2009) *Outsider Art: From the Margins to the Marketplace.* London: Reaktion.

Maizels, J. (2009) *Outsider Art Sourcebook.* London: Raw Vision.

Mango, C. (2001) 'Art on my mind.' *Art Therapy: Journal of the American Art Therapy Association 18,* 4, 216–219.

Marazzi, A. (2014) 'An encyclopedic art biennale in Venice.' *Visual Anthropology 27,* 276–301.

Masheck, J. (1982) 'Raw art: "Primitive" authenticity and German Expressionism.' *RES: Anthropology and Aesthetics 4,* 92–117.

Masson, A., Ozenfant, A., Seligmann, K., Léger, F., *et al.* (1946) 'Eleven Europeans in America.' *The Bulletin of the Museum of Modern Art 13,* 4/5, 2–39.

Mathews, S. (1806) *On the Effects of Music in Curing and Palliating Diseases.* Philadelphia, PA: P.K. Wagner.

Matisse, H. (2003) 'First encounter with African art – 1906.' In J. Flam and M. Deutch (eds) *Primitivism and Twentieth-Century Art: A Documentary History.* Berkeley, CA: University of California. (Original essay published 1906).

McNiff, S. (1974) *Art Therapy at Danvers.* Andover: Addison Gallery of Art.

Melland, C. and Elliot-Blake, H. (1909) 'William Blake's drawings.' *The British Medical Journal 2,* 2543, 919–920.

Metcalf, E.W. and Schwindler, G.J. (1990) *Contemporary American Folk, Naïve, and Outsider Art: Into the Mainstream?* Oxford: Miami University Art Museum.

Meyer, A. (1922) 'The philosophy of occupation therapy.' *Archives of Occupational Therapy 1,* 1, 1–10.

Minturn, K. (2004) 'Dubuffet, Levi-Strauss, and the idea of art brut.' *RES: Anthropology and Aesthetics 46,* 247–258.

Mohr, F. (1906) 'Über Zeichnungen von Geisteskranken und ihre diagnostische Verwertbarkeit.' *Zentralblatt für Psychologie und Neurologie 8,* 99–140.

Mongan, A. (1963) 'Souvenirs of Delacroix's journey to Morocco in American collections.' *Master Drawings, 1,* 2, 20–31.

Monseré, A. (2013) 'Disentangling borderline cases of art.' *Proceedings of the European Society for Aesthetics 5,* 326–337.

Moon, C. (2002) *Studio Art Therapy: Cultivating the Artist Identity in the Art Therapist.* London: Jessica Kingsley Publishers.

Mora, G. (1959) 'Vincenzo Chiarugi (1759–1820) and his psychiatric reform in Florence in the late 18th century: On the occasion of the bi-centenary of his birth.' *Journal of the History of Medicine and Allied Sciences 14,* 4, 424–433.

Morgan, J. (ed.) (2003) *Pulse: Art, Healing, and Transformation.* Boston, MA: ICA.

Morgenthaler, W. (1992) *Madness and Art: The Life and Works of Adolf Wölfli* (Trans. A. Esman). Lincoln, NE: University of Nebraska. (Original work published 1921).

Mulitalo-Lauta, P.T. and Menon, K. (2006) 'Art therapy and Pacific Island peoples in New Zealand: A preliminary observation and evaluation from a Pacific Island perspective.' *Social Work Review 18,* 1, 22–30.

'National Folk Festival, St. Louis.' (1934) *The American Magazine of Art 27,* 4, 212.

Naumburg, M. (1973) *An Introduction to Art Therapy: Studies of the "Free" Art Expression of Behavior Problem Children and Adolescents as a Means of Diagnosis and Therapy.* New York: Teachers College. (Original work published 1950).

Navratil, L. (1994) 'The History and Prehistory of the Artists' House in Gugging' (Trans. A. Cardinal and R. Cardinal). In M. Hall and E.W. Metcalf, Jr. (eds) *The Artist Outsider: Creativity and the Boundaries of Culture.* Washington, DC: Smithsonian Institute.

Nordau, M. (1898) *Degeneration.* (English translation from the 2nd edition of the author's *Entartung*). London: William Heinemann. (Original work published 1892–1893).

Occupational Therapy: Its Function and Purpose (press release) (1943) The Museum of Modern Art Exhibition Records, [231.2]. The Museum of Modern Art Archives, New York.

O'Flynn, D. (2011) 'Art as healing: Edward Adamson.' *Raw Vision 72,* 46–53.

Paintings by Amateurs (press release) (1955) The Museum of Modern Art Exhibition Records, [586.1]. The Museum of Modern Art Archives, New York.

Park, M. (2003) 'Early examples of art in Scottish hospitals, 2: Crichton Royal Hospital, Dumfries.' *Journal of Audiovisual Media in Medicine 26,* 4, 142–146.

Parr, H. (2006) 'Mental health, the arts, and belonging.' *Transactions of the Institute of British Geographers 31,* 150–166.

Pasto, T. (1965) 'Notes on the space-frame experience in art.' *The Journal of Aesthetics and Art Criticism 24,* 2, 303–307.

Paudrat, J.-L. (1984) 'From Africa.' In W. Rubin (ed.) *'Primitivism' in 20th Century Art.* New York: The Museum of Modern Art.

Peiry, L. (2001) *Art Brut: The Origins of Outsider Art* (Trans. J. Frank). Paris: Flammarion.

Pickford, R.W. (1967) *Studies in Psychiatric Art.* Springfield, MA: Charles C. Thomas.

Pinel, P. (1806) *A Treatise on Insanity: In which are Contained the Principles of a New and More Practical Nosology of Maniacal Disorders Than Has Yet Been Offered to the Public.* Oxford: Cadell and Davies.

Pollock, G. (1992) *Avant-Garde Gambits 1888–1893: Gender and the Color of Art History.* London: Thames and Hudson.

Porter, J. (1942) 'Four problems in the history of Negro art.' *The Journal of Negro History 27,* 1, 9–36.

Porter, R. (1987) *A Social History of Madness.* New York: E.P. Dutton.

Porter, R. (1996) 'But is it art: The difference between a Paul Klee and a painting by a psychiatric patient is all in the mind of the beholder.' *New Statesman 125,* 4313, 46–48.

Poupeye, V. (2007) 'Intuitive art as a canon.' *Small Axe 24,* 73–82.

Prinzhorn, H. (1972) *Artistry of the Mentally Ill* (Trans. E. von Brockdorff). New York: Springer-Verlag. (Original work published 1922).

Read, H. (1936) 'Introduction.' In *The International Surrealist Exhibition.* London: Women's Printing Society, Ltd.

Read, H. (1951a) 'Jung at mid-century.' *The Hudson Review 4,* 2, 259–268.

Read, H. (1951b) 'Education through art: A re-statement.' *Dialectica 5,* 2, 153–165.

Réja, M. (1907) *L'Art chez les Fous: Le Dessin, la Prose, la Poésie.* Paris: Societé du Mercure de France.

Rexer, L. (2005) *How to Look at Outsider Art.* New York: Harry N. Abrams.

Rhodes, C. (2000) *Outsider Art: Spontaneous Alternatives.* London: Thames and Hudson.

Rickels, L.A. (2002) *Nazi Psychoanalysis Volume I: Only Psychoanalysis Won the War.* Minneapolis, MN: University of Minnesota.

Robbins, D. (1994) 'Folk Sculpture Without Folk.' In M. Hall and E.W. Metcalf, Jr. (eds) *The Artist Outsider: Creativity and the Boundaries of Culture.* Washington, DC: Smithsonian Institute.

Robson, B. (1999) 'A history of the Cunningham Dax collection of "psychiatric art": From art therapy to public education.' *Health and History 1,* 4, 330–346.

Rogues de Fursac, J. (1905) *Les Écrits et les Dessins dans les Maladies Nerveuses et Mentales (Essai Clinique).* Paris: Mason.

Rogues de Fursac, J. and Rosanoff, A.J. (1916) *Manual of Psychiatry.* New York: John Wiley and Sons.

Rosen, A. (2007) 'Return from the vanishing point: A clinician's perspective on art and mental illness, and particularly schizophrenia.' *Epidemiologia e Psichiatria Sociale 16,* 2, 126–132.

Rosen, G. (1963) 'Social attitudes to irrationality and madness in 17th and 18th century Europe.' *Journal of the History of Medicine and Allied Sciences 18,* 3, 220–240.

Rubin, J. (1986) 'From psychopathology to psychotherapy through art expression: A focus on Hans Prinzhorn and others.' *Art Therapy: Journal of the American Art Therapy Association 3,* 1, 27–33.

Rubin, J. (2010) *Introduction to Art Therapy: Sources and Resources.* New York: Routledge/Taylor and Francis.

Rubin, W. (ed.) (1984) *'Primitivism' in 20th Century Art.* New York: The Museum of Modern Art.

Rush, B. (1812) *Medical Inquiries and Observations, upon the Diseases of the Mind.* Philadelphia, PA: Kimber and Richardson.

Saltz, J. (2016) 'The tyranny of art history in contemporary art.' *New York Magazine,* 19 September. Available at www.vulture.com/2016/09/tyranny-of-art-history-in-contemporary-art.html, accessed on 04 January 2017.

Schaverien, J. (1989) 'The Picture Within the Frame.' In A. Gilroy and T. Dalley (eds) *Pictures at an Exhibition: Selected Essays on Art and Art Therapy.* London: Tavistock/Routledge.

Schilder, Paul. (1918) *Wahn und Erkenntnis: Eine Psychopathologische Studie.* Springer-Verlag Berlin Heidelberg.

Schönfeld, S. and Reinstaller, A. (2007) 'The effects of gallery and artist reputation on prices in the primary market for art: A note.' *Journal of Cultural Economy 31,* 143–153.

Schroeder, J.E. (2005) 'The artist and the brand.' *European Journal of Marketing 39,* 11/12, 1291–1305.

Sondheim, A. (1989) 'Unnerving questions concerning the critique and presentation of folk/outsider arts.' *Art Papers 13,* 4, 33–35.

Spaniol, S.E. (1994) 'Confidentiality reexamined: Negotiating use of art by clients.' *American Journal of Art Therapy 32*, 3, 69–74.

Spector, J. (1972) *The Aesthetics of Freud: A Study in Psychoanalysis and Art.* New York: Praeger.

Stevenson, C. (2000) *Medicine and Magnificence: British Hospitals and Asylum Architecture, 1660–1815.* New Haven, CT: Yale.

Stoll, B. (2005) 'Growing pains: The international development of art therapy.' *The Arts in Psychotherapy 32*, 171–191.

Tansanella, C. (2007) 'The long and winding journey of outsider art: A historical perspective.' *Epidemiologia e Psichiatria Sociale 16*, 2, 133–138.

The Arts in Therapy (press release) (1943) The Museum of Modern Art Exhibition Records, [216.1]. The Museum of Modern Art Archives, New York.

'The Conditions of Art in America.' (1866) *The North American Review 102*, 210, 1–24.

The Whitney Studio Club: American Art 1900–1932 [Exhibition Catalog] (1975) New York: Whitney Museum.

Thévoz, M. (1994) 'An Anti-Museum: The Collection de l'Art Brut in Lausanne' (Trans. R. Cardinal). In M. Hall and E.W. Metcalf, Jr. (eds) *The Artist Outsider: Creativity and the Boundaries of Culture.* Washington, DC: Smithsonian Institute.

Thévoz, M. (1995) *Art brut* (Trans. J. Emmons). Geneva, Switzerland: Bookking International.

Thévoz, M. (2001) 'Preface.' In L. Peiry *Art Brut: The Origins of Outsider Art.* Paris: Flammarion.

Thompson, G. (2009) 'Artistic sensibility in the studio and gallery model: Revisiting process and product.' *Art Therapy: Journal of the American Art Therapy Association 26*, 4, 159–166.

Tomes, N. (1982) 'The domesticated madman: Changing concepts of insanity at the Pennsylvania Hospital, 1780–1830.' *The Pennsylvania Magazine of History and Biography 106*, 2, 271–286.

Tuchman, M. and Eliel, C.S. (eds) (1992) *Parallel Visions: Modern Artists and Outsider Art.* Los Angeles, CA: Los Angeles County Museum of Art.

Uhde, W. (1949) *Five Primitive Masters* (Trans. R. Thompson). New York: The Quadrangle Press. (Original work published 1947).

US Army Illustrators of Fort Custer, Michigan (press release) (1941) The Museum of Modern Art Exhibition Records, [170.2]. The Museum of Modern Art Archives, New York.

Vick, R. (2003) 'A Brief History of Art Therapy.' In C. Malchiodi (ed.) *Handbook of Art Therapy.* New York: Guilford.

Vick, R. and Sexton-Radek, K. (2008) 'Community-based art studios in Europe and the United States: A comparative study.' *Art Therapy: Journal of the American Art Therapy Association 25*, 1, 4–10.

Weber, A.S. (2012) 'Expressive arts therapy in the Arabian Gulf: History and future.' *The International Journal of the Arts in Society 6*, 5, 55–66.

Weiss, A. (1992) *Shattered Forms: Art Brut, Phantasms, Modernism.* Albany, NY: SUNY.

Wexler, A. (2005a) 'Identity politics of disability: The other and the secret self.' *The Journal of Social Theory in Art Education 25*, 210–224.

Wexler, A. (2005b) 'GRACE notes: A grass roots art and community effort.' *Studies in Art Education 46*, 3, 255–269.

Wexler, A. and Derby, J. (2015) 'Art in institutions: The emergence of (disabled) outsiders.' *Studies In Art Education 56*, 2, 127–141.

Wix, L. (2000) 'Looking for what's lost: The artistic roots of art therapy: Mary Huntoon.' *Art Therapy: Journal of the American Art Therapy Association 17*, 3, 168–176.

Wix, L. (2009) 'Aesthetic empathy in teaching art to children: The work of Friedl Dicker-Brandeis in Terezín.' *Art Therapy: Journal of the American Art Therapy Association 26*, 4, 152–158.

Wix, L. (2010) 'Studios as locations of possibility: Remembering a history.' *Art Therapy: Journal of the American Art Therapy Association 27*, 4, 178–183.

Yanni, C. (2007) *The Architecture of Madness: Insane Asylums in the United States.* Minneapolis, MN: University of Minnesota.

Zolberg, V.L. (2010) 'Marginality triumphant? On the asymmetry of conflict in the art world.' *International Journal of Politics, Culture, and Society 23*, 99–112.

Zolberg, V.L. and Cherbo, J.M. (eds) (1997) *Outsider Art: Contesting Boundaries in Contemporary Culture.* New York: Cambridge.

색인(INDEX)